农业经济管理博士精品文库

河北省黄瓜甜瓜产业发展研究

宗义湘 王东平 乔立娟 著

中国农业科学技术出版社

图书在版编目（CIP）数据

河北省黄瓜甜瓜产业发展研究 / 宗义湘，王东平，乔立娟著. —北京：中国农业科学技术出版社，2019. 12

ISBN 978-7-5116-4577-7

Ⅰ. ①河…　Ⅱ. ①宗…②王…③乔…　Ⅲ. ①西瓜-瓜果园艺-产业发展-研究-河北②甜瓜-瓜果园艺-产业发展-研究-河北　Ⅳ. ①F326. 13

中国版本图书馆 CIP 数据核字（2019）第 293315 号

责任编辑　徐定娜
责任校对　贾海霞

出 版 者　中国农业科学技术出版社
北京市中关村南大街 12 号　邮编：100081
电　　话　(010) 82105169（编辑室）　(010) 82109702（发行部）
(010) 82109709（读者服务部）
传　　真　(010) 82106650
网　　址　http://www.castp.cn
经 销 者　各地新华书店
印 刷 者　北京建宏印刷有限公司
开　　本　787mm×1 092mm　1/16
印　　张　11. 25
字　　数　260 千字
版　　次　2019 年 12 月第 1 版　2019 年 12 月第 1 次印刷
定　　价　48. 00 元

项目资助

河北省现代农业产业技术体系蔬菜创新团队产业经济岗
河北省蔬菜产业协同创新中心
河北农业大学现代农业发展研究中心
河北农业大学现代种植产业经济与政策研究协同创新团队
河北省科技厅软科学项目（19457520D）
河北省教育厅人文社科研究重大攻关项目（ZD201917）

前　言

为推进农业供给侧结构性改革、推进农业绿色发展、促进农民增收、带动贫困地区发展和提高我国农业竞争力，2017 年 10 月 31 日，国家发改委、农业部（2018 年 3 月更名为农业农村部）、国家林业局联合出台《特色农产品优势区建设规划纲要》（以下简称《纲要》），鼓励地方做大做强优势特色产业，把地方土特产和小品种做成带动农民增收的大产业，《纲要》提出了国家级特优区和省级特优区两级架构，重点部署国家级特优区的创建、认定与管理工作。2017—2019 年农业农村部连续三年公布了“全国特色农产品优势区名单”，累计数量达 231 个。2019 年 1 月，河北省首批 55 个特色农产品特色优势区名单公布，“河北省馆陶黄瓜特色农产品优势区”“河北省昌黎旱黄瓜特色农产品优势区”和“河北省青县羊角脆甜瓜特色农产品优势区”位列其中。

河北省蔬菜产业技术体系在第二期（2018—2022 年）建设过程中，专门设置了黄瓜、甜瓜、辣椒和坝上蔬菜四个特色产业研究岗位，立足当地资源优势，从全产业链角度打造黄瓜、甜瓜等特优区。本书所呈现的是蔬菜产业体系产业经济岗位团队专门针对黄瓜、甜瓜两个特色产业发展进行研究而取得的主要成果。本书由黄瓜产业研究、甜瓜产业研究、相关新闻报道及产业信息平台三部分组成。第一篇以河北省黄瓜产业为研究对象，研究了黄瓜产业生产现状、品牌建设、价格波动、成本收益、全要素生产率和甜瓜特色优势区建设，包括第一章至第六章。第一章为黄瓜产业研究导论。主要阐述黄瓜产业研究的背景和意义，界定了特色农产品优势区和全要素生产率等相关概念。第二章为河北省黄瓜生产现状分析。围绕生产规模与布局、经营主体与模式、科研投入、品牌建设等方面进行了分析。第三章为河北省黄瓜价格变动特征分析及趋势预测。从时间、市场、省际等角度对河北省 2018 年黄瓜价格变化特征及规律进行了研究。第四章为河北省黄瓜生产成本收益分析。对黄瓜主产省份以及河北省内特色黄瓜优势区的成本收益进行了比较分析。第五章为河北省黄瓜全要素生产率研究。采用 DEA 的 Malmquist 指数法，对河北省黄瓜全要素生产率及其分解指数进行了测算。第六章为河北省特色黄瓜主产区的专题调研报告。

第二篇以河北省甜瓜产业为研究对象，详细研究了甜瓜产业生产现状、绿色生产、价格波动以及甜瓜特色优势区建设，包括第七章至第十一章。第七章为甜瓜产业研究导论。阐述了甜瓜产业研究的背景和意义，界定了农业绿色发展和意愿与行为选择等相关概念。第八章为河北省甜瓜产业发展现状分析。分析了河北省甜瓜生产现状、布局和种植模式。第九章为河北省甜瓜产业绿色生产调查分析。分析了河北省甜瓜绿色生产物质要素投入现状，并根据实地调研数据采用 Logistic 方法探讨了甜瓜种植户绿色生产意愿与行为选择的关键影响因素。第十章为河北省甜瓜价格变动特征分析。从时间、市场、省际、市际、品种等维度分析了全国主产区甜瓜价格差异。第十一章为河北省特色甜瓜优势区调研报告。第三篇梳理了永清、馆陶、平泉、昌黎四个黄瓜主产区和安次、新乐、乐亭、青县四个甜瓜主产区的新闻报道，并搜集整理了河北省大型销售市场信息、相关电商平台、主要销售地区和黄瓜甜瓜价格信息以及产业信息平台。

希望本书的出版能够为从事黄瓜、甜瓜产业的管理部门、经营主体以及学者提供参考，并为促进河北省蔬菜优势区建设贡献微薄之力。由于能力水平有限及时间较紧，本研究还有许多不足之处，恳请批评指正！

本书在写作及出版过程中，得到了河北省蔬菜产业技术体系首席专家申书兴教授、国家特色蔬菜产业体系产业经济岗位科学家赵邦宏教授的认真指导；也得到了黄瓜、甜瓜产业研究岗位专家闫立英教授、乜兰春教授以及王玉宏、龚贺友、李劲松、宋立彦、车寒梅、王艳霞、高华山、孙梦红等试验站站长的大力支持；还得到了河北省农业农村厅特色产业处、科教处等相关领导的热情关怀。另外，河北科技报社（河北省科学技术传播中心）的王玉芹以及研究生孙健、李晓蕾、向华、高一丹、吴雅琪、王勃颖、宋奕颖、宋洋、董鑫、张娟娟等也做了大量调研、研究报告撰写以及文字校对工作，在此一并表示感谢！

著　者

2019 年 12 月

目　　录

上篇　黄瓜产业研究

中篇　甜瓜产业研究

下篇　相关新闻报道及产业信息平台

上　篇

黄瓜产业研究

第一章　黄瓜产业研究导论

一、研究背景和意义

（一）研究背景

黄瓜作为城市居民“菜篮子”中最主要的蔬菜品种之一，因其清脆爽口、食用方便、营养价值高等特性，在河北省范围内广泛种植。2018 年，河北省黄瓜播种面积 84.06 千公顷，产量 620.79 万吨，单产 73.85 吨/公顷，占河北省蔬菜总面积、总产量的 10.67%、12.38%，单产是河北省蔬菜生产平均单产的 1.16 倍，播种面积、产量仅次于大白菜，均位列第二，是农业重要增收创汇产业。

为加快推进河北省黄瓜产业提质增效，提升黄瓜产品竞争力和知名度，根据《河北省人民政府关于印发河北省农业供给侧结构性改革三年行动计划（2018—2020 年）的通知》（冀政字〔2017〕52 号）精神，河北省农业农村厅特制定《河北省黄瓜产业提质增效推进方案（2018—2020 年）》。文件指出，要以完善标准、提高质量为重点，突出改善黄瓜口感品质，分区域布局密刺黄瓜、旱黄瓜和无刺黄瓜，优化设施结构和产品结构，普遍推行分等定级规格化销售，打造区域性拳头产品，提高黄瓜品牌市场影响力；坚持科技支撑，分区域、分类型建立推广以有机肥替代、化肥减量和节水栽培为核心的栽培技术规程，着力提升黄瓜标准化生产水平；坚持“全产业链打造、全价值链提升”和一二三产融合发展方向，配合休闲采摘园区建设，引进推广无刺型品种；推动产地加工业发展，有效化解季节性过剩产品，促进全年性黄瓜等外品和副产品转化增值，提高黄瓜产业整体效益，带动农民增收。预计到 2020 年，河北省将构建起冀北密刺黄瓜优势产区、冀中南密刺黄瓜优势产区、冀东北旱黄瓜优势产业带和服务于京津冀城市居民休闲采摘业态的无刺黄瓜生产园区的产业格局，带动全省黄瓜生产规模稳定在 200 万亩（1 公顷≈15 亩，全书同）以上；优势产区良种覆盖率 98%以上，标准化生产覆盖率达到 90%以上；黄瓜在京津市场的占有率提高 5 个百分点；黄瓜出口量提高 20%以上；培育壮大龙头企业，推动规模化生产，争取打造 2~3 个黄瓜区域公用品牌。

河北省针对各地自然资源禀赋、产地环境、比较优势、产业基础以及未来发展前景，现已构建黄瓜“一带三区”产业发展布局，即以昌黎、乐亭 2 个县为中心的冀东北旱黄瓜优势产业带，区域内黄瓜种植规模稳定在 10 万亩左右，根据当地种质资源和栽培技术，筛选1~2个旱黄瓜主栽品种，规模化生产，重点发展河北省特色品种冀东旱黄瓜，做大做强昌黎“马坊营旱黄瓜”，着力打造“乐亭白黄瓜”等区域品牌，主要市场为京津冀、东北三省；以平泉为中心的冀北黄瓜优势产区，重点发展密刺黄瓜，区域内黄瓜种植规模稳定在13万亩左右，根据当地资源禀赋和生产技术，筛选1~2个主栽品种，规模化、标准化生产，重点打造“平泉黄瓜”等区域品牌，主要市场为京津冀、东北三省、内蒙古自治区（简称内蒙古），以及俄罗斯等“一带一路”沿线国家；以藁城、高邑、馆陶、武邑4个县为中心的冀中南黄瓜优势产区，重点发展华北密刺型黄瓜，区域内黄瓜种植规模稳定在19万亩左右，根据当地资源禀赋和生产技术，筛选1~2个主栽品种，规模化生产，重点打造“馆陶黄瓜”“藁城黄瓜”“高邑黄瓜”等区域品牌，主要市场为河北省的邯郸、邢台、保定、石家庄市以及河南、山西、山东等省；以毗邻京津的固安、永清、青县和河北省内各大城市周边为重点，打造京津冀城市居民休闲采摘业态的高端黄瓜生产园区，以发展休闲农业、服务观光旅游为重点，引进推广珍稀品种，区域内黄瓜种植规模稳定在35万亩左右，着力打造“青县黄瓜”“永清黄瓜”等区域品牌，服务京津、东北三省和内蒙古、山西等市场。目前，馆陶黄瓜特色农产品优势区、昌黎旱黄瓜特色农产品优势区已成功入选河北省首批55个特色农产品优势区名单。

河北省黄瓜产业虽然在近几年得到了快速发展，特色黄瓜优势区建设也逐渐起步，但其产业本身仍然面临着产业大而不强、科技支撑较弱、成本效益下滑等一系列问题。目前，河北省黄瓜产业在市场竞争中劣势明显，如何加快推进河北省黄瓜产业提质增效、提升黄瓜产品竞争力和知名度，已成为河北省黄瓜产业发展的当务之急。

（二）研究意义

现阶段传统的小农生产模式仍然是河北省黄瓜种植户的主要生产方式，科学的生产管理难以落实，生产要素资源浪费、生产效率低下等诸多问题仍旧存在。因此，通过对河北省黄瓜生产布局、价格趋势、成本收益及全要素生产率的测算研究，进一步探讨提升河北省黄瓜全要素生产率的途径，对于提高河北省黄瓜生产效益，提升农户生产收益，提升产业竞争力具有重要意义。

二、国内外研究现状

（一）国外研究现状

1. 关于农产品生产成本构成方面的研究

Gül Mevlüt等（2014）对土耳其代尼兹利百里香生产企业的成本、生产投入和盈利能力进行了研究。通过对在代尼兹利市中部和Güney地区100家企业百里香养殖进行调查所获得的数据进行分析，结果发现影响百里香生产收益最重要因素是劳动力成本，其次是地租、设备租金和摊销成本。Mariade Fátimados Santos Ribeiro等（2013）对巴西南部巴拉那州东南部家庭农业系统中向日葵的经济表现进行了分析研究，通过对向日葵在不同土壤环境、气候条件、机械化使用强度、肥料成本和使用的栽培品种方面的不同表现，发现肥料成本和人工成本是影响其生产效益最重要因素。Sílvio Henriquede Castro 等（2006）对巴西巴伊亚州西部地区大豆生产成本进行了比较分析，经济分析表明，大豆价格低于平均总成本，但超过了可变成本，影响巴伊亚西部大豆生产成本的主要因素是机械成本、设备维护成本和土地成本。Ibrahim Yilmaz 等（2004）对土耳其棉花生产的投入成本进行了分析，通过问卷调查的方式对 65 名农民棉花生产情况进行了数据收集整理、成本分析表明，每千克种子棉的净回报不足以支付棉花的生产成本，人工成本、机器成本、土地租金和农药成本是影响棉花种植成本收益的最主要因素。

2. 关于农产品生产效益方面的研究

Zwiafhela Naledzani 等（2019）对南非 1999 年至 2016 年的小麦种植面积、种子采用率、价格和品种表现数据进行了正向回归和成本收益分析，结果表明，严格的质量要求导致 1999—2016 年南非小麦损失约 3.9 万吨，追求现行质量标准的获益 4 亿兰特，而成本达到了 5.14 亿兰特，远远超过了收益，由此产生的收益/成本比率为 0.78，表明政府通过质量标准进行干预导致了更多的损失而不是收益。Kuwornu 等（2018）对泰国蔬菜生产的综合作物管理（ICM）和传统方法（CM）系统进行了成本效益分析，利用问卷对 120 名菜农的初步数据进行了调查，其中描述性统计数据用于描述农民对 ICM 系统使用的认识程度和程度。结果表明，蔬菜生产在 ICM 和 CM 系统下都是具有一定效益的，而农户生产意识是影响 ICM 系统实践的一个重要因素。José Luis Morales-Hernández 等（2011）对墨西哥马铃薯的生产成本和竞争力进行了比较分析。该研究对大型生产者（超过 10 公顷），中型（5~10 公顷）和小型（1~5 公顷）进行分层抽样，在十个地方使用政策分析矩阵（MAP）来衡量生产系统的释放和效率。结果显示，大型生产者的收益率（6 421~8 765 美元）高于中型（5 170~8 291 美元）和小型生产者（3 107~6 658 美元），而大型生产者（0.24）的平均私人成本比率低于中等（0.25）和小生产者（0.30），这表明，大型生产者的产量和竞争力更高。

（二）国内研究现状

1. 关于蔬菜生产现状方面的研究

李哲敏等（2018）通过对改革开放以来我国蔬菜产业发展及其政策体系演变历程进行分析，将蔬菜产业政策演变分为探索阶段、发展阶段、规范引导阶段，指出了中国蔬菜在生产产量、产品质量、生产布局、产品加工、出口贸易、科技水平、市场流通体系等方面的提升，研判未来趋势，为我国蔬菜产业发展提出了科学、合理的建议。李斯更等（2018）通过对我国蔬菜产业发展状况的具体分析，指出我国蔬菜产业目前所面临的四大难题分别是产品质量不优、市场价格不稳、绿色发展能力弱、市场供应不均衡，并对此提出了合理性参考意见。高中强等（2017）针对山东省蔬菜产业大而不强、价格变动幅度较大、劳动力成本偏高等问题，为山东省蔬菜产业转型升级提出了“十大工程”及五项保障措施。喻妍等（2017）将山东省与蔬菜产业大省蔬菜产业发展现状进行比较分析，指出山东省蔬菜产业具有基础稳固、现代化水平及产品经济效益具有一定优势的特点，在一定程度上可为各蔬菜大省产业发展提供借鉴经验。刘丽红等（2018）通过 SWOT 分析法，对北京市蔬菜产业发展进行了统计分析，指出北京市蔬菜产业在未来发展过程当中要进一步依托科技资源优势，坚持科技发展战略。王东平等（2018）对河北省蔬菜产业生产环节、市场流通环节、经济效益进行了分析，指出当前面临的五大问题：价格优势不突出、基础设施建设和加工储运发展滞后、区位优势不明显、品牌效益不足、生产监管不力，为河北省蔬菜产业供给侧改革提出了五条路径：创新发展模式，促进提档升级；严格生产标准，提升质量效益；保障质量安全，强化产业链质量管控强化科技支撑，提升品牌影响力；调整产业结构，优化区域布局。于洁（2014）运用实证分析和规范分析相结合的方法，从产业组织、农户行为、技术进步、政策等四个角度研究了河北省蔬菜产业发展存在的深层次问题，为进一步促进河北省蔬菜产业发展提供了政策性建议。王哲等（2013）分析了河北省蔬菜品牌发展现状，指出了蔬菜品牌建设面临的主要问题和制约因素，为加快蔬菜品牌建设提供了参考建议。文贞（2013）通过问卷调查法和实地访谈的方式对河北省蔬菜专业合作社进行了调研，通过实证分析指出了河北省蔬菜专业合作社发展过程中遇到瓶颈问题，提出了促进蔬菜专业合作社进一步发展的对策建议。

2. 关于河北省黄瓜生产现状方面的研究

罗建梅（2018）通过对马芳营旱黄瓜产业发展现状的分析，指出了昌黎黄瓜产业在区位、产业、科技支撑、体制机制、资源环保、市场流通等方面的优势。张宁等（2018）通过对昌黎县旱黄瓜产业现状的分析，指出了其在生产技术、全产业链规范化运行、品牌传承方面的问题，为助力昌黎县旱黄瓜产业健康、稳定、持续发展提供了建设性意见。王伟等（2015）通过对平泉县设施蔬菜产业发展现状的实地调研，指出了乐亭县设施蔬菜产业面临的问题，提出要通过强化产业发展理念、强化多模式机制创新、激活品牌建设主体、引进农业高新企业、开辟农业绿色物流通道等方式，进一步促进平泉市设施蔬菜产业发展。赵彦平等（2015）为平泉市蔬菜产业发展提供了五点发展举措：一是加强政策扶持、提高蔬菜产业发展规模；二是强化龙头企业建设、加粗延长产业链条；三是强化机制管理、完善批发市场建设；四是强化质量监管体系建设、确保产品质量安全；五是提高标准化生产水平、强化蔬菜品牌建设。张烨（2019）分析了廊坊市设施蔬菜产业发展现状及其存在的问题，为其扩大发展提供了可行性建议和意见。马理等（2015）通过对永清县蔬菜生产能力、组织方式、社会服务情况、政策扶持情况、市场开发等方面的研究，指出永清县蔬菜产业仍存在可持续生产能力弱、合作化组织程度不高、社会化服务体系有待提高、政策扶持少、市场开发速度缓慢等问题。王华东（2018）以固安顺斋瓜菜种植合作社为研究对象，对冀菜进京模式进行了典型分析，为河北省蔬菜进京模式提供了参考建议。卞得友（2015）通过对河北省青县设施蔬菜产业发展现状及当前所面临问题的分析研究，提出了促进产业健康发展的对策建议。李平等（2014）以适合越冬栽培的 19 个黄瓜杂种一代进行比较试验研究，选出了适合乐亭地区越冬日光温室及早春大棚栽培的黄瓜品种。韩靖玲等（2014）就唐山市蔬菜不同的种植茬口进行了调查和分析，比较其效益发现冬季温室及早春茬栽培效益较高。吴曼（2014）以青县蔬菜专业合作社为研究对象，运用定性、定量等研究方法，提出了完善青县蔬菜专业合作社经营管理模式的对策建议。

3. 关于农产品生产成本构成方面的研究

王亚坤等（2018）通过对河北省2006—2015年河北省小麦成本收益变化趋势的研究，分别从总成本变动情况、生产成本变动情况进行了分析，提出了提升河北省小麦生产收益的对策建议。王鹏成等（2015）以安徽省蔬菜种植成本收益数据为依托，研究了其成本结构及成本收益的变化情况，结果发现人工成本、单产、市场价格是影响农户蔬菜种植增产增收的主要因素。徐连营（2018）对朝阳设施番茄全要素生产率情况进行了测算和研究，结果发现影响番茄提质增效的最主要因素是人工成本的持续升高。郭伟等（2018）通过对河北省2003—2016年玉米生产总成本构成和生产效益的研究，发现总成本构成中物质与服务费呈波动下降趋势，人工成本、土地成本的上涨成为玉米生产成本上涨的主要影响因素。谢海英（2016）通过实证分析，对影响河北省小麦生产收益的因素进行了分析，发现对小麦生产收益影响较大的三大因素分别是市场价格、单产及物质与服务费用，而土地成本影响较低。窦晓博（2018）通过对近年中国蔬菜种植成本收益情况的分析，发现造成菜农收益不稳定的影响因素主要有四个方面：一是生产资料价格上涨、物质与服务费用显著提高；二是人力成本持续增加、导致总成本逐步上涨，三是小农生产和分散经营的生产结构导致生产技术相对落后，四是农产品附加值偏低。

4. 关于农产品生产效益方面的研究

黄修杰（2018）以番茄、黄瓜、茄子和菜椒4种果类蔬菜为例，对我国蔬菜种植成本收益及其影响因素情况进行了分析，结果发现近10年来我国果类蔬菜种植成本不断上涨，经济效益下降明显，而人工成本中的雇工费用已成为制约降低果类蔬菜种植成本的关键因素。张瑞涛等（2015）基于2003—2012年《农产品价格收益汇编》数据资料，运用收益比较指数、主成分回归分析法对粮食、蔬菜、水果、油料四种农产品总成本构成、收益变动情况进行了比较研究，结果发现蔬菜、水果成本收益呈逐年上涨态势，油料、粮食偏低且相对稳定。李雪等（2016）将河北省2008—2013年玉米产品收益情况与全国其他玉米主产省进行了比较，结果发现河北省的总成本呈上涨态势，但与其他主产省及全国平均值相比偏低，虽然市场销售价格较高，但其收益相较于蔬菜、水果等仍具有一定的差距。孙隆祥等（2017）采用比较分析和主成分回归分析的方法，对2004—2013年山西大豆成本收益情况进行了研究，结果发现山西省大豆单产优势明显，但近十年总成本涨幅高达163.07%，人工成本增加量占比最为明显。

5. 关于农产品全要素生产率方面的研究

张领先等（2013）通过运用基于DEA的Malmquist指数法测定了北京蔬菜产业生产效率和技术进步趋势，结果发现北京市蔬菜生产基本实现技术进步且技术使用效率不断上升，规模效率已达最优，其中2008年多数蔬菜达到规模效率和综合技术效率最优，仅露地黄瓜未达到纯技术效率最优，并对其投入产出值进行了改进。李莉（2015）对全国大中城市蔬菜种植成本收益进行对比，运用趋势分析法对 1998—2003 年全国大中城市蔬菜种植成本构成变动和收益变动进行了比较分析，运用基于 DEA 的 Malmquist 指数分析法对蔬菜种植效益进行了研究，结果发现 1998—2013 年全国大中城市蔬菜种植投入产出状态良好，综合效率平均值相对较高；受技术效率和规模效率交叉影响，投入存在结构不合理现象。曹晓会（2015）将 17 个主产省市作为决策单元，运用 DEA-Malmquist 指数模型从投入角度测定了山东省黄瓜种植全要素生产率及相关系数，结果发现 2011—2013 年山东省露地黄瓜投入指标存在冗余，规模收益呈现逐年递增态势。郭哲彪（2014）对 2008—2013 年全国不同城市大白菜生产的全要素生产率进行了测算和分析，结果发现我国在劳动、化肥投入上存在较大冗余，北方技术效率高于南方。吕超等（2011）对我国 1994—2007 年各省份蔬菜生产效率变动进行了测算研究，结果发现我国蔬菜技术效率、规模效率年均增长率为正，华北、西南及东北地区全要素增长率高于全国水平，资源达到了优化配置。

（三）国内外研究现状评述

通过对国内外的研究现状可以看出，国外关于农产品种植成本收益方面的研究仅限于大田作物，不能深入了解蔬菜产业成本收益情况。国内学者针对大田类等经济作物研究较为深入，在蔬菜产业成本收益方面的研究也有一定的涉猎。本研究在此基础上，对河北省黄瓜生产现状及特色黄瓜优势区黄瓜产业发展现状进行深入调研和对比分析，并对黄瓜成本收益进行了比较分析和实证研究，为河北省黄瓜产业发展提供参考意见。

三、研究内容与研究对象

（一）研究内容

以《河北省农村统计年鉴》《全国农产品成本收益资料汇编》、农业农村部种植业管理司蔬菜种植数据库、农产品价格信息网以及河北省蔬菜产业体系基地（企业）调查问卷统计数据为基础，对河北省黄瓜生产规模、生产布局、种植模式、经营主体建设、成本收益以及全要素生产率进行测算研究。具体包括以下几方面内容。

一是河北省黄瓜生产现状分析，主要包括黄瓜生产规模、生产布局、种植模式、经营主体建设情况四个方面，具体对 2011—2016 年河北省黄瓜播种面积、产量、单产，河北省特色黄瓜优势区黄瓜生产现状进行了描述性统计分析。

二是河北省黄瓜成本收益分析，以《全国农产品成本收益汇编》、河北省蔬菜产业体系基地（企业）调查问卷统计数据为基础，从成本构成、成本收益两个方面分别对河北省、河北省与其他黄瓜主产省、河北省特色黄瓜优势区黄瓜成本收益情况进行了比较分析。

三是河北省黄瓜全要素生产率研究，通过运用 DEA 指数模型对河北省、黄瓜主产省、河北省特色黄瓜优势区黄瓜全要素生产率进行了研究。

（二）研究对象

河北省黄瓜产业在全国举足轻重，产量位列全国第一，种植面积仅次于河南省。黄瓜产业在全省蔬菜产值中占比最高，产量、面积仅次于大白菜，是农业重要增收创汇产业。同时，在全省黄瓜产业不断发展的过程中，涌现出了平泉、乐亭、昌黎、永清、馆陶、青县等一批特色黄瓜优势产区，各主产区在黄瓜种植面积、产量、单产、产值、成本收益上都具有明显优势。因此，以河北省及各特色黄瓜优势产区为研究对象，对全省黄瓜生产成本收益及全要素生产率进行了测算研究。

四、研究方法与创新之处

（一）研究方法

1. 调查分析法

选取昌黎县、乐亭县、平泉市、馆陶县、永清县、青县等特色黄瓜优势区进行典型调查，掌握各主产区黄瓜产业规模、种植模式、经营主体建设、生产成本数据信息，确保研究的真实性与准确性。

2. 比较分析法

在对黄瓜生产成本收益、全要素生产率进行测算研究时，需要对不同地区、不同品种、不同生产方式黄瓜生产数据进行比较研究。

3. 模型分析法

通过运用 DEA-Malmquist 指数模型对河北省黄瓜生产全要素生产率进行研究。

（二）创新之处

（1）本书是基于河北省特色黄瓜优势区建设的大背景之下进行的。通过调查研究等方法比较分析了河北省特色黄瓜优势区黄瓜生产现状，具有较强的现实意义和创新性。

（2）本书以时空分布作为划分依据，运用成本收益法对不同地区、不同时间黄瓜生产成本构成、成本收益进行了比较研究，运用 DEA 指数分析法测定了黄瓜全要素生产率，为河北省黄瓜生产提质增效提供了更多参考依据。

五、相关概念

（一）特色农产品优势区

特色农产品优势区一般是指农产品资源优势较为突出、农产品的品质相对较高且较为鲜明、农业产业基础和产业链条相对完善、具有较强的农民增产增收带动能力的特色农产品聚集区域。2017 年，农业农村部联合发改委、林业局共同印发了《特色农产品优势区规划纲要》，鼓励全国各地积极发展特色农产品，争创特色农产品优势区，通过特色农产品优势区的建设，进一步促进特色农业产业发展，河北省也于2018年发布了《关于开展特色农产品优势区创建工作的意见》，提出全省将立足农产品资源优势，积极投身省级特优区建设，预计到2020年建成100个左右的省级高标准特色农产品优势区。

（二）全要素生产率

全要素生产率=总产量/全要素投入量，表示生产活动在单位时间内的效率情况。全要素生产率的增长受技术进步、专业化程度提升、生产及组织创新等因素影响，被视为技术进步的指标。全要素生产率一般指资源的开发利用效率，反映了各地区为提升经济发展水平所表现出来的努力程度，是技术进步对经济发展作用的综合反映。一般来说，衡量生产率的指标来源分别是技术进步、规模效应及效率的变化。

第二章　河北省黄瓜生产现状分析

一、河北省黄瓜生产规模现状

（一）河北省黄瓜播种面积、产量及单产情况

从表 2-1 可以看出，2018 年河北省蔬菜总播种面积达 787.61 千公顷，其中大白菜播种面积 187.76 千公顷位列全省第一，黄瓜播种面积 84.06 千公顷，占全省蔬菜总播种面积的 10.67%，位列全省第二。2018 年全省蔬菜总产量 5 013.59 万吨，黄瓜总产量 620.79 万吨，占全省总蔬菜产量的 12.38%，仅次于大白菜，位列全省第二。由此可见，河北省黄瓜种植规模占全省蔬菜总体种植规模比例较高，播种面积、产量均位居全省第二，规模优势明显。

表 2-1　河北省 2018 年各品类蔬菜播种面积、总产量及单产情况

（单位：千公顷；万吨；吨/公顷；%）

品类	播种面积	播种面积占比	总产量	总产量占比	单产
蔬菜	787.61	100.00	5013.59	100.00	63.66
大白菜	187.76	23.84	1419.65	28.32	75.61
黄瓜	84.06	10.67	620.79	12.38	73.85
番茄	72.36	9.19	474.42	9.46	65.56
辣椒	48.52	6.16	207.67	4.14	42.80
卷心菜	40.15	5.10	269.95	5.38	67.24
茄子	34.19	4.34	187.79	3.75	54.92
白萝卜	30.13	3.83	206.16	4.11	68.42
菠菜	28.44	3.61	138.20	2.76	48.60
大葱	27.46	3.49	161.41	3.22	58.79
四季豆	21.88	2.78	94.56	1.89	43.23
胡萝卜	19.23	2.44	115.77	2.31	60.22
芹菜	18.83	2.39	119.95	2.39	63.71
蒜头	18.23	2.31	77.55	1.55	42.54
油菜	9.72	1.23	41.80	0.83	42.99
豇豆	6.82	0.87	26.82	0.53	39.35

（续表）

品类	播种面积	播种面积占比	总产量	总产量占比	单产
生姜	3.66	0.46	26.60	0.53	72.76
南瓜	2.08	0.26	9.83	0.20	47.14
冬瓜	1.85	0.23	11.60	0.23	62.67
莲藕	1.14	0.14	4.84	0.10	42.39

资料来源：河北省农业农村厅

如表2-2所示，2017—2018年，河北省黄瓜播种面积由82.29千公顷增至84.06千公顷，同比增长为2.15%，涨幅相对较低；产量由607.50万吨增至620.79万吨，涨幅与播种面积相似，为2.19%；单产在73.80吨/公顷上下浮动，相对稳定。

表2-2　河北省2017—2018年黄瓜播种面积、产量及单产变动情况

（单位：千公顷；万吨；吨/公顷;%）

项目	2017年	2018年	同比增长率
播种面积	82.29	84.06	2.15
产量	607.50	620.79	2.19
单产	73.82	73.85	0.04

（二）河北省黄瓜主产区播种面积、产量及单产情况

河北省黄瓜种植历史悠久，种植区域分布广泛，产业基础发展较为稳固，除坝上地区外，各地均有黄瓜生产，生产规模较大的有平泉市、馆陶县、乐亭县、永清县、青县、昌黎县等9个县（市、区）。根据对特色黄瓜优势区的调研及各地区农业综合试验站所提供的黄瓜产业示范县数据发现，平泉市、馆陶县、乐亭县、永清县、青县、昌黎县等县（市）黄瓜播种面积较高，分别为9.2千公顷、6.8千公顷、6.2千公顷、5千公顷、4.7千公顷和2千公顷；河北省各主产县黄瓜产量与播种面积排名情况趋同，平泉市、乐亭县、永清县、青县、昌黎县等县（市）黄瓜产量较高；省内各主产县黄瓜平均单产相差较大，高邑县平均单产最高达180吨/公顷，昌黎县平均单产次之为179.45吨/公顷，赞皇县平均单产最低，仅为38.08吨/公顷（表2-3）。

表2-3　河北省黄瓜主产区播种面积、产量、单产、产值对比

（单位：千公顷；万吨；吨/公顷）

市	县（市区）	播种面积	产量	单产
承德市	宽城县	0.17	1.25	75.00
	隆化县	0.53	4.00	75.00
	平泉市	9.20	130.00	141.30
	兴隆县	0.48	2.64	55.00

（续表）

市	县（市区）	播种面积	产量	单产
承德市	承德县	0.41	3.10	75.00
	双桥区	0.10	0.75	75.00
张家口市	怀来县	0.26	1.39	53.46
	赤城县	0.36	3.24	90.00
	宣化区	0.42	3.78	90.00
秦皇岛市	昌黎县	2.20	39.48	179.45
	卢龙县	0.20	1.50	75.00
唐山市	乐亭县	6.20	94.40	152.26
廊坊市	文安县	0.05	0.36	67.50
	永清县	5.00	55.72	111.00
	大城县	0.16	1.05	65.63
	香河县	0.33	2.00	60.00
	三河县	1.59	7.14	45.00
	固安县	1.67	19.30	115.80
保定市	定兴县	0.39	3.82	98.79
沧州市	青县	4.70	53.90	115.42
石家庄市	高邑县	1.87	33.60	180.00
	藁城区	0.85	9.84	116.22
	晋州市	0.07	0.70	105.00
	行唐县	0.21	2.36	110.63
	井陉县	0.09	0.53	61.15
	平山县	0.08	0.96	120.00
	元氏县	0.20	1.50	75.00
	赞皇县	0.09	0.33	38.08
	赵县	0.87	9.75	112.50
邯郸市	永年区	0.27	2.40	90.00
	曲周县	0.51	4.97	96.82
	广平县	0.20	2.25	112.50
	临漳县	0.13	1.30	97.50
	馆陶县	6.80	61.38	90.00
	成安县	0.10	0.90	90.00
合计/平均		46.75	561.59	94.60

数据来源：根据对各黄瓜主产县（市）调研及综合试验站对产业示范县的调研整理

其中，昌黎马芳营旱黄瓜种植面积达 2.20 千公顷，单产 179.45 吨/公顷，总产量达 39.48 万吨，产值 7.2 亿元，位居全市第一。主栽品种为绿岛 5 号、绿宝珠 8 号天骄 8 号等旱黄瓜品种和津优 303、津绿 303、21-10、绿丰 801 等密刺类品种。乐亭县黄瓜种植总面积 6.2 千公顷，仅次于甜瓜，总产量 94.4 万吨，面积及产量分别占蔬菜生产总面积和总产量的 15.5%和 30.3%。平泉市黄瓜种植以设施栽培为主，设施黄瓜总面积9.00千公顷，占全市蔬菜生产总面积的73%，温室大棚4万余个，年产量130万余吨，年产值37亿元。馆陶县黄瓜种植面积6.8千公顷，总产量61.38万吨，占全县蔬菜总量的76.93%，产值达14.2亿元，全市规模最大，其中，绿色黄瓜产品年产量10万吨，占黄瓜总产量的11.4%。通过技术创新发展特色优势黄瓜产品8万吨，占黄瓜总产量的9.1%。永清县2017年黄瓜生产面积5.00千公顷，产量55.72万吨，产值7.1亿元，占该县蔬菜总播种面积、总产量、总产值的比例分别为19.6%、30.3%和38.4%，青县黄瓜年种植面积达到4.7千公顷，产量115.42万吨，供应时期主要集中在4—7月及9—10月，日供应量可达5 000吨。

二、河北省黄瓜生产布局现状

河北省黄瓜种植分布广泛，产业布局合理，目前已形成了“一带三区”的优势产区，即以昌黎、乐亭为核心的冀东北旱黄瓜优势产业带；以平泉为核心的冀北密刺黄瓜优势产区；以馆陶、藁城、高邑3个县为核心的冀中南密刺黄瓜优势产区；以毗邻京津的永清、青县和省内各大城市周边为核心的京津冀城市居民休闲采摘业态的高端黄瓜生产园区（表2-4）。

表2-4　河北省黄瓜产业发展格局现状（单位：千公顷；万吨；亿元）

产区名称	涉及县（市）	播种面积	产量	产值	主栽品种
冀东北旱黄瓜优势产业带	昌黎、乐亭	8.40	133.88	12.60	绿岛5号、绿宝珠8号、天骄8号等旱黄瓜品种；津优303、津绿303、21-10、绿丰801、唐秋206、唐秋208、唐杂5号、等密刺类品种
冀北密刺黄瓜优势产区	平泉	9.20	130.00	13.50	津优35、津优303、津绿21-10、绿丰801等密刺类
冀中南密刺黄瓜优势产区	馆陶、藁城、高邑、武邑	12.70	—	—	津优35号，津优303、冀美之星、津绿21-10等密刺类
京津冀城市居民休闲采摘业态的高端黄瓜生产园区	永清、青县、固安及省内各大城市周边	23.30	—	—	津优35、津优303、津绿21-10、绿丰801、中荷16、中荷17、琬美8号等密刺品种及水果黄瓜新品种

数据来源：根据对各黄瓜主产县（市）调研及综合试验站对产业示范县的调研整理

（一）冀东北旱黄瓜优势产区

冀东北旱黄瓜优势产区主要以昌黎、乐亭为核心，辐射带动周边区域，累计播种面积可达8.4千公顷，总产量133.88万吨，总产值12.6亿元。

昌黎县：昌黎县是农业生产大县，全国570个蔬菜生产产能大县之一，2012年被农业部命名为“全国蔬菜生产大县”荣誉称号。2017年蔬菜种植总面积19.9千公顷，其中设施蔬菜9.71千公顷，培育注册了15个蔬菜品牌，年产蔬菜15亿千克，实现了周年生产，四季供应。昌黎县依托农业资源优势和特色产业，成功打造国家级后备现代农业园区 1 个、省级现代农业园区 2 个、市级现代农业园区 6 个。现拥有市级以上农业产业化重点龙头企业 70 家（国家级 2 家、省级 16 家），发展农民合作社 1 000 余家、家庭农场 300 余个，农村土地流转率、农业产业化经营率达 73%以上。蔬菜产业产值超过全县种植业产值 50%，为农民增收、农业增效做出了巨大贡献。

乐亭县：乐亭作为传统农业大县，素有“冀东粮仓”之称。2017 年，乐亭县蔬菜播种面积达 43. 33 千公顷，保护地蔬菜占地面积 21. 6 千公顷（日光温室 8. 38 千公顷、塑料大棚 8. 27 千公顷、中小棚 4. 95 千公顷），现已实现四季生产，全年供应市场，是冀东最大的设施蔬菜生产基地。其中，蔬菜总产达 340 万吨绿色蔬菜基地认证面积达 200 公顷，并逐步形成了以马头营镇为中心的万亩日光温室黄瓜生产区。产值 39 亿元，其中外销 305 万吨，年创汇 1 900 万美元，蔬菜产值占全县农业总产值的 34. 82%。近年来，乐亭县通过实施省级蔬菜产业示范县、蔬菜标准园、国家蔬菜重点县等蔬菜项目，加快乐亭蔬菜向质量、效益、品牌等方式转变，实现规模化生产，品牌化经营，累计发展农民合作经济组织 297 个累计注册品牌商标 70 多个，有 65 个产品通过绿色食品认证，居全市首位。

（二）冀北密刺黄瓜优势产区

冀北密刺黄瓜优势产区以平泉为核心，种植品种以密刺类黄瓜为主。目前，平泉市蔬菜种植总面积达 12. 33 千公顷，黄瓜种植以榆树林子镇为中心，辐射带动周边乡镇。截至目前，榆树林子镇冷暖棚总数已达 15 000 个，户均 1. 5 个，占全镇耕地面积的 54%，真正实现了“一镇一品”“一户一棚”。平泉市试行推广了黄瓜价格保险，为促进黄瓜产业稳定发展、有效保护菜农切身利益奠定了基础，实现现代农业量与质的同步提升。榆树林子蔬菜果品批发市场现已成为中国最大的黄瓜交易市场，是全国冬季黄瓜价格形成中心，目前年交易量已突破 80 万吨，年交易额超 24 亿元。

（三）冀中南密刺黄瓜优势产区

冀中南密刺黄瓜优势产区主要以馆陶、藁城、高邑 3 个县为核心，辐射带动周边区域，种植品种以津优 35、津优 303、津绿 21-10、绿丰 801、中荷 16、中荷 17、琬美 8 号等密刺品种为主。馆陶县是国家级蔬菜重点县、河北蔬菜之乡、中国黄瓜之乡、天津科润黄瓜研究所优种示范基地。2017 年，全县蔬菜播种面积 12. 4 千公顷，蔬菜总产量 98. 7 万吨，总产值 17. 4 亿元，认证产品 26 个，面积 2. 33 千公顷，绿色食品认证产品 12 个，注册有“馆青”“金凤”“魏徽”“邯绿”“雅情”等知名蔬菜品牌。目前，全县拥有 16 家黄瓜规模种植园区，日光温室黄瓜种植面积居全市首位，先后获得“中国黄瓜之乡”“中国绿色食品博览会金奖”“中国好食材”等称号。

（四）京津冀城市居民休闲采摘业态高端黄瓜生产园区

京津冀城市居民休闲采摘业态高端黄瓜生产园区主要以毗邻京津的固安、永清、青县和省内各大城市周边为核心，辐射带动周边区域，种植品种以津优 35、津优 303、津绿21-10、绿丰801、中荷16、中荷17、琬美8号等密刺品种为主。

永清县：2016年永清县蔬菜生产面积达25.67千公顷，生产品种达13大类120余个，总产量183.7万吨，蔬菜生产产值18.51亿元。2010年成立了永清县蔬菜产业联合会，注册了县域内的共用品牌“永清蔬菜”，供其域内蔬菜企业无偿使用。永清县黄瓜种植历史悠久，经过数十年的发展，形成了日光温室深冬一大茬、冬春茬、秋冬茬，塑料大棚早春茬、越夏茬、秋延后茬等多个生产茬口的生产习惯，种植品种以密刺类型的黄瓜为主，产品具有条形均匀、皮亮、刺密、味道甘甜等特点，产品深受京津外消费者的欢迎。

青县：青县是河北省蔬菜生产大省，其蔬菜产量位居全省第三位，蔬菜品种丰富，有甜瓜、黄瓜、辣椒以及各种叶菜等特色蔬菜，被誉为“全国蔬菜产业重点县”“中国蔬菜之乡”“河北省特色农业建设先进县”“河北省蔬菜产业示范县”“河北蔬菜之乡”。2017年，全年瓜菜播种面积达到30千公顷，其中设施菜面积达到21.33千公顷，蔬菜年产量达到230万吨，产值59亿元，占农业总产值的70%以上。2018年上半年蔬菜播种面积达到18千公顷，其中设施播种面积11.33千公顷。黄瓜是青县蔬菜的两大当家品种之一，产品销往周边14个省市区，被誉为“华北黄瓜第一乡”。2016年，在首届京津冀产销大会上，“青县黄瓜”入选河北省十大类单品蔬菜基地。

三、河北省黄瓜种植模式现状

（一）栽培模式

河北省特色黄瓜优势区黄瓜生产方式主要以设施栽培为主。其中，昌黎黄瓜日光温室栽培1.47千公顷，塑料大棚生产面积0.67千公顷。乐亭县设施黄瓜播种面积5.62千公顷，其中温室生产面积4.73千公顷，总产76.3万吨；春大棚春夏生产面积0.37千公顷，总产量3.5万吨；春大棚夏秋生产面积0.52千公顷，总产量3.5万吨；馆陶县设施黄瓜面积达到6.20千公顷，现有日光温室21 580栋，占地4.07千公顷，占黄瓜种植总面积的52.2%；大拱棚达到21 730个，占地2.13千公顷，占黄瓜种植总面积的27.5%；小拱棚1.03千公顷，占黄瓜种植总面积的13.3%（表2-5）。

表2-5　河北省特色黄瓜优势区黄瓜生产方式现状　（单位：千公顷;%）

主产区名称	日光温室栽培面积	塑料大棚栽培面积	设施栽培面积	设施栽培占比
昌黎县	1.47	0.67	2.14	97.27
平泉市	6.53	2.47	9.00	97.82
乐亭县	4.73	0.89	5.62	90.65
馆陶县	4.07	2.13	6.20	91.18

数据来源：根据对各黄瓜主产县（市）调研及综合试验站对产业示范县的调研整理

（二）茬口安排

由于气候、地形、茬口、技术等多种因素的影响，河北省不同地域黄瓜播种、定植、收获、拉秧期多有不同。平泉、馆陶、永清、乐亭、宽城、兴隆、承德县、文安、定兴、矿区、鹿泉、赵县等地主要以日光温室越冬茬黄瓜种植为主，供应周期为每年的11月份至翌年6上中旬，长达8个月；昌黎、乐亭、永清、馆陶、藁城、高邑、隆华、大城、晋州、井陉、无极等地以日光温室冬春茬为主，供应期分别为2月下旬至6月中下旬；昌黎、乐亭、永清、馆陶、藁城、高邑、无极等地以日光温室秋冬茬黄瓜种植为主，供应期为10月中旬至翌年1月上中旬；青县、永清、香河、固安、藁城、高邑、馆陶、三河、定兴、平山、元氏、赵县、正定、曲周、广平、肥乡等地以塑料大棚春提前为主，由于采用多层覆盖，供应期为4月上旬—4月下旬至6月上旬—7月上旬；青县、永清、香河、固安、藁城、高邑、馆陶、卢龙、赵县等地以塑料大棚秋延后黄瓜栽培为主，供应期为8月下旬—11月上旬；此外大城、怀来、赤城、宣化等地还有塑料大棚越夏茬；兴隆、承德县、双桥、赞皇、赵县、武安、永年、临漳、邯山等地种植露地黄瓜。设施黄瓜多种栽培模式保证了河北省黄瓜错峰生产及上市，提高了黄瓜整体的销售价格，可满足黄瓜的周年供应（表2–6）。

表2–6 河北省黄瓜主产县主要茬口安排及分布情况

茬口模式	分布范围	定植时间	上市时间	拉秧时间
日光温室越冬茬	平泉、馆陶、永清、乐亭、宽城、兴隆、承德县、文安、定兴、矿区、鹿泉、赵县等	10月中下旬	11月下旬—12月上旬	翌年6月上中旬
日光温室冬春茬	昌黎、乐亭、永清、馆陶、藁城、高邑、隆华、大城、晋州、井陉、无极等	1月中下旬	2月下旬	6月中下旬
日光温室秋冬茬	昌黎、乐亭、永清、馆陶、藁城、高邑、无极等	9月上旬	10月中旬	翌年1月上中旬
塑料大棚春提前栽培	青县、永清、香河、固安、藁城、高邑、馆陶、三河、定兴、平山、元氏、赵县、正定、曲周、广平、肥乡等	3月上旬—3月下旬	4月上旬—4月下旬	6月上旬—7月上旬
塑料大棚秋延后栽培	青县、永清、香河、固安、藁城、高邑、馆陶、卢龙、赵县等	7月下旬—8月上旬	8月下旬	10月下旬—11月上旬
塑料大棚越夏茬	大城、怀来、赤城、宣化等	6月下旬	7月下旬	11月上旬
露地春夏茬	兴隆、承德县、双桥、赞皇、赵县、武安、永年、临漳等	4月底	6月	8月上中旬
露地秋茬	邯山	7月下旬	8月上中旬	9月下旬

数据来源：根据对各黄瓜主产县（市）调研及综合试验站对产业示范县的调研整理

1. 冀东北早黄瓜优势产区

冀东北早黄瓜优势区黄瓜栽培主要以设施栽培为主，露地栽培面积相对较小。其设施栽培茬口主要分为日光温室冬春茬、日光温室秋冬茬（温室育苗）、日光温室秋冬茬

(直播)、塑料大棚早春茬、塑料大棚春夏秋一大茬等生产茬口。日光温室冬春茬上市时间主要集中在4月上旬至7月下旬，日光温室秋冬茬上市时间集中在10月至翌年3月，在此期间蔬菜供应属于淡季，大面积春提早黄瓜还未上市，故其生产效益相对较高，每亩毛收益可达30 960元，而塑料大棚早春茬上市期在4月中旬至6月上旬，每亩毛收益可达16 008元，因此可以看出冀东北日光温室栽培茬口经济效益十分可观，安排较为合理（表2-7）。

表2-7 冀东北早黄瓜优势区主要黄瓜生产茬口

茬 口	育苗时间	定植时间	上市时间	拉秧时间
日光温室冬春茬	1月中下旬	2月下旬	4月上旬—7月下旬	9月中旬
日光温室秋冬茬	9月下旬	10月下旬	12月上旬—翌年4月	翌年5月前后
塑料大棚早春茬	2月中下旬	3月下旬	4月中旬—6月上旬	7月下旬
塑料大棚春夏秋一大茬	2月中旬	3月上中旬	4月中旬	9月中旬
露地春茬	3月下旬	4月下旬	5月上旬—6月下旬	8月下旬

数据来源：根据对各黄瓜主产县（市）调研及综合试验站对产业示范县的调研整理

2. 冀北密刺黄瓜优势产区

冀北密刺黄瓜优势产区黄瓜栽培主要以设施栽培为主，受夏季高温持续时间短、较冷凉且昼夜温差较大的气候特点，生产茬口主要分为日光温室越冬茬对接的越夏茬、日光温室越冬茬、塑料大棚春夏秋一大茬。日光温室越冬茬对接的越夏茬中，越冬茬定植时间主要集中在10月上中旬，上市时间在11月下旬—12月上旬，翌年5月前后拉秧；日光温室越冬茬在11月下旬至翌年7月上市；塑料大棚春夏秋一大茬上市期在每年4月中旬左右。由于冀北黄瓜上市期主要集中在冬、春两季，其生产效益相对较高，具有绝对的价格优势，这也决定了榆树林子黄瓜批发市场在全国冬季黄瓜交易市场中的地位和话语权（表2-8）。

表2-8 冀北密刺黄瓜优势产区主要黄瓜生产茬口

茬 口	育苗时间	定植时间	上市时间	拉秧时间
日光温室越冬茬对接的越夏茬	9月上中旬；翌年4月上中旬	10月上中旬；翌年5月下旬—6月上旬	11月下旬—12月上旬；翌年7月上中旬	翌年5月前后；翌年9—10月
日光温室越冬茬	9月中旬	10月中上旬	11月下旬—翌年7月	翌年8—9月
塑料大棚春夏秋一大茬	2月中旬	3月上中旬	4月中旬	9月中旬

数据来源：根据对各黄瓜主产县（市）调研及综合试验站对产业示范县的调研整理

3. 冀中南密刺黄瓜优势产区

冀中南密刺黄瓜优势区黄瓜栽培主要以设施栽培为主，露地栽培面积占有一定比例。其中，日光温室冬春茬、日光温室秋冬茬、日光温室越冬茬多以采摘为主，普通农户及小型园区栽培相对较少。塑料大棚早春茬、塑料大棚秋延后茬为设施栽培的主要生产方式及茬口，早春茬上市时间集中在每年4月下旬—7月，秋延后茬上市期集中在每年9月下旬—11月上旬。受地区温度相对较高影响，其露地栽培以露地春茬、露地秋茬为主，上市期分别在每年6月下旬—7月下旬、9月上中旬左右（表2-9）。

表2-9　冀中南密刺黄瓜优势产区主要黄瓜生产茬口

茬口	育苗时间	定植时间	上市时间	拉秧时间
日光温室冬春茬	12月中下旬	2月上中旬	3月中上旬—6月	8月下旬
日光温室秋冬茬	8月中下旬—9月初	9月中下旬	10月中下旬—翌年4月	翌年5月上中旬
日光温室越冬茬	9月中旬—10月中旬	11月上中旬	11月上旬—6月	8月上中旬
塑料大棚早春茬	2月上中旬	3月下旬—4月初	4月下旬—7月	7月下旬
塑料大棚秋延后	7月下旬	直播	9月下旬—11月上旬	12月上中旬
露地春夏秋一大茬	3月上中旬	4月中下旬	6月下旬—7月下旬	8月上中旬

数据来源：根据对各黄瓜主产县（市）调研及综合试验站对产业示范县的调研整理

4. 京津冀城市居民休闲采摘业态的高端黄瓜生产园区

京津冀城市居民休闲采摘业态的高端黄瓜生产园区黄瓜栽培主要以设施栽培为主，露地栽培所占比例相对较小。其中，设施栽培主要以日光温室越冬一大茬为主，其上市时间为10月下旬—翌年4月，上市期长达6个月，塑料大棚春夏秋茬、塑料大棚秋延后茬分别在每年3月中旬、6月下旬—7月定植，4月中旬—5月、7月下旬—8月上市。露地栽培以露地春茬、露地秋茬为主，上市时间集中在6月下旬—7月下旬、9月上中旬左右（表2-10）。

表2-10　京津冀城市居民休闲采摘业态的高端黄瓜生产园区主要黄瓜生产茬口

茬口	育苗时间	定植时间	上市时间	拉秧时间
日光温室越冬茬	7月至8月	9月中旬—10月	10月下旬—翌年4月	翌年5月至6月
塑料大棚秋延后	4月下旬—5月	6月下旬—7月	7月下旬—8月	10月下旬—11月上旬
塑料大棚春夏秋一大茬	2月中旬	3月中旬	4月中旬—5月	9月中下旬
露地春茬	3月上中旬	4月中下旬	6月下旬—7月下旬	8月上中旬
露地秋茬	7月上中旬	直播	9月上中旬	10月

数据来源：根据对各黄瓜主产县（市）调研及综合试验站对产业示范县的调研整理

四、黄瓜生产经营主体现状

河北省黄瓜集中产区专业合作社达到349个，家庭农场76家，种植大户1 969户，龙头企业达58家，黄瓜产业园区达到99个，各类黄瓜生产经营主体有力推动了河北省黄瓜产业的发展。以昌黎、乐亭、馆陶、青县为例（表2-11），四县拥有生产经营特色主导产品的市级以上龙头企业总数达40家、市级以上农民合作社示范社总数达47家。

表2-11　生产经营特色主导产品的各类经营主体发展情况

主产区	国家级龙头企业	省级龙头企业	市级龙头企业	国家级农民合作社示范社	省级农民合作社示范社	市级农民合作社示范社
昌黎县	1	0	0	3	2	2
乐亭县	1	20	10	0	4	12
馆陶县	0	0	6	2	4	5
青县	0	0	2	2	3	8

数据来源：根据2018年河北省特色农产品优势区申报资料整理

（一）专业合作社

昌黎县现有蔬菜专业种植合作社80多家，其中恒丰、嘉诚、民联信诚蔬菜种植专业合作社分别被评为省级、市级、县级示范社。乐亭县共有15万农户从事蔬菜生产，并逐步形成了以马头营镇万亩日光温室黄瓜生产区，发展和规范各类新型经营主体200多家。其中，省级蔬菜专业合作社3家，市级蔬菜专业合作社16家，农业产业化经营率达到76%。青县蔬菜专业合作社已达到150个，入社社员达到20 000余户，其中广旺、根枝叶、顺西、明杰、鑫丰等合作社为沧州市级示范社和市级龙头企业，振西、齐发合作社为省级示范社，绿豪合作社为国家级示范社（表2-12）。

表2-12　乐亭县市级以上蔬菜专业合作社发展情况

（单位：户；万元；亩；吨）

合作社名称	所属乡镇	入社成员	出资额	年产量	年交易额	为农增收	种植面积	带动农户
乐亭县万事达果蔬专业合作社（省级）	中堡镇	60	200	1 750	875	130	500	120
乐亭县富民果蔬专业合作社（省级）	汀流河镇	5	200	5 000	400	60	600	360
乐亭县四合果蔬专业合作社（省级）	乐亭镇	11	220	700	1 000	150	200	150
乐亭县乐相果菜专业合作社（市级）	大相各庄乡	6	6	8 500	460	60	1 700	150

（续表）

合作社名称	所属乡镇	入社成员	出资额	年产量	年交易额	为农增收	种植面积	带动农户
乐亭县小三果蔬专业合作社（市级）	新寨镇	7	150	800	450	40	150	60
乐亭县聚鑫果菜专业合作社（市级）	新寨镇	6	20	4 000	2 600	270	1 000	350
乐亭县艾旭果蔬专业合作社（市级）	新寨镇	5	120	1 200	750	80	300	68
乐亭县振江果蔬专业合作社（市级）	庞各庄乡	5	200	300	120	20	300	130
乐亭县佳音果蔬专业合作社（市级）	毛庄镇	5	100	2 200	560	90	1 500	200
乐亭县绿野果蔬专业合作社（市级）	马头营镇	120	150	1 600	890	120	1 100	860
乐亭县益农蔬菜专业合作社（市级）	乐亭镇	125	60	900	180	40	800	180
乐亭县丞起果蔬专业合作社（市级）	乐亭镇	150	200	1 000	600	100	6 000	500
乐亭县德强果菜专业合作社（市级）	乐亭镇	5	20	800	260	20	400	163
乐亭县绍东果菜专业合作社（市级）	姜各庄镇	155	10	2 000	520	165	500	170
乐亭县金畅果菜专业合作社（市级）	胡坨镇	156	100	1 000	300	60	650	140
乐亭县佳丰果蔬专业合作社（市级）	古河乡	6	110	800	400	60	200	50
乐亭县丰禾农作物种植专业合作社	古河乡	30	630	5 500	2 175	300	2 000	300
乐亭县小捞果菜专业合作社（市级）	古河乡	5	100	900	360	35	350	150
乐亭县自光果蔬专业合作社（市级）	大相各庄乡	10	300	1 200	800	120	800	60

数据来源：根据乐亭县农业局提供资料整理

（二）龙头企业

昌黎县拥有农业龙头企业 14 家，蔬菜产业产值超过全县种植业产值的 50%，旱黄瓜产业产值超过蔬菜产业产值的 60%。其中，嘉诚实业集团有限公司获得河北省农业产业化重点龙头企业，主要以种植黄瓜、番茄、土豆等蔬菜品种为主，占地 660 公顷，建有 4 000 平方米现代化连动式育苗室 1 个，单栋育苗室 35 个，年育苗能力 5 300 万株，高标准日光温室 5 000 个。乐亭县现有农业龙头企业 100 多家，其中，国家级龙头企业 1 家，省级 5 家，市级 23 家。平泉市民营企业达到 1 024 家，个体工商户 864 户，从业人员 4 659 人。其中，平泉市益农科技育苗有限公司是全市唯一一家集蔬菜新品种选育、新品种试验推广、蔬菜种苗培育于一体的综合型功能企业，占地面积 36 公顷，总投资 1. 18 亿元，年育苗能力达 1. 4 亿株，可供 2. 5 万个蔬菜温室大棚用苗（表 2-13）。

表 2-13 昌黎县市级以上蔬菜产业化龙头企业发展情况

蔬菜产业化龙头企业名称	所属乡镇	级别
昌黎县嘉诚实业集团有限公司	新集镇	省级
昌黎县农副产品批发市场	新集镇	市级
昌黎县东诚食品有限公司	两山乡	市级
昌黎县旺杰生态农业观光有限公司	龙家店镇	市级

数据来源：根据昌黎县农业局提供资料整理

（三）产业园区

平泉市现已建成百亩以上的设施黄瓜园区 360 个，其中榆树林子全镇已发展设施蔬菜园区 200 余个，占地 0. 53 千公顷，温室大棚 12 000 个，面积 2. 67 千公顷，占全镇在册耕地面积的 54%。馆陶县现拥有万亩黄瓜示范区 1 个——程庄万亩黄瓜示范区，五千亩黄瓜示范园 3 个——魏僧镇黄瓜标准园、馆陶镇黄瓜标准园、南徐村乡黄瓜标准园，千亩以上黄瓜种植园区 30 个。蔬菜园区全部由合作社、公司引领生产，实现了规模化种植、标准化生产、品牌化销售。青县已建成省级现代农业园区 2 个——青县现代农业观光园、青县大司马现代农业园区，占地面积超 7 万亩，市级现代农业园区 2 个——青县农场现代农业园区、青县航天未来现代农业园区（表 2-14）。

表 2-14 馆陶县黄瓜农业园区建设情况

园区名称	包含村镇	占地面积	主导产业	基础设施建设
馆陶县现代农业园区	翟庄、浅口、陈范庄、塔头、蔡范庄、沿庄、韩范庄、南董固、西董固等	1 000 公顷	黄瓜种植、加工及销售	日光温室 3 600 株、大拱棚 2 300 株，蔬菜深加工厂一座，黄瓜专业市场 2 个
中国黄瓜采摘苑	翟庄、浅口村	160 公顷	种植采摘、休闲、娱乐、文化、餐饮、住宿和观光旅游	日光温室 815 栋，大拱棚 220 栋，智能温室 5 000 平方米

数据来源：根据馆陶县农业局提供资料整理

五、河北省黄瓜科研投入现状

近年来，河北省各黄瓜主产区依托省级蔬菜产业技术体系创新团队和各市县蔬菜技术推广部门，大力开展技术服务体系建设，根据当地资源禀赋、设施类型、栽培模式和市场需求的主栽品种，进行整建制推广，建设规模产区，培育黄瓜拳头产品。

（一）科研合作情况

河北省各黄瓜主产区依托自身优势，不断加大与各科研院所、高校的交流合作。其中，昌黎县从2000年至今，与河北科技师范学院合作，开始对马芳营旱黄瓜品种进行种子的提纯复壮研究，制定了马芳营旱黄瓜等多个重点蔬菜品种的技术规程。2007年至2015年相继提纯种子“绿岛”1号至7号。平泉市多年来与天津黄瓜研究所、河北省农林科学院、中国农业大学等部门密切联系，引进推广了蔬菜新品种70多个，新技术30多项。固安县蔬菜中心与中国农业科学院蔬菜花卉研究所、河北农业大学、河北省农林科学院、廊坊市农林科学院等多家科研院校密切交流合作，借助其人才优势、师资优势、科研优势将其科研成果和先进技术转化为生产效益，不断提高全县蔬菜生产技术水平，拥有了雄厚的技术依托。详见表2-15。

表2-15　河北省特色黄瓜优势区科研合作及新品种、新技术引进情况

主产区	合作机构	新品种、新技术引进情况
昌黎县	省果研所、县农业局、河北科技师范学院	开展马芳营旱黄瓜品种进行种子的提纯扶壮研究，“绿岛”1号至7号提纯种子相继研发成功
乐亭县	省农科院、河北科技师范学院	引进推广了蔬菜新品种90多个，新技术40多项
平泉市	天津黄瓜研究所、河北农科院、中国农业大学	引进推广了蔬菜新品种70多个，新技术30多项
永清县	中国农业大学、河北农业大学、廊坊市农林科学院	引进黄瓜新品种60个以上，示范推广新技术20余项，黄瓜商品率提高了10个百分点，标准化生产技术普及率达到了90%以上
馆陶县	中国农业大学、河北农业大学、北京农科院、河北工程大学、天津科润黄瓜研究所等	引进新品种120余个，推广新技术30余项
固安县	中国农科院蔬菜花卉研究所、河北农大、河北省农林科学院、廊坊市农林科学院等	引进新品种30余个，推广新技术20余项

数据来源：根据各主产县农业局提供资料整理

馆陶县不断加大与中国农业大学、河北农业大学、北京农林科学院、河北工程大学、天津科润黄瓜研究所的科研合作，通过集中规划布局，使其向专业化、规模化、区域化方向发展，推广了津优518号、津优303号、津优35号、津优307号、津优36号等黄瓜新品种28个，引进示范种植了荷兰8号、翡翠、月脂、绿岛系列、戴多星、金童、玉女等105个黄瓜新品种，推广了工厂化育苗技术、黄瓜病虫害生态防治技术、温室补光灯技术、温室平衡施肥技术、棚内玉米秸秆覆盖技术等设施生产集成栽培技术。永清县蔬菜管理局多年来与中国农业大学、河北农业大学、廊坊农林科学院等多家科研院所密切合作，先后引进了津绿、津优、博美系列黄瓜新品种60个以上，每亩平均产量达到了10 000千克以上，提高了20%以上，积极开展技术改造工作，示范推广了膜下滴灌，防虫网阻隔、黄板诱杀、秸秆生物反应堆、配方施肥、微生物土壤改良、病虫害综合防治等技术，黄瓜商品率提高了10个百分点，商品性状更适合市场需求，标准化生产技术普及率达到了90%以上。

（二）农技推广情况

河北省各黄瓜主产区不断加大对从事黄瓜生产、销售人员的技术培训工作，年均培训次数超10次，培训人数1 500人/次以上。其中，昌黎县现有副高级以上技术职称、从事蔬菜专业的人员20名以上，农业技术力量雄厚，通过与河北省果树研究所、河北科技师范学院合作，为农民提供全面技术指导，年均举办各类技术培训8次，培训农民2 200人次；平泉市不断完善农业科技推广服务体系建设，形成了政府引导、“农技部门+专家团队+农民技术员”三位一体、合作互补的服务体系。累计培养农民技术骨干1 500人，技术明白人3万人，达到了村有技术骨干、户有技术明白人的目标（表2-16）。

表2-16　河北省特色黄瓜优势区农技推广情况　（单位：次/年；人/年）

主产区	农技培训次数	年均农技培训人数
昌黎县	8	2 200
乐亭县	10	1 200
平泉市	12	1 500
永清县	15	1 800
馆陶县	13	2 100
固安县	11	1 900

数据来源：根据各主产县农业局提供资料整理

乐亭县近年来加大在全县范围内对广大农户的培训，采取集中授课、现场指导、实际操作、发放资料等多种形式，有针对性地讲解专业技术，面对面地帮助群众解决生产中遇到的实际问题，聘请河北科技师范学院及省农科院专家针对技术员、示范户开展培训6次，培训人数500人次，分四次组织园区、合作社、技术员700人次赴山东、石家庄、廊坊考察现代农业；固安县大力推广先进适用技术，培养了一大批农业科技人员和乡土人才，不断加强科技交流，采取“引进来，走出去”的办法，引进外地先进的技术、优良品种及先进的管理人才和经营理念，并组织技术人员、种植大户到先进地区观摩学习，进一步掌握先进的管理方法和营销方式。

六、河北省黄瓜品牌建设现状

目前，河北省累计注册黄瓜商标61个，形成“魏徵”“馆青”“马芳营旱黄瓜”等知名品牌（表2-17）。其中，昌黎县“马芳营旱黄瓜”已完成区域公用品牌（地标产品）认证，注册有“新集”“瑞升”省级黄瓜品牌2项，获有“中国国际农业博览会知名品牌”等4项荣誉称号；馆陶县“馆陶黄瓜”已完成区域公用品牌（地标产品）认证，注册有“馆青”“金凤”“魏徵”“邯绿”“雅情”等省级黄瓜品牌，获有“中国黄瓜之乡”等7项荣誉称号；乐亭黄瓜、平泉黄瓜、青县黄瓜、永清黄瓜并未完成区域公用品牌（地标产品）认证，省级黄瓜品牌注册数量相对较少。

表 2-17　河北省特色黄瓜优势区品牌建设情况

主产地	区域公用品牌（地标产品）认证情况	省级以上品牌注册情况	获奖情况
昌黎县	马芳营旱黄瓜	“新集”“瑞升”	①中国国际农业博览会知名品牌，2001 ②第六届中国（廊坊）农产品交易会名优农产品，2002 ③河北省名牌产品，2002、2005 ④京津冀首届蔬菜产销对接大会“十大地方特色蔬菜”，2016
馆陶县	馆陶黄瓜	“馆青”“金凤”“魏徵”“邯绿”“雅情”等	①“魏徵”牌黄瓜获中国绿色食品（青岛）博览会畅销产品奖，2013 ②全国优质黄瓜生产示范基地，2014 ③“馆青”黄瓜获中国绿色食品（上海）博览会金奖，2014 ④中国蔬菜流通协授予“中国黄瓜之乡”称号，2014 ⑤入选中国好食材名录，2015 ⑥中国绿色食品博览会金奖，2015—2017 ⑦第十五届国际农产品交易会金奖
青县	未认证	“利财”“青青”“耿官屯”“福鑫家源”“大司马”等	①59个蔬菜产品获得绿色食品 ②“大司马”被认定为中国驰名商标 ③青青、福鑫家园等5个商标被认定为河北省著名商标 ④青县黄瓜基地入选河北十大蔬菜单品生产基地

数据来源：根据各主产县农业局提供资料整理

七、黄瓜产业发展存在的问题

（一）黄瓜种质退化明显，区域特色优势不强

冀北、冀中南区域多为密刺类品种，冀东北区域多为旱黄瓜品种，但在黄瓜主产区的调研中发现，各主产区缺乏黄瓜独有品种，黄瓜质量不高、品牌不响，不能满足市场需求，难以占领高端市场。并且随着种子经销商之间恶性竞争和种植户对利润的盲目追求，外来高产型黄瓜品种逐步占据市场，同一区域内多品种种植和不同区域内产品同质化现象并存，如平泉以生产密刺黄瓜为主，与辽宁、内蒙古、山东等省际和省内廊坊、馆陶等产区的竞争冲突明显，导致特色黄瓜品种优势逐步消失。

（二）黄瓜品牌培育缓慢，市场影响有待提高

河北省作为黄瓜生产大省，却仅有“马坊营旱黄瓜”和“馆陶黄瓜”在国家工商总局注册了地理商标，但目前两个品牌的品牌效应没有充分发挥作用，产业链较短；乐亭、平泉、昌黎等主产区虽然也注册了商品商标，但品牌培育进展缓慢，市场影响力

小、范围窄，没有形成品牌优势。各黄瓜特色优势区区域品牌使用及监管方面并没有明确的标准规范，致使品牌维护存在很大难度。全省黄瓜产品在全国范围内的影响力较小，省际间（辽宁、山东）和省内不同产区间的竞争冲突明显，品牌农业建设任重道远。

（三）产地市场建设落后，配套设施亟待完善

河北省各黄瓜特色优势区产地仓储、冷链物流、市场配套设施建设落后，现代化流通程度较低。在对平泉市榆树林子蔬菜果品批发市场的调研中发现，目前该市场交易设施陈旧，结算手段落后，信息体系、质量检测体系建设薄弱，市场体系不健全；昌黎、永清、青县、馆陶等地的黄瓜交易市场仍以小地摊、大集贸为主，小规模、多群体特征明显，缺少能够外联市场、内联基地，具有竞争能力的“龙头”企业来带动黄瓜产业快速发展；省内大部分黄瓜交易市场管理秩序不规范，大多数市场仍以场地、设施出租等物业管理为主，管理规则的不健全，致使产品流通无序、效率低下。

（四）科技支撑能力不强，服务体系有待提升

在河北省各黄瓜特色优势区建设过程当中，科技对黄瓜生产贡献率较低，突出表现在品种、技术、农资等方面，农民迫切需要良种、良法、功能肥料、低毒农药合理技术集成，形成标准化的生产技术规范。在农业科技服务体系建设方面，省内缺少专门从事黄瓜育种、育苗、种植、田间管理、病虫害防治的专业型人才，有限的技术水平和管理服务很难形成一整套健全的、完善的技术服务体系，导致黄瓜产业高新技术成果难以在农村地区推广和运用，难以实现农业生产过程机械化、生产技术科学化。

（五）黄瓜生产成本偏高，资源配置亟待改善

黄瓜生产属劳动密集型产业，近些年来由于人工成本及物质与服务费用日益增高导致栽培成本上升，严重阻碍了黄瓜生产效益的提升。同时，河北省黄瓜种植存在资源配置不合理现象，主要表现在露地黄瓜综合效率较低，种植规模、生产要素投入亟待提升；设施黄瓜生产要素配置效率低下，存在一定程度上过量投入。与全国及其他黄瓜主产省相比，河北省黄瓜种植总成本偏高，物质与服务费及人工成本均高于山东省及河南省，净利润呈下滑态势且下降幅度最高，市场竞争优势减弱。

八、本章小结

通过对河北省黄瓜产业发展现状的比较分析可知：

在产业规模上，河北省黄瓜产业占有举足轻重的地位，规模优势明显。其产量、播种面积、单产均位居全国前列，而省内各特色黄瓜优势区在产业规模上也具有十分明显的优势，平泉、乐亭、永清 3 个黄瓜产区种植面积均 7 万亩以上，其中平泉 13.5 万亩，年产量达 100 万吨以上，种植面积及产量居全国前列，仅低于山东沂南的 35 万亩、辽宁凌源的 32.5 万亩，山东寿光的 15 万亩；从亩产看，平泉 12 600 千克，昌黎 11 970

千克，乐亭 10 150 千克，永清 7 427 千克，远高于全国 3 127 千克的平均水平。

在产业布局上，黄瓜产业现已形成“一带三区”的发展格局。即以昌黎、乐亭为代表的冀东北早黄瓜优势产业带；以平泉为代表的冀北密刺黄瓜区；以城、高邑、馆陶、武邑为代表的冀中南华北密刺黄瓜区；以固安、永清、青县为代表的京津冀高端黄瓜生产区。各区域依托自身优势积极发展黄瓜种植，为农民增产增收提供了巨大帮助。

在栽培模式上，已由粗放向集约型转变，设施栽培比重较高。2017 年全省设施黄瓜播种 62. 2 万亩，占黄瓜总面积的 77. 6%，占全省设施蔬菜面积的 15%。平泉榆树林子镇有蔬菜大棚 1 万余个，其中黄瓜占 95%以上，基本实现了“一镇一品”，每年反季节销售时期榆树林子疏菜批发市场日销黄瓜 200 万千克为产品增产提供了有力保障。

在茬口安排上，主要是越冬一大茬和春秋两茬为主。其中，平泉以越冬一大茬黄瓜为主，供应周期为每年 11 月至翌年 7 月、长达 9 个月；乐亭、昌黎、永清以越冬一大茬及春秋两茬为主，昌黎 10 月始收、翌年 5 月拉秋，上市时间早，乐亭、永清 11 月始收、翌年 7 月拉秧，上市延后且供应时间长。这种茬口安排保证了黄瓜错峰生产及上市，提高了销售价格，基本可满足黄瓜全年供应。

在科技支撑方面，各地区正积极组织并开展技术服务培训活动，新品种、新技术引用方面取得了不错成绩；在品牌建设上，品牌少、名气低仍然是阻碍河北黄瓜发展的重要因素。

第三章　河北省黄瓜价格变动特征分析及趋势预测

依据全国农产品批发市场价格信息网对河北省批发价格的实时监控数据，从时间、市场、省际等角度对河北省2018年黄瓜价格变化情况进行分析，结果发现：①河北省2018年黄瓜价格与往年相比处于较高位置，月均价格走势呈“凹”形，具有明显的季节性，同比涨幅较大；②除1月外，其余各月同比涨幅明显，8月同比增长率达100.5%；③与其他主产省相比，河北省黄瓜价格居中，年内价格走势趋同，且2018年涨幅最大；④各黄瓜优势产区价格走势与河北省价格走势趋同，河北省处于低位，省内唐秦地区价格相对较高。

一、河北省黄瓜价格变动情况

（一）2014—2018年年均价格波动情况

从图3-1可以看出，河北省2014—2018年黄瓜年均价格呈先降后升态势，由2014年的3.37元/千克涨至2018年的3.79元/千克，上涨了0.42元/千克，涨幅为12.5%。其中，2014—2017年黄瓜年均价格呈持续下降态势，由2014年的3.37元/千克降至2017年的2.96元/千克，下降了0.41元/千克，降幅为12.2%，到达价格波谷；2018

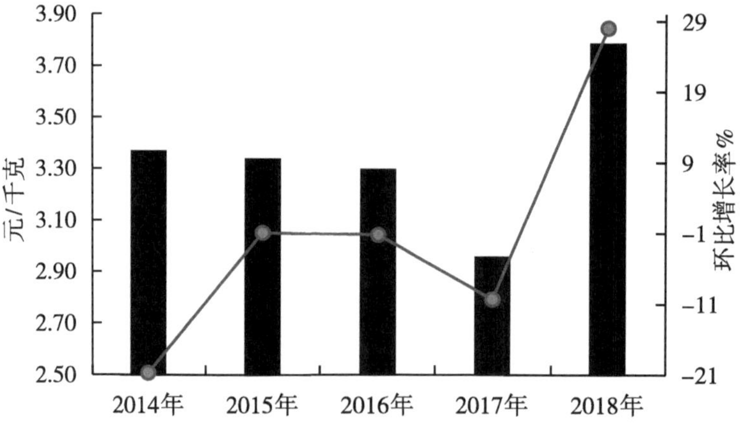

图3-1　河北省2014—2018年黄瓜年均价格走势变动

数据来源：《农产品价格信息网—农价云》

年黄瓜年均价格迅速回升，增至 3. 79 元/千克，上涨了 0. 83 元/千克，涨幅高达 28%。

（二）2018 年月均价格波动情况

从图 3-2 柱形图中可以看出，河北省 2018 年黄瓜月均价格整体呈波动性下降趋势，呈较为明显的“凹”形，季节特征明显，其价格走势主要可以分为五个阶段：第一阶段为 1—2 月，黄瓜价格扩张性上涨，由 1 月的 3. 96 元/千克增至 2 月的 4. 94 元/千克，迎来第一个价格高峰；第二阶段为 2—6 月，黄瓜价格降幅明显，由 2 月的 4. 94 元/千克跌至 6 月的 2. 15 元/千克，降幅高达 56. 5%，到达价格波谷；第三阶段为 6—9 月，黄瓜价格开始回升，由 2. 15 元/千克增至 4. 31 元/千克，涨幅高达 102. 3%，迎来第二个价格波峰；第四阶段为 9 月—11 月份，黄瓜价格再次回落并趋于稳定，由 4. 31 元/千克降至 3. 22 元/千克；第五阶段为 11—12 月，黄瓜价格再次走高，由 3. 22 元/千克升至 5. 51 元/千克，环比涨幅达 71. 1%，同比上涨 56. 1%。

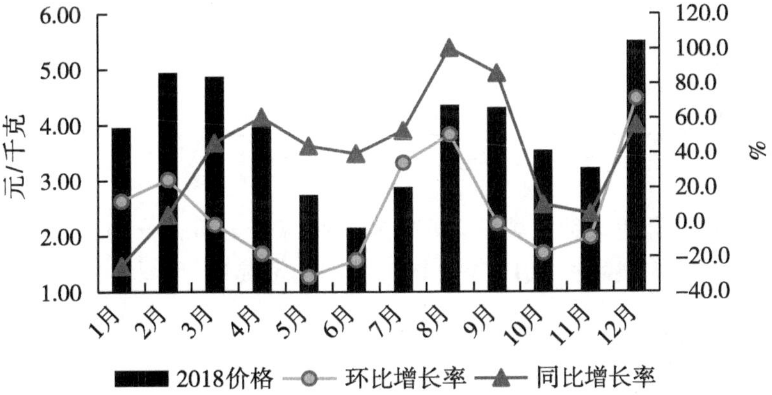

图 3-2　河北省 2018 年黄瓜月均价格及环比、同比增长率变动情况

数据来源：《农产品价格信息网—农价云》

从图 3-2 折线图中可以看出，河北省 2018 年黄瓜月均价格环比降幅明显，除 1—2 月、7—8 月环比呈上涨态势，其他月份均有不同程度的下降。其中，8 月环比涨幅最为明显，达到了 50. 5%，5 月份环比降幅最大为 31. 3%。与去年同期相比，除 1—2 月黄瓜同比略有下降，其他各月份均有不同程度的上涨，3—9 月涨幅均高达 40%以上，其中 8 月同比涨幅最高为 100. 5%。

（三）不同品类蔬菜价格比较

从表 3-1 可以看出，除土豆外，河北省各品类蔬菜 2018 年年均价格相较于 2017 年均有较大程度涨幅，涨幅不一。就瓜菜类蔬菜而言，黄瓜、冬瓜涨幅分别达到了 29. 4%、25. 6%，处于较高水平；就叶菜类蔬菜而言，除韭菜涨幅 6. 6%外，其余产品涨幅均达 20%以上；就茄果类蔬菜而言，价格涨幅维持在 7. 8%～38. 0%；就根茎类蔬菜而言，大葱价格上涨约 11. 0%、胡萝卜上涨约 29. 9%。

表 3-1　河北省 2018 年各品类蔬菜年均价格涨跌情况　（单位：元/千克；%）

品类	品种	2017 年年均价格	2018 年年均价格	年均价格增长率
瓜菜类	黄瓜	2.96	3.83	29.4
	冬瓜	1.68	2.11	25.6
叶菜类	生菜	3.10	3.96	27.7
	菠菜	2.94	3.86	31.3
	韭菜	2.88	3.07	6.60
	芹菜	1.70	2.25	32.4
	大白菜	0.92	1.15	25.0
	洋白菜	1.06	1.63	53.8
	小白菜	2.21	2.72	23.1
茄果类	青椒	2.95	4.07	38.0
	茄子	2.46	3.28	33.3
	豆角	5.25	5.94	13.1
	番茄	3.21	3.46	7.80
根茎类	大葱	1.91	2.12	11.0
	土豆	1.64	1.61	-1.80
	胡萝卜	1.87	2.43	29.9

数据来源：《农产品价格信息网—农价云》

根据河北省各品类蔬菜种植规模、产量等情况综合分析，分别选取黄瓜、番茄、菠菜、大白菜四种蔬菜主栽品种 2018 年月均价格波动情况进行比较（图 3-3）。就价格走

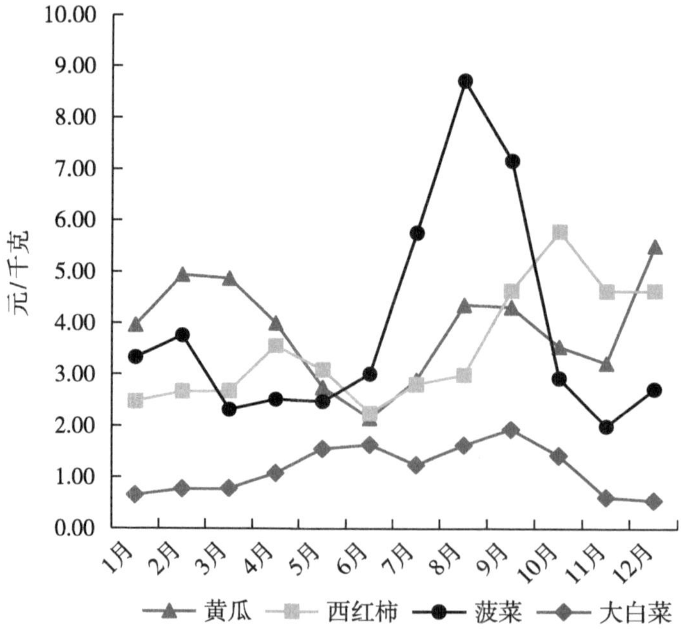

图 3-3　河北省 2018 年蔬菜主栽品种月均价格变动情况

数据来源：《农产品价格信息网—农价云》

势而言，大白菜价格波动幅度较低，呈先增后涨态势，与其他品类蔬菜相比价格相对较低；菠菜价格变动幅度较大，月均价格走势呈“凸”形，1—3月价格缓慢上升，3—6月价格持续走低，6—8月价格涨幅明显，8—12月价格再次跌落；黄瓜与番茄价格总体走势一致，价格走势呈明显“凹”形，且具有明显价格互补性。1—3月黄瓜价格小幅上涨，价格偏高，番茄价格处于较低位置，上涨幅度相对较小；3—5月黄瓜价格持续下跌，番茄价格则呈小幅上涨态势，并于5月超越黄瓜月均价格；6—12月黄瓜与番茄价格呈交替上涨态势，其中，7—8月黄瓜价格涨幅明显，番茄价格较为平稳，8—9月黄瓜价格趋于平缓，番茄价格开始上扬，9—11月黄瓜价格小幅回落，番茄价格波动性上扬且再次超越黄瓜月均价格，12月黄瓜价格再次走高，番茄则趋于平缓，由此可见：河北省黄瓜与番茄价格存在明显互补性，就消费者而言，两种产品之间存在可替代性。

二、河北省与其他主产省黄瓜价格比较分析

（一）黄瓜主产省2018年月均价格走势

从图3-4可以看出，就价格变动趋势而言，各主产省黄瓜月均走势与全国黄瓜月均价格走势趋同，均呈明显“凹”形，价格波动走势主要分为五个阶段：第一阶段为1—2月，黄瓜价格呈上涨态势，由4.00元/千克左右增至5.00元/千克至6.00元/千克上下波动；第二阶段为2—6月，黄瓜价格呈大幅下滑态势，由2月的价格高点降至6月2.50元/千克左右的价格最低点；第三阶段为6—9月，黄瓜价格逐步上涨，增至4.50元/千克左右；第四阶段为9—11月，黄瓜价格再次回落，降至3.00元/左右；第

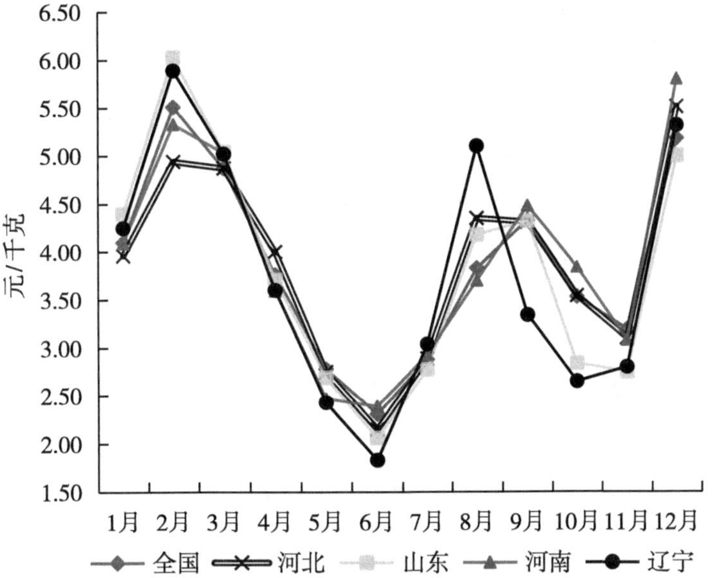

图3-4　各主产省2018年黄瓜月均价格走势变动

数据来源：《农产品价格信息网—农价云》

五阶段为 11—12 月，黄瓜价格再次上涨且涨幅明显。就价格绝对值而言，河北省黄瓜价格相较于其他黄瓜主产省价格相对居中，4—7 月黄瓜价格偏低，秋冬时期价格有所上涨但涨幅不大，不具有价格优势。

（二）黄瓜主产省 2014—2018 年年均价格走势

就价格变动趋势而言，近 5 年河北省黄瓜年均价格相对较低，价格走势与其他省份略有不同，主要表现在河北省 2014—2016 年黄瓜价格呈持续下跌态势，而其他各省均有不同程度的上涨，2016—2018 年各主产省黄瓜价格走势趋同，呈先跌后涨态势（图 3-5）。就价格涨跌幅而言，2014—2016 年河北省黄瓜年均价格降幅 2.1%，全国、山东、河南、辽宁上涨幅度分别为 4.0%、14.3%、11.8%、6.6%；2016—2017 年各主产省黄瓜价格均有不同程度下跌，其中河北省降幅最高达 10.3%，高于全国的 6.9%、山东的 5.8%、河南的 1.5%、辽宁的 3.8%；2018 年河北省黄瓜年均价格涨幅最高达 28.0%，高于全国的 12.8%、山东的 17.6%、河南的 19.5%、辽宁的 14.5%。

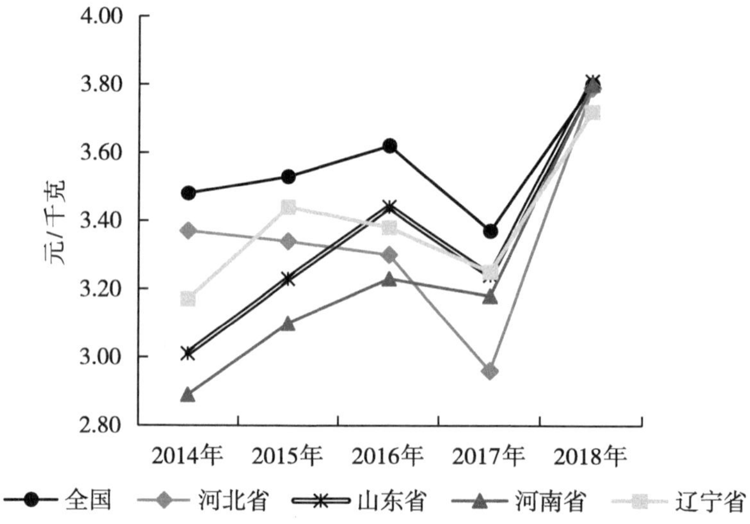

图 3-5　各主产省 2014—2018 年黄瓜年均价格走势变动

数据来源：《农产品价格信息网—农价云》

三、河北省各黄瓜特色优势产区价格变动分析

（一）各特色优势产区黄瓜年均价格分析

限于数据的可获得性和可靠性，选取承德、邯郸、廊坊、秦皇岛、唐山 2015—2018 年黄瓜年均价格与全国均价进行比较（图 3-6）。从价格变动趋势来看，各优势产区与河北省黄瓜年均价格走势趋同，均呈波动性上涨态势，涨幅不一。2015—

2016 年，除河北省黄瓜年均价格略有下滑，其余 5 个主产区黄瓜价格均呈上涨态势；2016—2017 年，河北省及各主产区黄瓜价格均有不同程度的下滑；2017—2018 年，全省黄瓜价格大幅上涨。就价格绝对值而言，河北省黄瓜年均价格为 3. 35 元/千克，低于秦皇岛的 3. 58 元/千克，高于廊坊的 3. 15 元/千克、承德的 3. 14 元/千克、唐山的 3. 11 元/千克、邯郸的 2. 79 元/千克。由此可以看出，唐、秦等冀东北早黄瓜特色优势产区、冀北密刺黄瓜优势产区价格相对偏高，冀中南、环京津冀密刺黄瓜优势产区黄瓜价格相对较低。

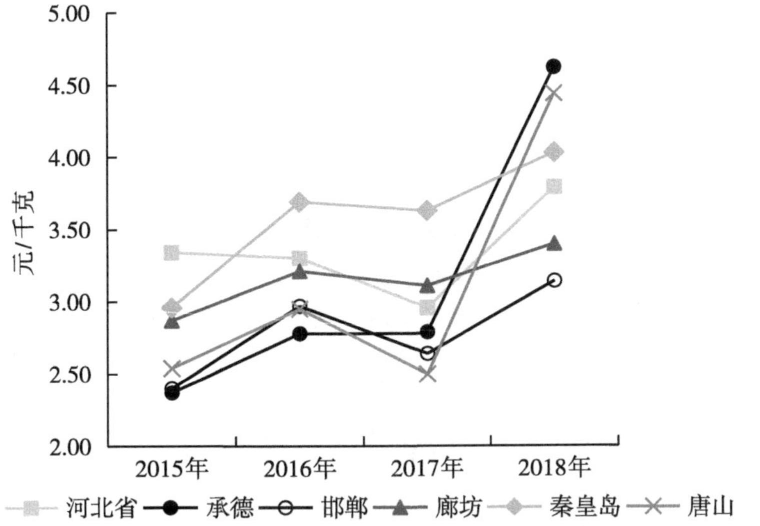

图 3-6　2015—2018 年河北省各黄瓜优势产区年均价格走势

数据来源：《农产品价格信息网—农价云》

（二）各特色优势产区黄瓜月均价格分析

限于数据的可获得性和可靠性，选取廊坊、邯郸、秦皇岛、唐山 2018 年黄瓜月均价格与河北省黄瓜月均价格进行比较（图 3-7）。从价格变动趋势来看，各特色优势产区与河北省黄瓜月均价格走势趋同，波动幅度较大，主要分为五个阶段：第一阶段为 1—3 月，除秦皇岛外，其余各地黄瓜价格均有所上涨；第二阶段为 3—6 月，黄瓜价格呈明显下跌趋势，降幅明显；第三阶段为 6—9 月，黄瓜价格开始回升，涨幅不一；第四阶段为 9—11 月，黄瓜价格再次回落并趋于稳定；第五阶段为 11—12 月，黄瓜价格再次走高。就价格绝对值而言，1—3 月秦皇岛黄瓜月均价格相对较高，维持在 5. 5 元/千克上下浮动，其他各地虽有涨幅但价格均低于 5. 0 元/千克的高价；3—9 月唐山黄瓜价格远高于廊坊、邯郸、秦皇岛，在 4. 0 元/千克至 6. 5 元/千克上下浮动，具有明显价格优势；9—11 月各特色优势产区黄瓜价格差距不大，价格差维持在 1. 0 元/千克以内；11—12 月唐秦地区黄瓜价格远高于其他区域。

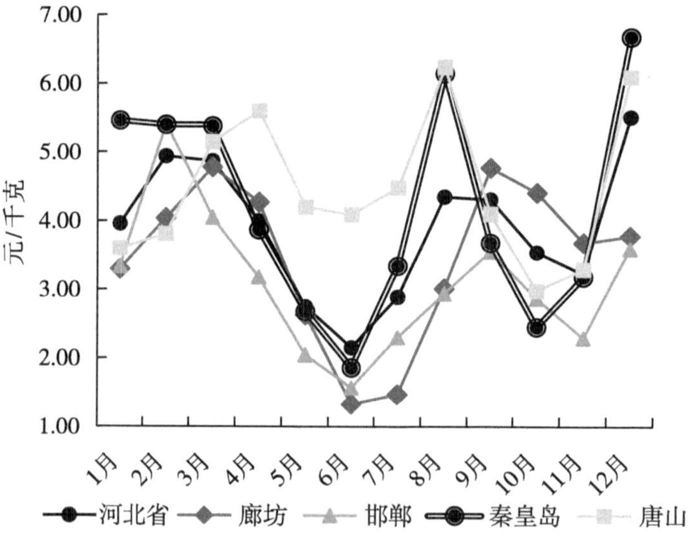

图 3-7　2018 年河北省各黄瓜主产区月均价格走势变动

数据来源：《农产品价格信息网—农价云》

四、各主产省不同黄瓜品种月均价格变动分析

（一）密刺类黄瓜月均价格走势

限于数据的可获得性和可靠性，选取河北、辽宁、山东 2018 年密刺类黄瓜月均价格走势进行比较。由图 3-8 可以看出，各黄瓜主产省密刺类黄瓜月均价格走势趋同，呈先降后升态势，主要分为两个阶段：第一阶段为 1—6 月，黄瓜价格由 1 月、2 月的价格高点逐渐下跌至 6 月的价格波谷，除山东省价格持续下跌外，河北、辽宁价格在 1—2 月有小幅上涨，3—6 月开始下跌；第二阶段为 6—12 月，密刺类黄瓜价格呈波动性上涨态势。其中，6—8 月涨幅明显，8—11 月趋于平缓，11—12 月再次上扬。

（二）旱黄瓜月均价格走势

限于数据的可获得性和可靠性，选取河北、辽宁、山东 2018 年旱黄瓜月均价格走势进行比较。从图 3-9 可以发现，2018 年各主产省旱黄瓜月均价格呈明显“V”形，5—11 月价格较低，1—4 月、11—12 月价格偏高，其走势主要分为两个阶段：第一阶段为 1—8 月，黄瓜价格持续走低，由 1 月的 5. 50~6. 00 元/千克跌至 8 月的 2. 50 元/千克左右；第二阶段为 9—12 月，黄瓜价格开始回升，其中 9—11 月波动性涨幅较小，11—12 月涨幅明显。就价格绝对值而言，辽宁省旱黄瓜价格处于较高位置，具有明显价格优势。

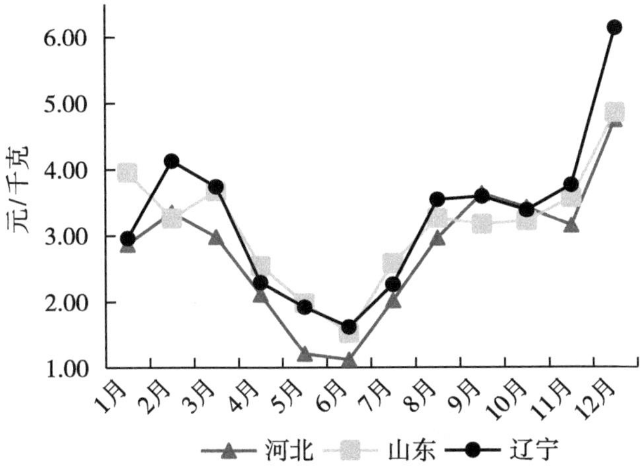

图 3-8　2018 年各主产省密刺类黄瓜月均价格走势变动

数据来源：今日农产品价格

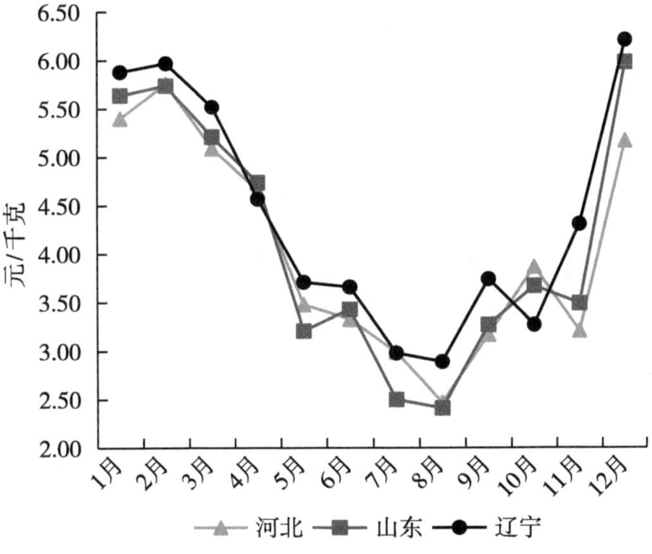

图 3-9　2018 年各主产省旱黄瓜月均价格走势变动

数据来源：今日农产品价格

五、河北省黄瓜不同茬口集中上市期价格变动分析

（一）1—3 月集中上市期黄瓜价格变动分析

1—3 月为河北省日光温室越冬一大茬黄瓜集中上市期，在此期间黄瓜平均价格较高，受春节市场需求量大等因素影响，周均价格走势呈“凸”形。1 月 1 日—2 月 18 日黄瓜价

格呈波动性上涨态势，周均价格由1月1—7日的3.91元/千克涨至2月12—18日的6.48元/千克，涨幅高达65.73%；2月19日—4月1日黄瓜价格开始回落，由6.48元/千克的周均价格降至3月26日—4月1日的4.76元/千克，降幅达26.54%（图3-10）。

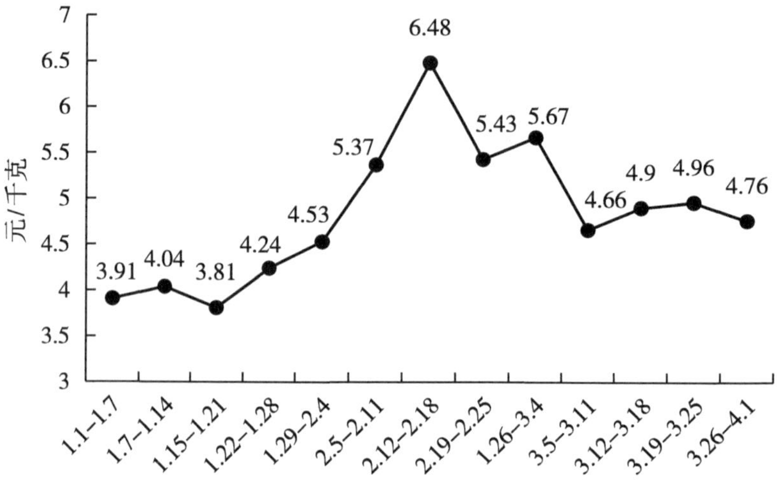

图3-10　2018年1—3月黄瓜周均价格走势

（二）4—6月集中上市期黄瓜价格变动分析

4—6月为河北省日光温室越冬一大茬、冬春茬、塑料大棚早春茬、春夏秋一大茬、露地春茬集中上市期，在此期间多种茬口集中上市，产量较高，黄瓜价格呈持续下滑态势，由4月2—8日4.78元/千克的周均价格跌至6月25日—7月1日1.92元/千克的周均价格，降幅高达59.83%（图3-11）。

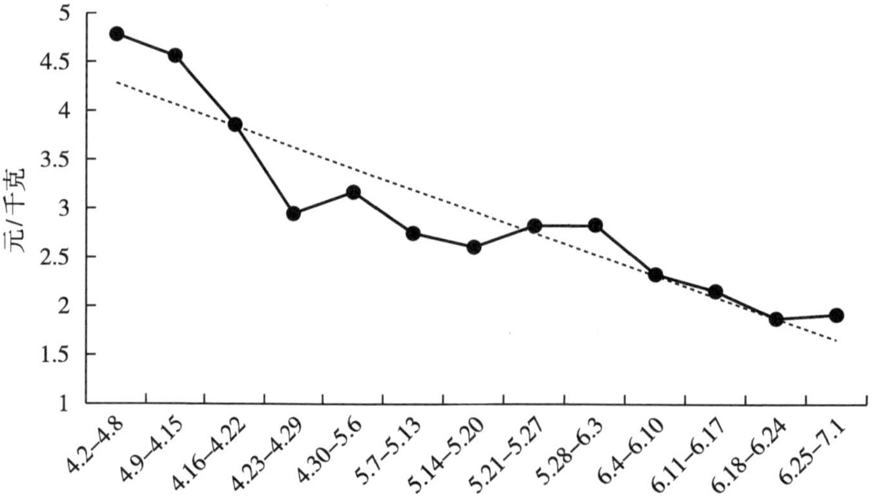

图3-11　2018年4—6月黄瓜周均价格走势

（三）10—12 月集中上市期黄瓜价格变动分析

10—12 月为河北省日光温室秋冬茬集中上市期，在此期间黄瓜价格走势呈“V”形。10 月 1 日—11 月 11 日黄瓜周均价格逐步下跌，由 10 月 1 日—7 日 4.38 元/千克的周均价格降至 11 月 5—11 日 2.52 元/千克的周均价格，降幅达 42.47%；11 月 12—30 日黄瓜周均价格波动性回升，由 11 月 12—18 日 3.04 元/千克的周均价格涨至 11 月 24—30 日 5.11 元/千克的周均价格，涨幅达 68.09%。11 月中旬—12 月底黄瓜价格逐步回升主要受秋冬茬逐步拉秧和低温寡照等因素影响。详见图 3-12

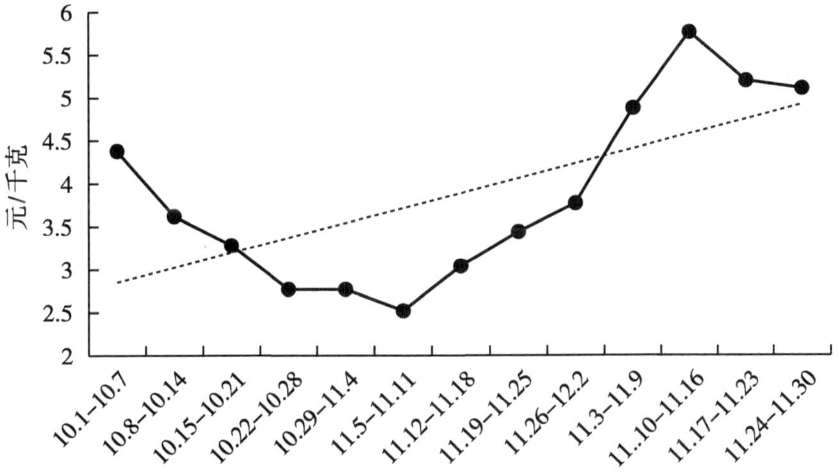

图 3-12　2018 年 10—12 月黄瓜周均价格走势

六、河北省 2018 年黄瓜价格变动影响因素

通过以上分析可知，河北省 2018 年黄瓜价格变动主要分为 4 个阶段：1—3 月黄瓜价格扩张型上涨，到达第一个高峰；4—6 月黄瓜价格持续下跌，到达波谷；7—9 月再次回升，到达第二个波峰；9—12 月开始回落并趋于稳定。

（一）1—3 月价格影响因素分析

河北省设施黄瓜生产茬口主要分为越冬一大茬、秋冬茬和冬春茬，秋冬茬上市时间集中在每年 10 月底—12 月中下旬，早春茬上市时间集中在每年 3—7 月，而仅有越冬一大茬上市时间集中在 1—6 月，产量相对较低。受低温寡照等自然因素影响，黄瓜生产比较缓慢，同时受春节市场需求量大、生产成本较高等因素影响，省内黄瓜供给不足，省外黄瓜运输成本相对较高，从而导致了黄瓜价格的扩张性上涨。

（二）4—6 月价格影响因素分析

河北省黄瓜日光温室越冬一大茬上市时间集中在 1—6 月，冬春茬黄瓜上市时间集中在4月上旬—7月下旬，塑料大棚早春茬黄瓜上市时间集中在4月中旬—6月上旬，春夏秋一大茬黄瓜上市时间集中在4—8月，露地春茬黄瓜上市时间集中在5月上旬—6月下旬，省内多种茬口黄瓜集中上市，供大于求，造成黄瓜价格持续走低；山东、辽宁等地黄瓜大批量涌入市场，黄瓜市场竞争激烈，导致黄瓜价格的下滑。

（三）7—9月价格影响因素分析

7—9月我国南方和北方沿海地区受台风影响，多地出现连降暴雨，蔬菜生产严重受损，导致黄瓜价格上涨。尤其是蔬菜主产区山东寿光，受台风“温比亚”影响，2018年8月18日、19日山东寿光多地连降暴雨和水库泄洪，发生洪涝灾害导致蔬菜棚室坍塌，寿光蔬菜种植受灾面积在80%左右，绝产大棚在40%以上，直接影响了黄瓜价格。从河北省内范围来看，入夏以来河北省大部分地区出现长时间高温和连续强降雨天气，高温天气导致黄瓜生长速度大幅放缓，上市量及产量大幅降低，连续强降雨天气导致黄瓜发生湿害、涝害现象明显增多，黄瓜市场保有量相对减少，造成产量下降与供应偏紧。

（四）10—12月价格影响因素分析

10—12月河北省黄瓜主要上市茬口以日光温室秋冬茬为主，其余茬口在8—9月开始逐步拉秧，省内黄瓜上市量相对较少。作为全国冬季黄瓜价格中心的平泉市，其产品多销往京津及俄罗斯等高端市场，省内供给相对较少，省内黄瓜产品供不应求，导致省内黄瓜价格居高不下。

七、全国2019—2021年黄瓜价格行情预测

本文运用Eviews8.0软件对以上基础数据进行处理，观察2011—2019年黄瓜价格变化趋势，可以看出黄瓜市场价格在每年第一季度大棚蔬菜上市季节达到最高价格，在第三季度因大批量蔬菜的上市而呈现价格降低的现象，存在明显的季节性波动趋势。本研究通过运用SARIMA模型，对自2011年5月—2019年6月全国农产品价格信息网中的黄瓜市场价格数据进行2020—2021两年黄瓜市场价格短期预测。通过比较2019年1—6月预测值与实际值的比对，得到相对误差≤0.05%，短期预测结果良好，可以作为研究2019年黄瓜价格的数据依据。以下为2019—2021年黄瓜市场价格预测值结果（表3-2）。

表3-2　2019—2021预测值　（单位：元/千克）

年份	1月	2月	3月	4月	5月	6月	7月	8月	9月	10月	11月	12月
2019	5.48	7.37	6.01	3.99	2.72	2.39	3.04	3.56	4.03	3.66	3.42	5.52
2020	6.39	6.92	5.04	3.95	2.92	2.42	3.06	4.18	4.85	3.81	3.53	5.62
2021	6.33	7.36	5.46	4.16	2.78	2.29	3.01	4.36	5.11	3.94	3.68	5.87

八、本章小节

经过 SARIMA 模型预测得出 2019—2021 年黄瓜价格显示，2019 年全国黄瓜月均价格走势将仍呈现“凹”形走势，价格波动情况基本吻合变动规律。预计 2019 年 9—10 月黄瓜价格将小幅度下降，在低谷徘徊一段时间，10 月后黄瓜从露地供应向冷棚或暖棚供应转变，价格将缓慢回升。2020 年黄瓜价格与 2019 年价格相比，略微回落，2019—2021 年价格整体波动情况不大，年均价格将继续保持季节性变化。

第四章　河北省黄瓜生产成本收益分析

本章主要基于《全国农产品收益汇编》及河北省蔬菜产业体系基地（企业）调查问卷数据，对河北省及各主产区不同时间、空间的露地黄瓜、设施黄瓜生产成本构成及收益情况进行了比较分析。其中，黄瓜生产成本构成方面主要包含了总成本构成、人工成本构成及物质与服务费构成情况，生产效益方面主要包含了黄瓜生产过程当中的净利润及成本利润率情况。

一、河北省黄瓜生产成本构成分析

（一）河北省黄瓜生产成本构成及变动分析

1. 总成本构成及变动分析

从表4-1可以看出，2017年河北省露地黄瓜总成本为5 333.47元/亩，其中物质与服务费占比24.64%、人工成本占比71.18%、土地成本占比4.18%，而近7年露地黄瓜平均总成本为4 690.48元/亩，物质与服务费、人工成本、土地成本平均占比分别为28.40%、67.21%、4.39%，由此可见，人工成本占总成本的比例最高，其次是物质与服务费用，土地成本占比最低。

2011—2017年，河北省露地黄瓜总成本由2 982.12元/亩涨至5 333.47元/亩，涨幅高达78.85%。其中，物质与服务费涨幅为29.33%，占总成本比例由34.10%降至24.64%，降幅达27.74%；人工成本涨幅为108.23%，占总成本比例由61.1%升至71.18%，涨幅为16.5%；土地成本由142.03元/亩增至222.76元/亩，但由于其占总成本比例较低，故对总成本变动影响不大。由此可见，影响河北省露地黄瓜总成本构成的最主要因素是人工成本、物质与服务费，而导致河北省露地黄瓜总成本上涨的最主要因素是人工成本的大幅上涨，降低人工成本是降低露地黄瓜种植总成本的有效手段（表4-1）。

表4-1　河北省露地黄瓜种植总成本构成　　（单位：元/亩；%）

年份	总成本	物质与服务费用	占比	人工成本	占比	土地成本	占比
2011	2 982.12	1 016.89	34.10	1 823.2	61.14	142.03	4.76
2012	4 042.49	1 423.74	35.22	2 446.14	60.51	172.61	4.27

（续表）

年份	总成本	物质与服务费用	占比	人工成本	占比	土地成本	占比
2013	4 706. 01	1 612. 67	34. 27	2 871. 03	61. 01	222. 31	4. 72
2014	5 152. 64	1 230. 35	23. 88	3 708. 31	71. 97	213. 98	4. 15
2015	5 262. 92	1 374. 85	26. 12	3 673. 94	69. 81	214. 13	4. 07
2016	5 353. 72	1 353. 45	25. 28	3 746. 99	69. 99	253. 28	4. 73
2017	5 333. 47	1 314. 15	24. 64	3 796. 56	71. 18	222. 76	4. 18
均值	4 690. 48	1 332. 30	28. 40	3 152. 31	67. 21	205. 87	4. 39

数据来源：《全国农产品成本收益资料汇编》

从表 4-2 可以看出，2017 年河北省设施黄瓜为 10 141. 41 元/亩，其中物质与服务费占比 42. 97%、人工成本占比 52. 30%、土地成本占比 4. 73%，而近 7 年物质与服务费、人工成本、土地成本平均占比分别为 43. 93%、51. 77%、4. 30%，由此可见人工成本占河北省设施黄瓜总成本比例最高，其次是物质与服务费用，土地成本占比最低。

2017 年河北省设施黄瓜种植总成本为 10 141. 41 元/亩，涨幅高达 40. 41%。其中，物质与服务费用涨幅为 23. 74%，占总成本比例由 48. 76%降至 42. 97%，降幅达 11. 87%；人工成本涨幅达 53. 65%，占总成本比例由 47. 80%上涨至 52. 30%，涨幅为 9. 41%；土地成本由 248. 77 元/亩涨至 479. 9 元/亩，但由于其占总成本比例较低，故对总成本变动影响不大。由此可见，影响河北省设施黄瓜总成本构成的最主要因素是人工成本、物质与服务费，而导致河北省露地黄瓜总成本上涨的最主要因素是人工成本、物质与服务费用的大幅上涨，降低人工成本、物质与服务费用是降低露地黄瓜种植总成本的有效手段（表 4-2）。

表 4-2　河北省设施黄瓜种植总成本构成　　（单位：元/亩;%）

年份	总成本	物质与服务费用	占比	人工成本	占比	土地成本	占比
2011	7 222. 79	3 521. 83	48. 76	3 452. 19	47. 80	248. 77	3. 44
2012	9 045. 91	4 312. 91	47. 68	4 390. 96	48. 54	342. 04	3. 78
2013	9 537. 99	4 064. 62	42. 62	5 089. 71	53. 36	383. 66	4. 02
2014	9 523. 38	4 119. 28	43. 25	4 981. 76	52. 31	422. 34	4. 43
2015	9 767. 05	4 079. 86	41. 77	5 241. 48	53. 66	445. 71	4. 56
2016	9 641. 95	4 044. 07	41. 94	5 130. 37	53. 21	467. 51	4. 85
2017	10 141. 41	4 357. 48	42. 97	5 304. 03	52. 30	479. 9	4. 73
均值	9 268. 64	4 071. 44	43. 93	4 798. 64	51. 77	398. 56	4. 30

数据来源：《全国农产品成本收益资料汇编》

2. 人工成本构成及变动分析

2011—2017 年河北省露地黄瓜人工成本完全由家庭用工折价构成，不存在雇工费用。从表 4-3 可以看出，露地黄瓜人工成本由 2011 年的 1 823. 2 元/亩涨至 2017 年的 3 796. 56 元/亩，涨幅高达 108. 23%，可见家庭用工折价的上涨导致了人工成本的上升。

表 4-3　河北省露地黄瓜种植人工成本构成　　(单位：元/亩;%)

年份	人工成本	家庭用工折价	占比	雇工费用	占比
2011	1 823.2	1 823.2	100	0	0
2012	2 446.14	2 446.14	100	0	0
2013	2 871.03	2 871.03	100	0	0
2014	3 708.31	3 708.31	100	0	0
2015	3 673.94	3 673.94	100	0	0
2016	3 746.99	3 746.99	100	0	0
2017	3 796.56	3 796.56	100	0	0
均值	3 152.31	3 152.31	100	0	0

数据来源：《全国农产品成本收益资料汇编》

从表 4-4 可以看出，2017 年河北省设施黄瓜人工成本为 5 304.03 元/亩，其中家庭用工折价占比 89.04%、雇工费用占比 10.96%，而近 7 年河北省设施黄瓜平均人工成本为 4 798.64 元/亩，家庭用工折价、雇工费用占比分别为 88.89%、11.11%，由此可见家庭用工折价占人工成本的比例最高，雇工费用占比较低。

2017 年河北省设施黄瓜种植人工成本为 5 304.03 元/亩，比 2011 年上涨 53.65%。其中，家庭用工折价比 2011 上涨 53.86%，占人工成本比例基本不变，雇工费用上涨了 52.09%，占人工成本比例相对稳定，由此可见，导致河北省设施黄瓜人工成本升高的原因主要是家庭用工折价和雇工成本的同步提升（表 4-4）。

表 4-4　河北省设施黄瓜种植人工成本构成　　(单位：元/亩;%)

年份	人工成本	家庭用工折价	占比	雇工费用	占比
2011	3 452.19	3 069.4	88.91	382.79	11.09
2012	4 390.96	3 904.04	88.91	486.92	11.09
2013	5 089.71	4 604.08	90.46	485.63	9.54
2014	4 981.76	4 452.77	89.38	528.99	10.62
2015	5 241.48	4 623.68	88.21	617.8	11.79
2016	5 130.37	4 480.83	87.34	649.54	12.66
2017	5 304.03	4 722.82	89.04	581.2	10.96
均值	4 798.64	4 265.37	88.89	533.27	11.11

数据来源：《全国农产品成本收益资料汇编》

3. 物质与服务费用构成及变动分析

从表 4-5 可以看出，2017 年河北省露地黄瓜物质与服务费为 1 314.15 元/亩，其中种子费占比 17.79%、化肥费占比 20.14%、农家肥费占比 26.82%、农药费占比 8.79%、农膜费占比 0.72%、租赁作业费占比 11.64%，而近五年物质与服务费平均为 1377.09 元/亩，种子费、化肥费、农家肥费、农药费、农膜费、租赁作业费占比分别为 15.90%、21.76%、26.84%、8.23%、1.28%、12.14%，由此可见占河北省露地黄瓜物质与服务费用比例由高到低分别为农家肥费、化肥费、种子费、租赁作业费、农药费及农膜费。

2013—2017 年，河北省露地黄瓜物质与服务费由 1 612.67 元/亩降至 1 314.15 元/亩，降幅达 18.49%，其中化肥费、农家肥费均有较大程度下降，种子费存在小幅上涨，其他费用成本变动相对稳定，可见化肥费、农家肥费的下降是导致河北省露地黄瓜物质与服务费下降的最主要因素（表 4-5）。

表 4-5　河北省露地黄瓜种植物质与服务费构成　（单位：元/亩;%）

年份	物质与服务费	种子费	占比	化肥费	占比	农家肥费	占比	农药费	占比	农膜费	占比	租赁作业费	占比
2013	1 612.67	169.25	10.50	352.13	21.84	466.3	28.91	112.43	6.97	52.79	3.27	188.84	11.71
2014	1 230.35	187.84	15.27	280.44	22.79	328.61	26.7	110.33	8.97	10.13	0.82	158.73	12.90
2015	1 374.85	258.36	18.79	307.18	22.34	350.11	25.47	116.18	8.45	9.64	0.70	168.71	12.27
2016	1 353.45	245.70	18.15	293.67	21.70	350.27	25.88	111.99	8.27	5.98	0.44	166.79	12.32
2017	1 314.15	233.77	17.79	264.63	20.14	352.51	26.82	115.53	8.79	9.52	0.72	152.94	11.64
均值	1 377.09	218.98	15.90	299.61	21.76	369.56	26.84	113.29	8.23	17.61	1.28	167.20	12.14

数据来源：《全国农产品成本收益资料汇编》

由表 4-6 可以看出，2013—2017 年河北省设施黄瓜种植平均物质与服务费用中，化肥费与农家肥费占比相近，分别为 17.37%、17.35%，种子费、农膜费占比分别为 11.34%和 10.31%，农药费、租赁作业费占比相对较低，为 8.52%、6.27%。其中，农家肥费呈逐年上涨态势，由 2013 年的 648.84 元/亩增至 2017 年的 746.10 元/亩，涨幅为 15.12%；化肥费先降后增，由 2013 年的 863.34 元/亩降至 2015 年的 600.72 元/亩，之后持续上涨至 2017 年的 775.53 元/亩；农膜费、种子费、农药费、租赁作业费均有不同程度上涨，上涨幅度相对较低。

2013—2017 年，河北省设施黄瓜种子费、农家肥费、农药费、租赁作业费占物质与服务费的比例呈上涨态势，化肥费、农膜费占比呈小幅下降态势，由此可见，种子费、农家肥费、农药费、租赁作业费占比的上涨是导致设施黄瓜物质与服务费小幅上涨的主要因素（表 4-6）。

表 4-6　河北省设施黄瓜种植物质与服务费构成　（单位：元/亩;%）

年份	物质与服务费	种子费	占比	化肥费	占比	农家肥费	占比	农药费	占比	农膜费	占比	租赁作业费	占比
2013	4 064.62	391.21	9.62	863.34	21.24	648.84	15.96	350.9	8.63	405.55	9.98	221.9	5.46
2014	4 119.28	477.92	11.60	690.99	16.77	712.43	17.30	317.71	7.71	444.95	10.80	259.25	6.29
2015	4 079.86	474.36	11.63	600.72	14.72	731.42	17.93	350.64	8.59	434.86	10.66	274.32	6.72
2016	4 044.07	448.13	11.08	659.26	16.30	747.24	18.48	341.74	8.45	420.32	10.39	265.94	6.58
2017	4 357.48	551.75	12.66	775.53	17.80	746.1	17.12	399.85	9.18	424.33	9.74	273.94	6.29
平均	4 133.06	468.67	11.34	717.97	17.37	717.21	17.35	352.17	8.52	426	10.31	259.07	6.27

数据来源：《全国农产品成本收益资料汇编》

（二）特色黄瓜优势区黄瓜生产成本构成比较分析

1. 总成本构成对比及差异性分析

根据河北省蔬菜产业体系基地（企业）调查问卷数据整理可得青县、馆陶县、藁城区、昌黎县、平泉市设施黄瓜成本构成相关数据。平泉市、昌黎县、馆陶县设施黄瓜种植总成本分别为 21 825 元/亩、19 543 元/亩、14 560 元/亩，分别是河北省设施黄瓜平均总成本 10 141 元/亩的 2.15 倍、1.93 倍、1.44 倍，青县、藁城区设施黄瓜总成本偏低，分别为 7 900 元/亩和 9 613 元/亩。就物质与服务费而言，除青县相对较低，其余各主产区均高于河北省平均水平。其中，平泉市最高达9 425 元/亩，馆陶县、昌黎县、藁城区分别为8 260 元/亩、6 803 元/亩、6 350 元/亩。就人工成本而言，昌黎、平泉相对较高，分别达12 140 元/亩、11 000 元/亩，远高于河北省的 5 304 元/亩、青县的 3 800 元/亩、馆陶县的 5 800 元/亩、藁城区的 2 388 元/亩。就土地成本而言，各地分别在 480 元/亩至 1 400 元/亩上下浮动（表 4-7）。

表 4-7　河北省特色黄瓜优势区黄瓜总成本构成情况　（单位：元/亩；%）

主产区	总成本	物质与服务费	占比	人工成本	占比	土地成本	占比
河北省	10 141	4 357	42.96	5 304	52.30	480	4.73
青县	7 900	3 400	43.04	3 800	48.10	700	8.86
馆陶县	14 560	8 260	56.73	5 800	39.84	800	5.49
藁城区	9 613	6 350	66.06	2 388	24.84	900	9.36
昌黎县	19 543	6 803	34.81	12 140	62.12	600	3.07
平泉市	21 825	9 425	43.18	11 000	50.40	1 400	6.41

数据来源：根据河北省蔬菜产业体系基地（企业）调查问卷整理

就总成本而言，除青县、藁城区外，其他黄瓜主产区总成本均高于河北省平均水平。造成这种现象可能的原因，一是目前青县、藁城区黄瓜种植多以冷棚为主，棚室建造成本相对较低，对工人技术水平要求同样不高，因此其总成本相对较低。二是馆陶县黄瓜生产多以高端、精品为主，对黄瓜生产的物质投入相对较高，对工人技术水平要求同样在较高层次，因此导致其种植成本偏高。三是昌黎县、平泉市黄瓜多以温室栽培为主，对棚室建造水平要求较高，对工人技术水平有着严格的把控，因此导致了其生产成本偏高的现象。

2. 物质与服务费构成及差异性分析

各特色黄瓜优势区物质与服务费差异性较为明显，最高为平泉市达 9 425 元/亩，是青县的 2.77 倍、藁城的 1.49 倍、昌黎的 1.39 倍、馆陶的 1.18 倍，造成这种情况的根本原因是各特优区黄瓜种植模式的差异性。就种子费而言，平泉最高为 3 200 元/亩，导致这种情况的原因主要是平泉市栽培技术相对先进，每亩黄瓜苗播种量相对较多，土地利用率高。就肥料费而言，馆陶县最高，这一情况可能的原因为化肥、农家肥施用量存在差异；农药费各地区差异性不大，而农膜费存在显著差异，青县、昌黎县农膜费用分别为 120 元/亩、725 元/亩，远低于藁城的 1 350 元/亩、馆陶的 2 200 元/亩、平泉的 2 100 元/亩，造成这种情况的原因：一是设施栽培比例的不同；二是设施栽培茬口数量的不同。机械作业费、灌溉费存在一定差异，但对总体物质与服务费差异性影响不大（表 4-8）。

表 4-8　河北省特色黄瓜优势区黄瓜物质与服务费构成情况　（单位：元/亩;%）

主产区	物质与服务费	种子费	占比	肥料费	占比	农药费	占比	农膜费	占比	机械作业费	占比	灌溉费	占比
藁城	6 325	2 150	33.99	2 000	31.62	650	10.28	1 350	21.34	85	1.34	90	1.42
青县	3 400	1 600	47.06	1 100	32.35	380	11.18	120	3.53	50	1.47	150	4.41
馆陶	7 960	1 500	18.84	3 500	43.97	350	4.40	2 200	27.64	125	1.57	285	3.58
昌黎	6 802	2 750	40.43	2 100	30.87	700	10.29	725	10.66	350	5.15	178	2.61
平泉	9 425	3 200	33.95	2 600	27.59	925	9.81	2 100	22.28	200	2.12	400	4.24

二、河北省黄瓜生产效益分析

（一）河北省黄瓜生产效益变动分析

1. 净利润变动分析

露地黄瓜净利润年度波动较大 2011 年河北省露地黄瓜种植净利润为 2 695. 88 元/亩，2012 年下降到 1 585. 39 元/亩，2014 年又增加到 3 755. 43 元/亩，2015 年降至 1 953. 76 元/亩，2016 年再次小幅上涨至 2 232. 06 元/亩，2017 年下滑至 2 047. 11 元/亩。其中，2012 年总产值变动占比 4. 51%，总成本变动占比 95. 49%，主要受总成本变动的影响；2013 年总产值变动占比 244. 32%，总成本变动占比 144. 32%，主要受总产值上升的影响；2014 年总产值变动占比 126. 11%，总成本变动占比 26. 11%，主要受总产值上升的影响；2015 年总产值变动占比 93. 88%，总成本变动占比 6. 12%，主要受总产值下降的影响；2016 年总产值变动占比 132. 51%，总成本变动占比 32. 51%，主要受总产值上升的影响；2017 年总产值变动占比 110. 95%，主要受总产值下跌影响（表 4-9）。

表 4-9　河北省露地黄瓜种植净利润变动　（单位：元/亩;%）

年份	净利润	净利润变动	总产值变动	总产值变动占比	总成本变动	总成本变动占比
2011	2 695. 88	—	—	—	—	—
2012	1 585. 39	−1 110. 49	−50. 12	4. 51	1 060. 37	−95. 49
2013	2 045. 16	459. 77	1 123. 29	244. 32	663. 52	144. 32
2014	3 755. 43	1 710. 27	2 156. 90	126. 11	446. 63	26. 11
2015	1 952. 76	−1 802. 67	−1 692. 39	93. 88	110. 28	−6. 12
2016	2 232. 06	279. 30	370. 10	132. 51	90. 80	32. 51
2017	2 047. 11	−184. 95	−205. 20	110. 95	−20. 25	10. 95

数据来源：《全国农产品成本收益资料汇编》

设施黄瓜净利润自 2013 年以来持续下降。2011 年至 2017 年，河北省设施黄瓜种植净利润整体呈先增后涨态势，先由 2011 年的 7 300. 30 元/亩增至 2013 年的 12 165. 76 元/亩，涨幅达 66. 6%，后降至 2017 年的 5 008. 26 元/亩，降幅达 58. 83%，相比于 2011 年降幅达 31. 40%。具体分析可以发现，2012 至 2013 年净利润变动值分别为 3 930. 32 元/亩和 935. 14 元/亩，总产值变动占比高达 140%以上，总成本变动占比约为 50%左右，由此可见 2012 至 2013 年净利润的增长与总产值的变动关联性更强；2013 年至 2017 年净利润下滑明显，主要原因是 2013 年至 2014 年净利润变动达 6 335. 83 元/亩，其中总产值变动占比 100. 23%，总成本变动占比 0. 23%，由此可见 2013 年至 2017 年净利润下滑的主要原因是总产值的下降（表 4-10）。

表 4-10　河北省设施黄瓜种植净利润变动　（单位：元/亩；%）

年份	净利润	净利润变动	总产值变动	总产值变动占比	总成本变动	总成本变动占比
2011	7 300. 30	—	—	—	—	—
2012	11 230. 62	3 930. 32	5 753. 44	146. 39	1 823. 12	46. 39
2013	12 165. 76	935. 14	1 427. 22	152. 62	492. 08	52. 62
2014	5 829. 93	-6 335. 83	-6 350. 44	100. 23	-14. 61	0. 23
2015	5 779. 36	-50. 57	193. 10	-381. 85	243. 67	-481. 85
2016	5 425. 78	-353. 58	-478. 68	135. 38	-125. 10	35. 38
2017	5 008. 26	-417. 52	81. 94	-19. 63	499. 46	-119. 63

数据来源：《全国农产品成本收益资料汇编》

2. 成本利润率变动分析

露地黄瓜成本利润率呈下降态势。2017 年河北省露地黄瓜种植成本利润率为 38. 38%，比 2011 年的 90. 40%下降了 52. 02%，表明河北省露地黄瓜 2011—2017 年获得利润所需付出的成本越来越高。通过分析图 4-1 可以看出，露地黄瓜总产值、净利润相对稳定，但总成本呈逐年上升态势，总成本的持续增长导致了成本利润率的下滑。

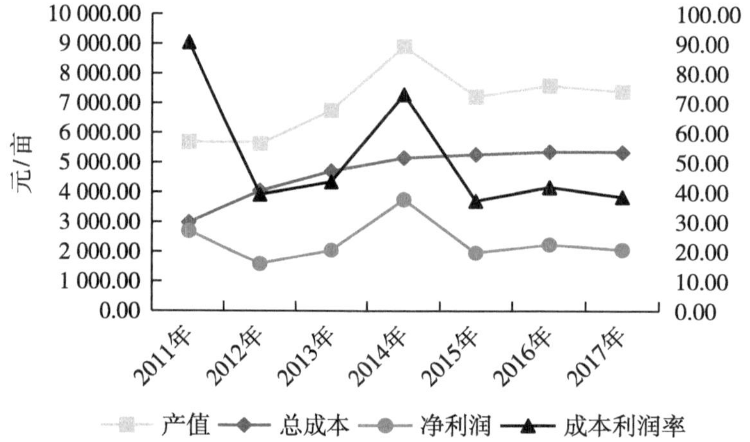

图 4-1　2012—2017 年河北省露地黄瓜平均每亩收益情况

数据来源：《全国农产品成本收益资料汇编》

河北省设施黄瓜种植成本利润率呈先增后降态势，由 2011 年的 101. 07%增至 2013 年的 127. 55%，涨幅高达 24. 7%，表明这 3 年种植设施黄瓜获得净利润所需投入的成本逐年降低，盈利能力逐渐增强。2013—2017 年成本利润率呈逐年递减趋势，由 2013 年的 127. 55%降至 2017 年的 49. 38%，表明河北省设施黄瓜 2013—2016 年获得相同利润所需付出的成本越来越高（图 4-2）。

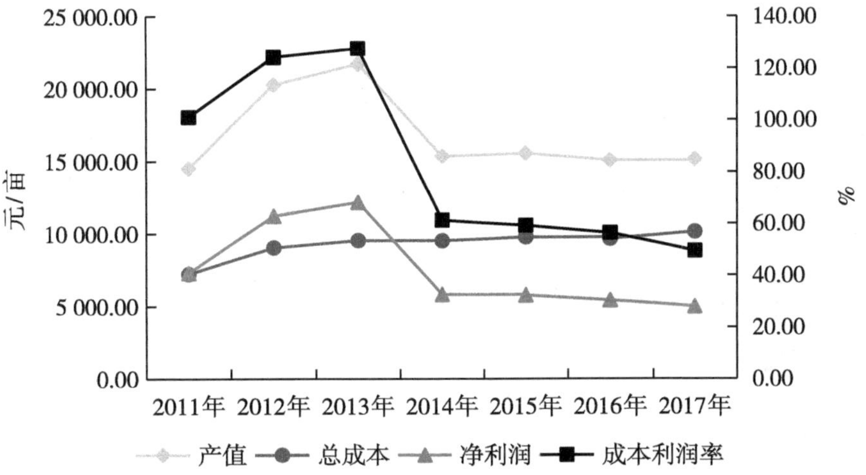

图 4-2　2012—2017 年河北省设施黄瓜平均每亩收益情况

数据来源：《全国农产品成本收益资料汇编》

（二）河北省特色黄瓜优势区黄瓜生产效益比较分析

根据河北省蔬菜产业体系基地（企业）调查问卷数据显示，河北省特色黄瓜优势区黄瓜生产效益相对较高。以青县、馆陶、藁城、昌黎、平泉为例，其亩产均超 10 000 千克/亩，平泉市亩产最高达 17 200 千克/亩；就每亩总产值而言，平泉市最高，达 58 656 元/亩，昌黎县、馆陶县紧随其后，分别达到 45 750 元/亩和 35 000 元/亩，青县、藁城区相对较低，分别为 20 000 元/亩和 16 838 元/亩；就总成本而言，平泉市、昌黎县馆陶县均超 14 000 元/亩，平泉最高达 21 825 元/亩，昌黎县、馆陶县分别为 19 543 元/亩、14 560 元/亩；就净利润而言，平泉市最高达 36 831 元/亩，藁城区最低为 7 226 元/亩；就成本利润率而言，除藁城区外均超过 130. 00%，平泉、青县、馆陶、昌黎成本利润率分别为 168. 76%、153. 16%、140. 38%、134. 11%，藁城区相对较低为 75. 17%（表 4-11）。

通过分析可以发现，馆陶、昌黎、平泉黄瓜生产的净利润、成本利润率较高的主要原因是其总产量及总产值较高，青县黄瓜生产净利润、成本利润率较高的原因是其黄瓜生产总成本偏低，藁城黄瓜生产的净利润、成本利润率较低受总产量、总产值偏低，总成本偏高共同影响。

表 4-11　部分特色黄瓜优势区成本收益情况

（单位：千克/亩；元/亩；%）

主产区	主产品产量	产值合计	总成本	净利润	成本利润率
青县	11 000	20 000	7 900	12 100	153. 16
馆陶县	13 571	35 000	14 560	20 440	140. 38
藁城区	11 324	16 838	9 613	7 226	75. 17
昌黎县	11 000	45 750	19 543	26 208	134. 11
平泉市	17 200	58 656	21 825	36 831	168. 76

数据来源：根据河北省蔬菜产业体系基地（企业）调查问卷整理

三、河北省与其他主产省黄瓜生产成本收益比较分析

（一）黄瓜生产成本构成比较分析

1. 露地黄瓜

由表 4-12 可以看出，河北省及其他黄瓜主产省 2011—2017 年露地黄瓜生产成本呈逐年递增趋势。就物质与服务费变动情况而言，河北省、辽宁省涨幅较高，分别达到了 29. 33%和 40. 15%，河南省降低了 4. 56 元/亩，山东省呈逐年下降趋势，降幅高达 44. 04%；就人工成本变动情况而言，各省涨幅均十分明显，河北省、辽宁省、山东省、河南省涨幅分别达到了 108. 23%、118. 67%、108. 25%、93. 64%。据此可知，各省人工成本变动差距不大，而河北、辽宁两省物质与服务费用的上涨，可能导致其种植成本收益的下降，而山东省在物质与服务投入逐年递减，有利于其种植收益的提升。

表 4-12　各主产省 2011—2016 年露地黄瓜生产成本构成　（单位：元/亩）

主产省	河北省		辽宁省		山东省		河南省	
项目	物质与服务费	人工成本	物质与服务费	人工成本	物质与服务费	人工成本	物质与服务费	人工成本
2011	1 016. 89	1 823. 20	919. 40	1 221. 41	1 787. 93	1 321. 16	1 212. 60	1 823. 84
2012	1 423. 74	2 446. 14	1 090. 72	2 084. 44	1 563. 71	1 890. 22	1 381. 24	2 621. 19
2013	1 612. 67	2 871. 03	1 093. 95	2 522. 23	1 300. 87	2 294. 25	1 432. 27	3 222. 02
2014	1 230. 35	3 708. 31	1 265. 33	2 534. 12	1 095. 17	2 471. 05	1 391. 38	3 386. 64
2015	1 374. 85	3 673. 94	1 202. 81	2 723. 93	1 009. 30	2 543. 58	1 339. 90	3 438. 91
2016	1 353. 45	3 746. 99	1 283. 57	2 760. 20	1 017. 85	2 655. 76	1 257. 26	3 506. 52
2017	1 314. 15	3 796. 56	1 288. 04	2 670. 32	1 000. 40	2 751. 61	1 208. 04	3 530. 55
均值	1 335. 33	3 044. 94	1 142. 63	2 307. 72	1 295. 81	2 196. 00	1 335. 78	2 999. 85

数据来源：《全国农产品成本收益资料汇编》

从图 4-3 可以看出，河北省近七年露地黄瓜生产总成本高于河南省、山东省和辽宁省，其人工成本和物质与服务费均高于其他三省。其中，物质与服务费平均成本达 3 044. 94 元/亩，远高于河南省的 2 999. 85 元/亩、辽宁省的 2 307. 72 元/亩、山东省的 2 196. 00 元/亩；人工成本为 1 335. 33 元/亩，与河南省的 1 335. 78 元/亩基本持平，高于辽宁省的 1 142. 63 元/亩、山东省的 1 295. 81 元/亩。

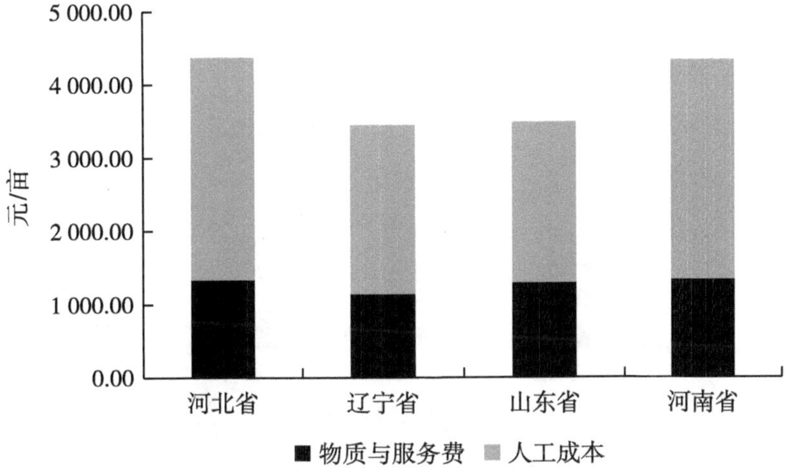

图 4-3　各主产省 2011—2017 年露地黄瓜平均生产成本构成

数据来源：《全国农产品成本收益资料汇编》

2. 设施黄瓜

从表 4-13 可以看出，2011—2017 年河北省及各主产省设施黄瓜种植生产总成本呈逐年递增趋势。就物质与服务费而言，山东省涨幅最高，达到了 39. 51%，高于辽宁省的 19. 21%、河北省的 23. 74%、河南省的 8. 27%；就人工成本变动情况而言，辽宁省人工成本涨幅最高，由 2011 年的 3 445. 35 元/亩增至 2017 年的 7 915. 70 元/亩，涨幅高达 129. 75%，高于河南省的 96. 67%、山东省的 50. 63%、河北省的 53. 65%。

表 4-13　各主产省 2011—2017 年设施黄瓜生产成本构成　（单位：元）

主产省	河北省		辽宁省		山东省		河南省	
项目	物质与服务费	人工成本	物质与服务费	人工成本	物质与服务费	人工成本	物质与服务费	人工成本
2011	3 521. 83	3 452. 19	4 472. 16	3 445. 35	3 179. 54	2 858. 21	2 623. 36	3 034. 18
2012	4 312. 91	4 390. 96	4 371. 48	4 706. 64	3 279. 93	3 478. 55	3 022. 27	4 255. 59
2013	4 064. 62	5 089. 71	4 170. 62	6 215. 22	4 586. 22	5 588. 77	3 099. 33	5 130. 04
2014	4 119. 28	4 981. 76	4 934. 43	6 879. 22	4 407. 62	3 990. 81	3 099. 80	5 433. 96
2015	4 079. 86	5 241. 48	5 073. 58	7 071. 12	4 027. 33	4 169. 36	3 069. 96	5 656. 38
2016	4 044. 07	5 130. 37	5 244. 58	7 938. 38	4 552. 05	4 953. 11	2 930. 40	5 986. 02
2017	4 357. 48	5 304. 03	5 331. 08	7 915. 70	4 435. 06	4 305. 44	2 840. 68	5 967. 19
均值	4 023. 76	4 714. 41	4 711. 14	6 042. 66	4 005. 45	4 173. 14	2 974. 19	4 916. 03

数据来源：《全国农产品成本收益资料汇编》

从图 4-4 可以看出，河北省 2011—2017 年设施黄瓜平均生产成本低于辽宁省，高于山东省和河南省。就物质与服务费而言，河北省为 4 023. 76 元/亩，处于中等地位，低于辽宁省的 4 711. 14 元/亩，高于山东省的 4 005. 45 元/亩、河南省的 2 974. 19 元/亩；就人工成本而言，河北省为 4 714. 41 元/亩，低于辽宁省的 6 042. 66 元/亩、河南省的 4 916. 03 元/亩，高于山东省的 4 173. 14 元/亩。

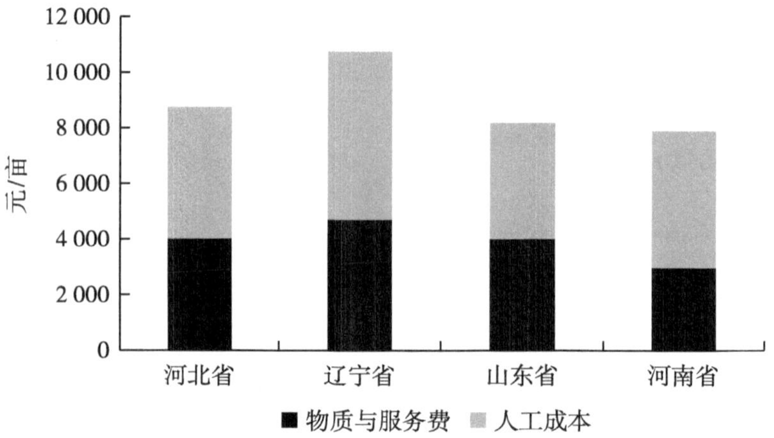

图 4-4　各主产省 2011—2017 年设施黄瓜平均生产成本构成

数据来源：《全国农产品成本收益资料汇编》

（二）黄瓜生产效益比较分析

1. 露地黄瓜

通过与黄瓜主产省份-山东、辽宁、河南比较发现河北省作为全国黄瓜产量最高的省份，其露地黄瓜每亩净利润及成本利润率与其他黄瓜主产省相比，处于较低位置。从 2011—2017 年收益绝对值变动来看，河北省 2014 年露地黄瓜每亩净利润最高为 3 755. 43 元，2017 年净利润跌至 2 047. 11 元，高于辽宁的 2 544. 26 元，低于山东的 4 624. 81 元、河南的 2 983. 29 元，辽宁省近年来每亩净利润呈逐年降低态势，山东省呈逐年增长趋势，河南省每亩净利润相对稳定，保持在 3 000 元左右上下波动。从收益变动值看，河北、辽宁、河南成本利润率均呈逐年降低态势，分别由 2011 年的 90. 40%、200. 88%、90. 98%跌至 2017 年的 38. 38%、9. 34%、58. 15%，山东省与以上三省相反，呈逐年递增态势，由 2011 年的 72. 24%增至 114. 56%（表 4-14）。

表 4-14　各主产省 2011—2017 年露地黄瓜净利润及成本利润率　（单位：元;%）

项目	河北省		辽宁省		山东省		河南省	
	净利润	成本利润率	净利润	成本利润率	净利润	成本利润率	净利润	成本利润率
2011	2 695. 88	90. 40	4 903. 14	200. 88	2 426. 02	72. 24	2 958. 08	90. 98

（续表）

项目	河北省		辽宁省		山东省		河南省	
	净利润	成本利润率	净利润	成本利润率	净利润	成本利润率	净利润	成本利润率
2012	1 585.39	39.22	3 938.06	114.66	302.08	8.14	3 463.19	80.63
2013	2 045.16	43.46	2 667.16	68.03	4 058.02	105.10	4 152.88	82.80
2014	3 755.43	72.88	2 205.18	54.00	3 207.58	83.57	3 701.39	71.95
2015	1 952.76	37.10	1 334.54	31.73	5 146.80	134.43	3 079.82	59.96
2016	2 232.06	41.69	2 544.26	58.74	4 432.07	112.22	3 177.62	61.96
2017	2 047.11	38.38	396.97	9.34	4 624.81	114.56	2 983.29	58.15

数据来源：《全国农产品成本收益资料汇编》

2. 设施黄瓜

与露地黄瓜相比，各黄瓜主产省设施黄瓜每亩净利润相对较高。2011—2017 年河北省设施黄瓜每亩净利润呈逐年下滑态势，由 2013 年最高的 12 165.76 元跌至 2017 年的 5 008.26 元。辽宁、河南与河北走势趋同，但降幅相对较小，净利润降低值保持在 1 000 元左右。山东省净利润先降后升，由 2011 年的每亩净利润 6 167.92 元降至 2013 年的 2 191.30 元后触底反弹，并逐步涨至 2017 年的 8 201.93 元。从收益变动值看，4 个主产省设施黄瓜成本利润率均呈下降趋势，河北省变动幅度最大，由 2011 年的 101.07%降至 2017 年的 49.38%，辽宁、山东、河南也呈下降趋势，分别由 80.64%、97.80%、69.19%降至 16.00%、89.41%、39.79%（表 4-15）。

表 4-15　各主产省 2011—2017 年设施黄瓜净利润及成本利润率　　单位：元;%

主产省	河北省		辽宁省		山东省		河南省	
项目	净利润	成本利润率	净利润	成本利润率	净利润	成本利润率	净利润	成本利润率
2011	7 300.30	101.07	6 607.76	80.64	6 167.92	97.80	4 067.91	69.19
2012	11 230.62	124.15	7 105.30	75.88	3 985.83	56.88	4 462.03	58.73
2013	12 165.76	127.55	4 127.43	38.58	2 191.30	20.81	4 468.47	52.11
2014	5 829.93	61.22	3 918.79	32.30	3 584.38	40.99	3 862.58	43.50
2015	5 779.36	59.17	4 595.24	36.85	5 000.25	57.46	2 828.46	31.22
2016	5 425.78	56.27	5 535.26	40.94	7 963.26	80.07	3 479.32	37.40
2017	5 008.26	49.38	2 176.28	16.00	8 201.93	89.41	3 665.65	39.79

数据来源：《全国农产品成本收益资料汇编》

四、黄瓜与其他蔬菜品种生产成本收益比较分析

（一）露地蔬菜生产成本收益比较分析

1. 成本构成比较分析

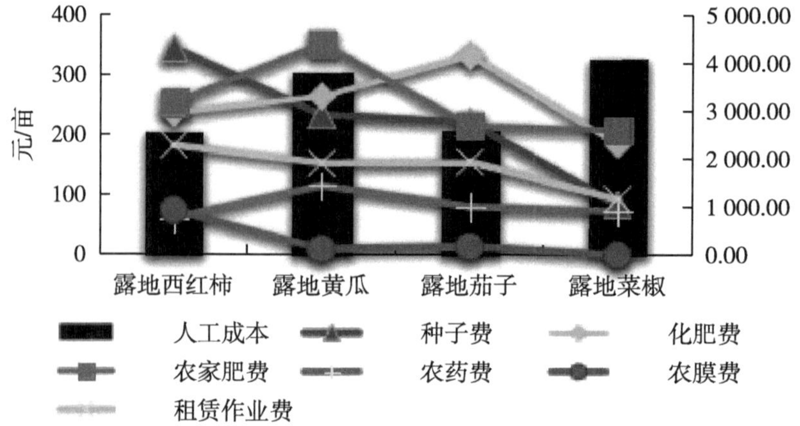

图 4-5　河北省主要露地蔬菜品种生产成本构成比较分析

数据来源：《全国农产品成本收益资料汇编》

从图 4-5 可以看出，就人工成本而言，露地菜椒最高达 2 616.57 元/亩，露地黄瓜位居第二，露地番茄、茄子相对较低；就种子费而言，露地黄瓜低于露地番茄的 344.52 元/亩，高于露地茄子、露地菜椒；就化肥费而言，露地茄子最高为 332.06 元/亩，高于露地黄瓜、露地番茄、露地菜椒；就农家肥费而言，露地黄瓜最高达 352.51 元/亩；就农药费而言，露地黄瓜最高也达 115.5 元/亩。通过分析可以发现，露地黄瓜生产人工成本第二，物质与服务费成本最高，总成本偏高。

2. 生产效益比较分析

2013—2017 年，河北省主要露地蔬菜单产变动幅度不大，露地番茄、露地黄瓜、露地茄子、露地菜椒主产品产量分别在 5 500 千克/亩、5 100 千克/亩、4 500 千克/亩、3 800 千克/亩上下浮动。就亩产值而言，除露地黄瓜呈波动性上涨态势以外，露地番茄、露地茄子、露地菜椒均呈波动性下降走势，降幅分别达到了 35.9%、25.6%、19.1%。就净利润而言，露地黄瓜 2014 年净利润较高，达 3 755.43 元/亩，其余各年在 2 000 元/亩左右，露地番茄、露地茄子、露地菜椒净利润降幅明显，2017 年相较于 2013 年分别下降了 56.4%、67.2%、48.3%（表 4-16）。

2013—2017 年，河北省主要露地蔬菜生产总成本呈波动性上涨态势，露地黄瓜、露地菜椒生产成本相对较高，露地番茄、露地茄子生产成本相随较低（图 4-6）。其中，露地番茄生产成本由 2013 年的 3 289.62 元/亩增至 2017 年的 4 099.90 元/亩，涨幅达 24.6%，露地黄瓜由 2013 年的 4 706.01 元/亩增至 2017 年的 5 333.47 元/亩，涨幅达 13.3%，露地茄子、露地菜椒涨幅分别为 21.5%、11.1%。

表 4-16　2013—2017 年河北省露地蔬菜成本收益变动情况

（单位：千克/亩；元/亩；%）

品种	项目	2013 年	2014 年	2015 年	2016 年	2017 年
露地番茄	主产品产量	5 533. 36	5 370. 21	5 441. 52	5 734. 59	5 501. 25
	产值合计	13 042. 68	6 694. 62	7 818. 78	7 773. 05	8 354. 06
	总成本	3 289. 62	3 508. 56	3 517. 52	3 698. 17	4 099. 90
	净利润	9 753. 06	3 186. 06	4 301. 26	4 074. 88	4 254. 16
	成本利润率	296. 48	90. 81	122. 28	110. 19	103. 76
露地黄瓜	主产品产量	4 933. 04	5 323. 7	5 292. 06	5 209. 73	5 159
	产值合计	6 751. 17	8 908. 07	7 215. 68	7 585. 78	7 380. 58
	总成本	4 706. 01	5 152. 64	5 262. 92	5 353. 72	5 333. 47
	净利润	2 045. 16	3 755. 43	1 952. 76	2 232. 06	2 047. 11
	成本利润率	43. 46	72. 88	37. 1	41. 69	38. 38
露地茄子	主产品产量	4 400. 17	4 778. 83	4 516. 01	4 141. 65	4 148. 50
	产值合计	7 065. 00	6 979. 99	6 289. 84	5 430. 16	5 258. 31
	总成本	3 316. 75	3 697. 44	3 773. 79	3 915. 56	4 029. 21
	净利润	3 748. 25	3 282. 55	2 516. 05	1 514. 60	1 229. 10
	成本利润率	113. 01	88. 78	66. 67	38. 68	30. 50
露地菜椒	主产品产量	3 885. 00	3 679. 76	3 703. 34	3 827. 24	3 820. 28
	产值合计	9 333. 39	9 357. 14	9 289. 13	7 309. 13	7 548. 50
	总成本	4 587. 81	5 038. 96	5 200. 23	5 428. 07	5 097. 27
	净利润	4 745. 58	4 318. 18	4 088. 90	1 881. 06	2 451. 23
	成本利润率	103. 44	85. 70	78. 63	34. 65	48. 09

数据来源：《全国农产品成本收益资料汇编》

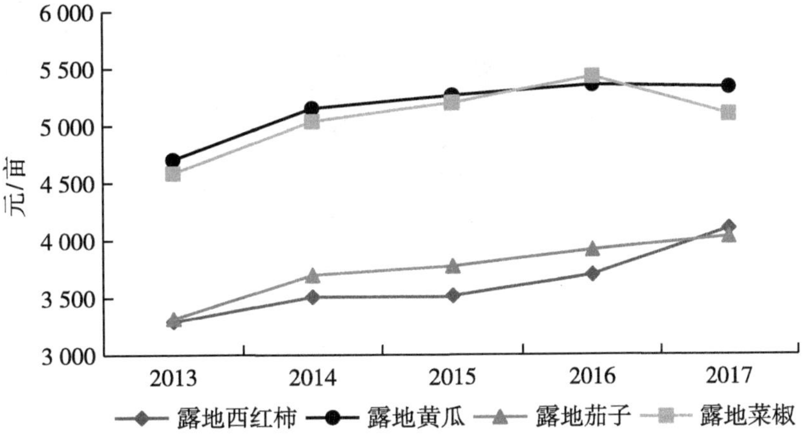

图 4-6　2013—2017 年河北省主要露地蔬菜生产成本变动情况

数据来源：《全国农产品成本收益资料汇编》

2013—2017 年河北省主要露地蔬菜成本利润率呈波动性下降态势，降幅明显（图

4-7)。其中，露地番茄降幅最大，由 2013 年的 296.48%降至 2017 年的 103.76%，降幅达 65.2%，露地黄瓜、露地茄子、露地菜椒降幅分别为 11.6%、73.0%、53.4%。

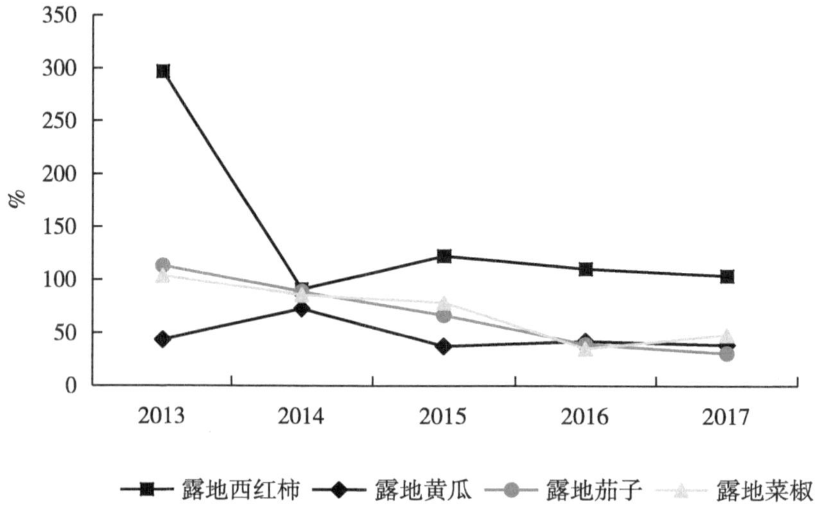

图 4-7　2013—2017 年河北省主要露地蔬菜生产成本利润率变动情况

数据来源：《全国农产品成本收益资料汇编》

（二）设施蔬菜生产成本收益比较分析

1. 成本构成比较分析

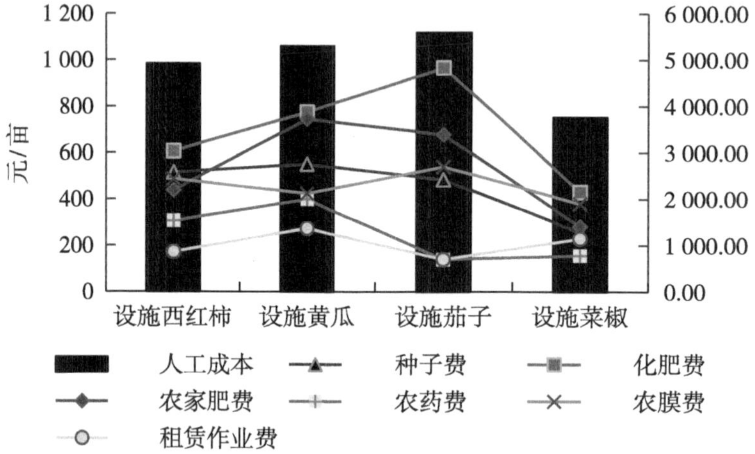

图 4-8　河北省主要设施蔬菜品种生产成本构成比较分析

数据来源：《全国农产品成本收益资料汇编》

从图 4-8 可以看出，就人工成本而言，设施茄子最高达 5 596.12 元/亩，高于设施黄瓜的 5 304.03 元/亩、设施番茄的 4 925.61 元/亩、设施菜椒的 3 761.00 元/亩；就种子费而言，设施黄瓜最高为 5 51.75 元/亩，高于设施番茄、设施茄子、设施菜椒；就化肥费而言，设施茄子最高达 966.74 元/亩，高于设施黄瓜、设施番茄、设施菜椒；就农家肥费而言，设施黄瓜最高达 746.10 元/亩；就农膜费而言，设施黄瓜排名第三。

2. 生产效益比较分析

2013—2017 年，河北省主要设施蔬菜单产呈现不同变动趋势（表 4-17）。其中，设施番茄呈波动性下降态势，由 2013 年的 5 662.68 千克/亩降至 2017 年的 5 501.50 千克/亩，变动幅度较小；设施黄瓜呈波动性下降态势，由 7 234.82 千克/亩降至 6 852.97 千克/亩，降幅 5.3%；设施茄子由 2013 年的 4 624.53 千克/亩降至 2017 年的 3 940.12 千克/亩，降幅达 14.8%；设施菜椒由 2 952.17 千克/亩增至 3 576.67 千克/亩，涨幅达 21.1%。就亩产值而言，除设施菜椒略有上涨外，其他品类蔬菜均有大幅下跌，其中设施茄子降幅最大为 31.1%。就每亩净利润而言，除设施菜椒由 2013 年的 483.25 元/亩增至 712.70 元/亩，设施番茄、设施黄瓜、设施菜椒均有大幅下跌，设施茄子降幅最高达 83.7%。

表 4-17 2013—2017 年河北省主要设施蔬菜成本收益变动情况

（单位：千克/亩；元/每亩，%）

品种	项目	2013 年	2014 年	2015 年	2016 年	2017 年
设施番茄	主产品产量	5 662.68	5 385.96	5 358.97	5 385.83	5 501.50
	产值合计	16 060.55	15 302.41	16 341.00	15 237.04	13 805.71
	总成本	8 262.85	8 795.28	8 863.69	8 586.20	8 986.07
	净利润	7 797.70	6 507.13	7 477.31	6 650.84	4 819.64
	成本利润率	94.37	73.98	84.36	77.46	53.63
设施黄瓜	主产品产量	7 234.82	6 332.54	6 743.43	6 591.91	6 852.97
	产值合计	21 703.75	15 353.31	15 546.41	15 067.73	15 149.67
	总成本	9 537.99	9 523.38	9 767.05	9 641.95	10 141.41
	净利润	12 165.76	5 829.93	5 779.36	5 425.78	5 008.26
	成本利润率	127.55	61.22	59.17	56.27	49.38
设施茄子	主产品产量	4 624.53	4 112.06	4 699.67	3 964.87	3 940.12
	产值合计	15 960.00	13 625.92	16 835.29	13 717.55	11 102.60
	总成本	9 503.65	9 799.46	9 251.64	10 399.59	10 050.39
	净利润	6 456.35	3 826.46	7 583.65	3 317.96	1 052.21
	成本利润率	67.94	39.05	81.97	31.90	10.47
设施菜椒	主产品产量	2 952.17	3 718.33	3 740.00	3 526.67	3 576.67
	产值合计	6 188.10	6 204.15	5 763.25	5 149.50	7 891.99
	总成本	5 704.85	6 341.84	6 578.41	6 939.21	7 179.29
	净利润	483.25	−137.69	−815.16	−1 789.71	712.70
	成本利润率	8.47	−2.17	−12.39	−25.79	9.93

数据来源：《全国农产品成本收益资料汇编》

2013—2017 年，河北省主要设施蔬菜生产成本呈波动性上涨态势，涨幅明显（图 4-9）。其中，设施番茄由 2013 年的 8 262. 85 元/亩增至 2017 年的 8 986. 07 元/亩，涨幅 8. 8%；设施黄瓜、设施茄子、设施菜椒每亩生产成本分别由 9 537. 99 元/亩、9 503. 62 元/亩、5 704. 85 元/亩增至 10 141. 41 元/亩、10 050. 39 元/亩、7 179. 29 元/亩，涨幅分别为 6. 3%、5. 8%、25. 9%。

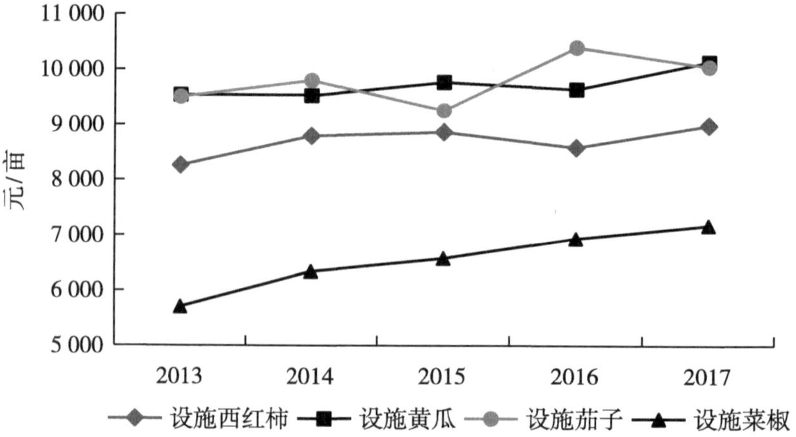

图 4-9 2013—2017 年河北省主要设施蔬菜生产成本变动情况

数据来源：《全国农产品成本收益资料汇编》

2013—2017 年，河北省主要设施蔬菜成本利润率呈波动性下降态势，降幅明显（图 4-10）。其中，设施番茄成本利润率由 2013 年的 94. 37%降至 2017 年的 53. 63%，降幅达 43. 6%；设施黄瓜、设施茄子成本利润率分别由 127. 55%、67. 94% 降至 49. 38%、10. 47%，降幅分别为 61. 4%、84. 6%；设施菜椒成本利润率相对较低，2014—2016 年成本利润率分别为-2. 17%、-12. 39%、-25. 79%，2017 年略有上涨，达到了 9. 93%。

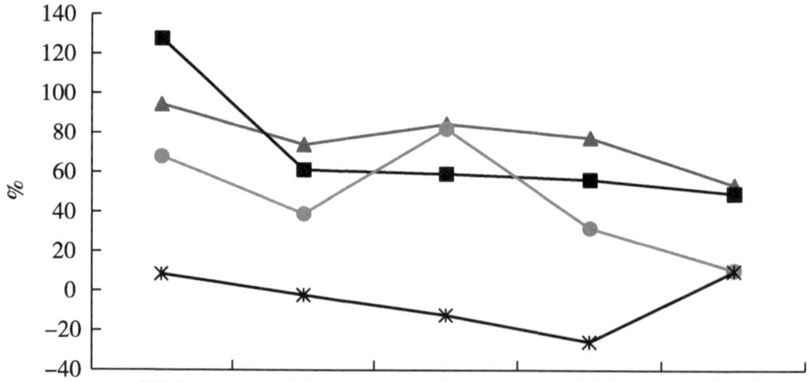

图 4-10 2013—2017 年河北省主要设施蔬菜生产成本利润率变动情况

数据来源：《全国农产品成本收益资料汇编》

五、本章小结

成本构成数据表明：影响河北省黄瓜种植总成本逐年升高的主要因素是人工成本和物质与服务费成本的升高。其中，河北省露地黄瓜、设施黄瓜人工成本占比最高，分别达 67. 21%和 51. 77%，物质与服务费占比相对较低，分别为 28. 40%和 43. 93%，土地成本仅占 4. 39%、4. 30%。

成本收益比较分析数据表明：河北省黄瓜种植经济效益呈明显下降态势。其中，2011—2017 年，河北省黄瓜种植总投入、总产值呈波动性上涨态势，投入产出比呈逐年下滑态势；受总产值变动和总成本变动双重因素影响，黄瓜种植净利润、成本利润率呈波动性下降态势；与全国及其他黄瓜主产省相比，河北省黄瓜种植总成本偏高，净利润呈逐年下滑态势且下降幅度最高，不具备成本竞争优势；与河北省其他主要蔬菜种植品种相比，黄瓜种植收益相对较高，有利于农户收入的增加。

第五章 河北省黄瓜全要素生产率研究

通过上一章对河北省及各主产区黄瓜生产成本收益情况的分析，可以发现河北省在黄瓜生产上与其他主产区仍存有一定的差距，降低人工成本、物质与服务费无法从根源上解决这一问题。而黄瓜的产出水平，无论是总产量还是单位面积产量，从根本上都依赖于黄瓜全要素生产率，全要素生产率是否达到最优决定着黄瓜生产是否有效，黄瓜产能能否稳步提升。因此，对河北省的黄瓜全要素生产率进行测算分析十分必要。本章基于 DEA 的数据包络分析法，对河北省及全国主产区不同时间、空间黄瓜的全要素生产率进行了测算。

一、理论模型与数据来源

蔬菜生产要素投入量、蔬菜产业要素生产率是影响蔬菜综合产能的两个决定性因素。随着农业集约化进程的持续推进，传统的生产要素投入增长已经不能满足蔬菜综合产能的提升，因此提高生产效率是促进黄瓜产量提升，提高黄瓜种植户收益的重要方式。

（一）理论模型

基于 DEA 的 Malmquist 指数法和基于 DEA 算法的全要素生产率指数 TFP 可分解为效率变化（Ech）和技术变化（Tch），说明全要素生产率增长是效率提高和技术进步共同作用的结果，其中效率变化又可以分解为纯技术效率（Pech）与规模效率（Sech），纯技术效率反映该生产领域中技术更新速度的快慢和技术推广的有效程度，而规模效率则反映投入的增长对全要素生产率变化的影响。

（二）数据来源与指标选取

本研究运用 DEAP2.1 软件进行相关测算，根据《全国农产品成本收益汇编》（2011—2018 年）相关成本收益数据进行整理归纳所得。通过选取河北、山东、河南等 26 个省份黄瓜成本构成及收益数据作为决策单元进行全要素生产率测算及研究。黄瓜亩产值作为产出指标，黄瓜人工成本、土地成本、化肥费用、种子费、农家肥费、农膜费、农药费租赁作业费作为投入指标。

二、各主产区露地黄瓜全要素生产率变化分析

从综合效率角度分析，2011—2017 年，广东、重庆规模效率、技术效率均达到有效，处于 DEA 有效，表明在此区域露地黄瓜种植投入和产出达到了最优状态。北京、天津、河北等其余 24 个地区非 DEA 有效，其中，安徽省最低为 0.265、湖南省最高为 0.961，河北省 2011—2017 年露地黄瓜综合效率为 0.456，低于全国平均综合效率 0.523。

从规模效率角度分析，2011—2017 年，广东、重庆规模效率达到有效，而其余 24 个地区仍非有效。其中，河北、山东、辽宁等 12 个地区规模效率呈递增态势，表明这 12 个地区可通过扩大生产规模、增加生产要素投入等方式拉动产出；北京、山西、河南等地区规模效率呈递减态势，表明减小生产规模是优化生产要素配置结构的有效方式。河北省 2011—2017 年露地黄瓜规模效率为 0.456，规模收益呈递减态势，表明河北省露地黄瓜生产要扩大生产规模才能进一步优化其生产要素配置结构。

从技术效率角度分析，2011—2017 年，河北、天津、辽宁等 10 个地区达到技术效率有效，说明这 10 个地区露地黄瓜生产资源组合达到最优，北京、山西等 16 个地区技术效率未达有效，说明这些地区有必要进一步加强技术投入比例。

表 5-1　2011—2017 年各地区露地黄瓜生产效率情况

省份	TEcrs	Scale	TEvrs	规模收益
北京	0.361	0.759	0.476	递减
天津	0.583	0.583	1.000	递增
河北	0.456	0.456	1.000	递增
山西	0.424	0.973	0.436	递减
内蒙古	0.342	0.880	0.389	递减
辽宁	0.697	0.697	1.000	递增
吉林	0.386	0.985	0.392	递减
黑龙江	0.436	0.436	1.000	递增
安徽	0.265	0.667	0.397	递减
福建	0.267	0.620	0.431	递减
江西	0.297	0.297	1.000	递增
山东	0.363	0.942	0.385	递增
河南	0.368	0.988	0.372	递减
湖北	0.526	0.944	0.557	递增
湖南	0.961	0.961	1.000	递增
广东	1.000	1.000	1.000	不变
广西	0.585	0.988	0.592	递增
贵州	0.377	0.377	1.000	递增
重庆	1.000	1.000	1.000	不变

（续表）

省份	TEcrs	Scale	TEvrs	规模收益
四川	0.543	0.543	1.000	递增
甘肃	0.383	0.828	0.462	递增
云南	0.561	0.993	0.565	递减
陕西	0.529	0.989	0.535	递减
海南	0.875	0.956	0.915	递减
宁夏	0.521	0.983	0.530	递减
新疆	0.489	0.944	0.518	递减
平均	0.523	0.800	0.690	—

（一）2011—2017 年黄瓜全要素生产率时序变化分析

1. 全国露地黄瓜全要素生产率时序变化分析

2011—2017 年中国露地黄瓜全要素生产率下降了 1.4%，仅 2012—2013 年与 2016—2017 年中国露地黄瓜全要素生产率上升，其他年份均呈下降状态。技术进步的下降是全要素生产率呈下跌态势的主要因素，而造成技术进步变化大幅波动的主要原因是自然因素（表 5-2）。

表 5-2　2011—2017 年各地区露地黄瓜全要素生产率变化

年份	Effch	Sech	Techch	Pech	TFPch
2011—2012	1.223	1.143	0.815	1.070	0.997
2012—2013	1.212	1.057	0.893	1.147	1.083
2013—2014	1.018	0.994	0.902	1.025	0.918
2014—2015	0.926	0.979	1.077	0.946	0.997
2015—2016	1.314	1.123	0.691	1.17	0.908
2016—2017	0.854	0.980	1.196	0.871	1.022
平均	1.078	1.044	0.915	1.033	0.986

2. 河北省露地黄瓜全要素生产率时序变化分析

通过对河北省 2011—2017 年露地黄瓜全要素生产率的测算及分解可知，除 2012—2013 年、2013—2014 年外，河北省露地黄瓜全要素生产率变化均呈下降态势。其中，2013—2014 年上涨最高为 1.347，2011—2012 年下降最高为 0.743（表 5-3）。

表 5-3　2011—2017 年河北省露地黄瓜全要素生产率变化

年份	Effch	Sech	Techch	Pech	TFPch
2011—2012	0.928	2.092	0.801	0.443	0.743
2012—2013	1.309	0.968	0.771	1.352	1.009

（续表）

年份	Effch	Sech	Techch	Pech	TFPch
2013—2014	1.395	1.078	0.966	1.294	1.347
2014—2015	0.769	0.999	1.054	0.769	0.810
2015—2016	1.685	1.006	0.563	1.675	0.948
2016—2017	1.000	1.000	0.898	1.000	0.898
平均	1.181	1.191	0.842	1.089	0.959

（二）2011—2017 年黄瓜全要素生产率空间变化分析

技术进步、综合效率变化是影响全要素生产率变动的两个主要因素。2011—2017 年，各地区综合效率呈上升趋势，技术进步呈下降态势，可以推测技术变化是影响露地黄瓜全要素生产率变化的主要因素，而技术进步对技术效率的发挥存在一定的滞后性（图 5-1）。

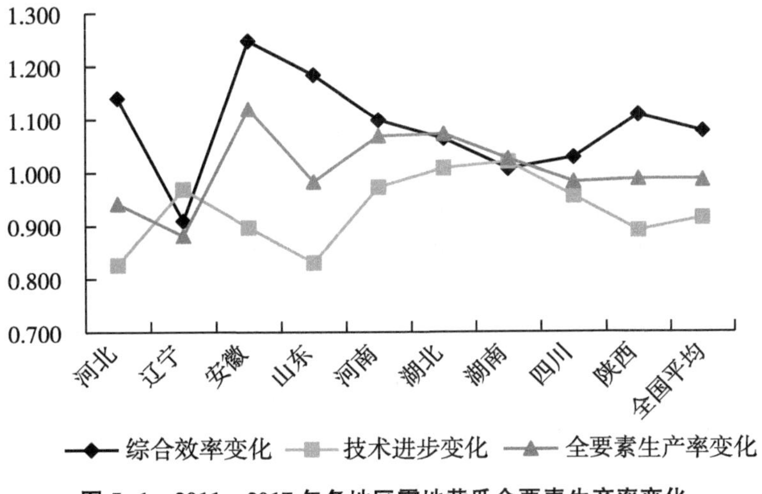

图 5-1　2011—2017 年各地区露地黄瓜全要素生产率变化

2011—2017 年我国露地黄瓜全要素生产率呈增长态势的地区中，内蒙古涨幅为 3.0%、吉林涨幅为 6.2%、安徽涨幅为 12%、福建涨幅为 0.4%、江西涨幅为 10.6%、河南涨幅为 6.9%、湖北涨幅为 7.3%、湖南涨幅为 2.6%、广西壮族自治区（全书简称广西）涨幅为 5.7%、重庆涨幅为 3.5%、贵州涨幅为 17.2%、云南涨幅为 7.2%、甘肃涨幅为 8.1%。除湖北、湖南、广西、重庆、云南 5 个省区为技术效率、综合效率双重推动型外，其余均为综合效率推动型，而河北省综合效率的提高受规模效率推动。

2011—2017 年，京、津、冀等 13 个地区露地黄瓜全要素生产率为负值，其中广东省下降幅度最大，为 40.6%，主要是受到技术进步下降的影响；由于辽宁、宁夏回族自治区（全书简称宁夏）技术进步和综合效率的双重作用，据此进一步分解综合效率下降的辽宁和宁夏，发现宁夏研究期间内纯技术效率和规模效率变化均有不同程度的下降，共同影响了综合技术效率；辽宁地区综合效率的下降受到纯技术效率下降的影响，而其他地区技术进步下降是影响其全要素生产率为负的最主要因素（表 5-4）。

表 5-4　2011—2017 年各地区露地黄瓜全要素生产率变化

省份	Effch	Sech	Techch	Pech	TFPch
北京	1.070	1.027	0.860	1.042	0.920
天津	1.091	1.091	0.909	1.000	0.992
河北	1.140	1.140	0.826	1.000	0.942
山西	1.059	1.003	0.878	1.056	0.929
内蒙古	1.196	1.022	0.861	1.171	1.030
辽宁	0.909	1.048	0.969	0.867	0.881
吉林	1.164	0.996	0.912	1.169	1.062
黑龙江	1.126	1.126	0.865	1.000	0.973
安徽	1.248	1.070	0.897	1.166	1.120
福建	1.166	1.014	0.861	1.151	1.004
江西	1.216	1.216	0.909	1.000	1.106
山东	1.184	1.010	0.830	1.173	0.983
河南	1.099	0.983	0.973	1.118	1.069
湖北	1.064	1.009	1.009	1.055	1.073
湖南	1.007	1.007	1.020	1.000	1.026
广东	1.000	1.000	0.594	1.000	0.594
广西	1.021	1.072	1.035	0.953	1.057
海南	0.928	1.011	1.016	0.917	0.943
重庆	0.944	0.998	1.096	0.946	1.035
四川	1.028	1.104	0.956	0.931	0.983
贵州	1.176	1.176	0.996	1.000	1.172
云南	1.010	0.981	1.061	1.030	1.072
陕西	1.109	1.109	0.891	1.000	0.988
甘肃	1.161	1.022	0.932	1.136	1.081
宁夏	0.965	0.980	0.899	0.985	0.868
新疆*	1.044	0.976	0.874	1.070	0.912
平均	1.078	1.044	0.915	1.033	0.986

*　新疆维吾尔自治区简称。全书同

（三）2017 年黄瓜全要素生产率比较分析

从表 5-5 可以看出，2017 年我国露地黄瓜生产要素的使用效率不尽合理，其平均综合效率仅为 0.793。河北省综合技术效率、纯技术效率、规模效率均为 1.000，说明当年河北省露地黄瓜投入较为合理。从规模效率来看，河北省 2017 年露地黄瓜处于规模报酬不变阶段，被参照次数为零，河北省生产投入也没有参照其他省份，说明河北省露地黄瓜生产环境、投入要素有自己的特点。

表 5-5　2017 年各地区露地黄瓜生产效率

省份	TE	PTE	SE	RTS	是否冗余	是否 DEA 有效	是否技术有效	参照次数
北京	0.542	0.609	0.889	drs	是	否	否	0
天津	1.000	1.000	1.000	—	否	是	是	0
河北	1.000	1.000	1.000	—	否	是	是	0
山东	1.000	1.000	1.000	—	否	是	是	8
河南	0.649	0.727	0.893	drs	是	否	否	0
辽宁	0.392	0.424	0.925	drs	是	否	否	0
吉林	0.962	1.000	0.962	irs	是	否	是	0
黑龙江	0.886	1.000	0.886	irs	是	否	是	0
安徽	1.000	1.000	1.000	—	否	是	是	0
福建	0.673	1.000	0.673	irs	是	否	是	1
江西	0.961	1.000	0.961	irs	是	否	是	0
山西	0.598	0.603	0.992	drs	是	否	否	0
四川	0.640	0.651	0.983	irs	是	否	否	0
湖北	0.763	0.768	0.994	drs	是	否	否	0
湖南	1.000	1.000	1.000	—	否	是	是	11
广东	1.000	1.000	1.000	—	否	是	是	0
广西	0.664	0.748	0.888	drs	是	否	否	0
海南	0.588	0.596	0.985	drs	是	否	否	0
重庆	0.709	0.716	0.990	irs	是	否	否	0
内蒙古	1.000	1.000	1.000	—	否	是	是	1
贵州	1.000	1.000	1.000	—	否	是	是	12
云南	0.595	0.673	0.884	drs	是	否	否	0
陕西	1.000	1.000	1.000	—	否	是	是	5
甘肃	0.935	0.992	0.943	drs	是	否	否	0
宁夏	0.421	0.485	0.869	drs	是	否	否	0
新疆	0.631	0.776	0.813	drs	是	否	否	0
平均	0.793	0.837	0.943					

三、各主产区设施黄瓜全要素生产率变化分析

（一）2011—2017 年黄瓜全要素生产率时序变化分析

从综合效率角度分析，2011—2017 年，河北、北京、天津等 11 个地区规模效率、技术效率均达到有效，处于 DEA 有效，表明在此区域露地黄瓜种植投入和产出达到了最优状态。山西、辽宁、吉林等 10 个地区为非 DEA 有效，山西综合效率最低为 0.598、

吉林最高为 0.962，河北省 2011—2017 年设施黄瓜综合效率为 1.000，高于全国的平均水平 0.916。

从规模效率角度分析（表 5-6），2011—2017 年，河北、北京、天津等 11 个地区规模效率达到有效，山西、辽宁、吉林等 10 个地区未达到规模效率有效，其中安徽、宁夏规模效率呈递增态势，而山西、辽宁、吉林等八个地区规模效率呈递减态势，表明安徽、宁夏两地需要进一步扩大生产规模，增加生产要素的投入，而山西等地区可以通过降低生产规模的方式进一步优化其生产要素配置结构。

表 5-6　2011—2017 年各地区设施黄瓜生产效率情况

省份	TEcrs	Scale	TEvrs	规模收益
北京	1.000	1.000	1.000	不变
天津	1.000	1.000	1.000	不变
河北	1.000	1.000	1.000	不变
山西	0.524	0.929	0.564	递减
内蒙古	1.000	1.000	1.000	不变
辽宁	0.918	0.948	0.968	递减
吉林	0.748	0.866	0.864	递减
黑龙江	1.000	1.000	1.000	不变
上海	1.000	1.000	1.000	不变
江苏	0.761	0.969	0.785	递减
浙江	1.000	1.000	1.000	不变
安徽	0.882	0.882	1.000	递增
山东	0.914	0.965	0.947	递减
河南	0.823	0.976	0.844	递减
湖北	1.000	1.000	1.000	不变
四川	0.772	0.975	0.792	递减
陕西	1.000	1.000	1.000	不变
甘肃	1.000	1.000	1.000	不变
青海	1.000	1.000	1.000	不变
宁夏	0.949	0.949	1.000	递增
新疆	0.943	0.992	0.950	递减
平均	0.916	0.974	0.939	

从技术效率角度分析，2011—2017 年，河北、北京、天津、安徽、宁夏等 13 个地区达到了技术有效，说明这些地区设施黄瓜生产资源组合达到了最优。山西、辽宁、吉林等 13 个地区技术效率并未达到有效，表明其生产要素投入相对并不合理。

1. 全国黄瓜全要素生产率时序变化分析

对 2011—2017 年设施黄瓜全要素生产率进行测算和分解，我国设施黄瓜 7 年间的技术进步提高了 0.6%，波动幅度较小；综合效率平均实现了 0.1% 的增长，2011—2017 年中国设施黄瓜全要素生产率提高了 0.7%，仅 2013—2014 年中国设施黄瓜全要素生产率下降，其他年份均呈上升状态（表 5-7）。全要素生产率的提高主要受到技术进步和综合效率双重影响。

表 5-7 2011—2017 年各地区设施黄瓜全要素生产率变化

年份	Effch	Sech	Techch	Pech	TFPch
2011—2012	1.029	1.011	0.981	1.017	1.009
2012—2013	1.007	0.995	1.079	1.012	1.087
2013—2014	1.011	1.007	0.885	1.004	0.894
2014—2015	0.928	0.986	1.089	0.942	1.010
2015—2016	0.986	0.984	1.024	1.002	1.010
2016—2017	1.050	1.005	0.992	1.045	1.041
平均	1.001	0.998	1.006	1.003	1.007

2. 河北省黄瓜全要素生产率时序变化分析

分析河北省 2011—2017 年设施黄瓜生产的的 Malmquist 指数及其分解测算，河北省设施黄瓜全要素生产率呈现下降趋势，尤其是 2013—2014 年河北省设施黄瓜全要素生产率下降幅度最大为 30.8%。从整体上看，河北省设施黄瓜 7 年间的技术进步提高了 1.9%，综合效率平均实现了 3.8%的增长，全要素生产率整体下降了 2.5%，河北省设施黄瓜全要素生产率的降低主要受到综合效率下降的影响（表 5-8）。

表 5-8 2011—2017 年河北省设施黄瓜全要素生产率变化

年份	Effch	Sech	Techch	Pech	TFPch
2011—2012	1.000	1.000	1.061	1.000	1.061
2012—2013	1.000	1.000	1.065	1.000	1.065
2013—2014	1.000	1.000	0.692	1.000	0.692
2014—2015	0.845	0.974	1.227	0.868	1.037
2015—2016	0.957	1.023	1.045	0.935	0.999
2016—2017	0.972	0.966	1.022	1.006	0.994
平均	0.962	0.994	1.019	0.968	0.975

（二）2011—2017 年黄瓜全要素生产率空间变化分析

技术进步、综合效率变化共同影响全要素生产率的变化。2011—2017 年，河北、辽宁、山东等 5 个地区技术效率呈下降态势，但总体来看，其综合效率均呈上升态势，表明技术进步变化下降是影响综合效率变化的最主要因素，而湖北、四川、山西综合效率、技术效率变动趋势相同（图 5-2）。

2011—2017 年，设施黄瓜全要素生产率呈下降态势的地区中，北京降幅为 1.1%、河北降幅为 3.6%、内蒙古降幅为 2.2%、辽宁降幅为 2.1%、上海降幅为 4.9%、甘肃降幅为 0.3%、宁夏降幅为 2.4%。其中，河北、内蒙古、辽宁、甘肃 4 个省下降主要受综合效率降低影响，上海受综合效率和技术进步双重影响（表5-9）。

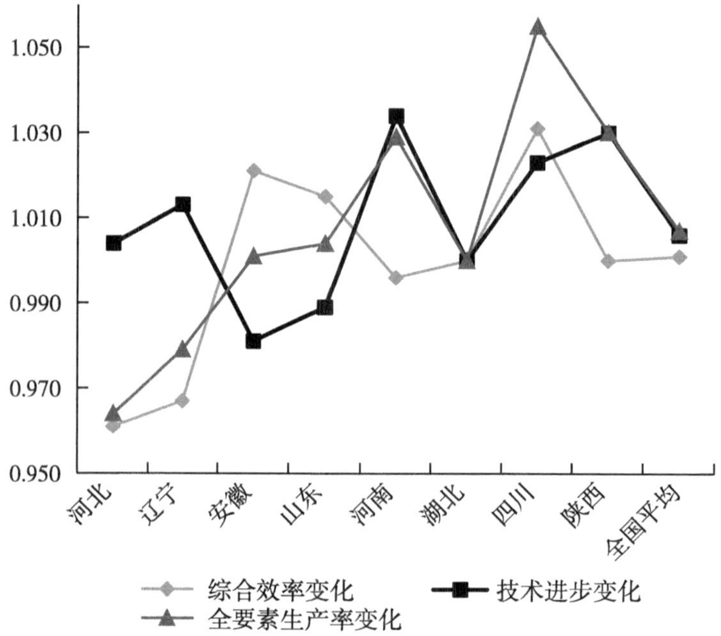

图5-2　2011—2017年各地区设施黄瓜全要素生产率变化

表5-9　2011—2017年各地区设施黄瓜全要素生产率变化

省份	Effch	Sech	Techch	Pech	TFPch
北京	1.000	1.000	0.989	1.000	0.989
天津	1.000	1.000	1.027	1.000	1.027
河北	0.961	0.994	1.004	0.967	0.964
山西	1.031	0.975	0.999	1.058	1.031
内蒙古	0.965	0.998	1.014	0.967	0.978
山东	1.015	1.006	0.989	1.009	1.004
陕西	1.000	1.000	1.030	1.000	1.030
黑龙江	0.986	0.986	1.016	1.000	1.001
上海	0.975	0.975	0.975	1.000	0.951
江苏	1.047	1.005	0.979	1.041	1.025
浙江	1.000	1.000	1.039	1.000	1.039
安徽	1.021	1.021	0.981	1.000	1.001
辽宁	0.967	0.992	1.013	0.974	0.979
吉林	1.026	1.024	1.029	1.002	1.056
湖北	1.000	1.000	1.000	1.000	1.000
四川	1.031	1.000	1.023	1.032	1.055
河南	0.996	0.980	1.034	1.015	1.029
甘肃	0.987	0.994	1.010	0.993	0.997
青海	1.000	1.000	1.013	1.000	1.013
宁夏	1.009	1.009	0.968	1.000	0.976

（续表）

省份	Effch	Sech	Techch	Pech	TFPch
新疆	1.010	1.001	0.992	1.009	1.002
平均	1.001	0.998	1.006	1.003	1.007

（三）2017 年黄瓜全要素生产率比较分析

通过对 2017 年设施黄瓜主产区生产效率数据的测算，可知平均综合效率值为 0.918，可见其生产要素投入相对合理。其中，河北省综合效率为 0.786，低于全国平均水平，规模效率、纯技术效率分别为 0.962、0.817，存在产出与投入松弛，这表明 2017 年河北省在设施黄瓜投入上存在一定的过量现象，人工成本、土地成本、种子费用、化肥费用、农家肥费用、农药费用、租赁作业费用可能分别存在 334 元、100 元、278 元、406 元、339 元、207 元、67 元的过量投入。陕西、青海对河北省具有一定的参考作用（表 5-10）。

表 5-10 2017 年各地区设施黄瓜生产效率

省份	TE	SE	PTE	RTS	是否冗余	是否 DEA 有效	是否技术有效	参照次数
北京	1.000	1.000	1.000	—	否	是	是	2
天津	1.000	1.000	1.000	—	否	是	是	3
河北	0.786	0.962	0.817	drs	是	否	否	0
山西	0.631	0.798	0.791	drs	是	否	否	0
内蒙古	0.809	0.988	0.819	irs	是	否	否	0
辽宁	0.749	0.906	0.827	drs	是	否	否	0
河南	0.801	0.867	0.925	irs	是	否	否	0
黑龙江	0.918	0.918	1.000	irs	是	否	是	0
上海	0.858	0.858	1.000	irs	是	否	是	2
江苏	1.000	1.000	1.000	—	否	是	是	0
浙江	1.000	1.000	1.000	—	否	是	是	0
安徽	1.000	1.000	1.000	—	否	是	是	0
山东	1.000	1.000	1.000	—	否	是	是	0
吉林	0.874	1.000	0.874	—	否	否	否	0
湖北	1.000	1.000	1.000	—	否	是	是	2
四川	0.929	0.973	0.955	irs	是	否	否	0
陕西	1.000	1.000	1.000	—	否	是	是	8
甘肃	0.925	0.965	0.959	drs	是	否	否	0
青海	1.000	1.000	1.000	—	否	是	是	2
宁夏	1.000	1.000	1.000	—	否	是	是	0
新疆	1.000	1.000	1.000	—	否	是	是	0
平均	0.918	0.964	0.951					

四、本章小结

（一）河北省露地黄瓜全要素生产率变化分析

受技术进步下降影响，2011—2017 年全国及河北省露地黄瓜全要素生产率均呈下降态势。造成技术进步下降的主要因素是自然灾害、极端恶劣天气的影响。

2017 年河北省露地黄瓜综合技术效率达到最优。2017 年我国露地黄瓜平均综合技术效率为 0.793，说明当年露地黄瓜生产投入要素的使用效率存在不合理现象，但是河北省综合技术效率为 1.000，技术效率和规模效率都达到了最优的要素配置，DEA 有效，不存在冗余，说明当年河北省露地黄瓜投入较为合理，实际产出接近于生产前沿面。

（二）河北省设施黄瓜全要素生产率变化分析

受技术进步和综合效率双重影响，2011—2017 年全国设施黄瓜全要素生产率呈上升态势。受综合效率下降影响，河北省设施黄瓜全要素生产率呈下降态势，而导致综合效率下降的主要因素是纯技术效率和规模效率的双重下降。

2017 年河北省设施黄瓜综合技术效率存在过量投入。2017 年我国设施黄瓜平均综合技术效率为 0.918，说明当年设施黄瓜生产投入要素的使用效率较为合理，实际产出接近于生产前沿面。但是河北省综合技术效率为 0.786，其中纯技术效率为 0.817，规模效率为 0.962，处于 DEA 无效状态，存在投入和产出松弛，规模报酬递减，技术无效，说明存在一定程度上过量投入。

第六章　河北省特色黄瓜主产区调研报告

一、平泉市黄瓜产业发展

（一）黄瓜产业发展现状

平泉市蔬菜种植总面积达 12.33 千公顷，黄瓜种植以榆树林子镇为中心，辐射带动周边乡镇，其中，榆树林子镇冷暖棚总数已达 15 000 个，实现了“一镇一品”“一户一棚”。

1. 黄瓜栽培模式及茬口分布

平泉黄瓜栽培主要以设施栽培为主，设施栽培总面积达 9 千公顷，其中日光温室栽培面积 6.53 千公顷、塑料大棚栽培面积 2.47 千公顷，设施栽培占比达 97.8%。受夏季高温持续时间短、较冷凉且昼夜温差较大的气候特点，生产茬口主要分为日光温室越冬茬对接的越夏茬、日光温室越冬茬、塑料大棚春夏秋一大茬（表 6-1）。日光温室越冬茬对接的越夏茬中，越冬茬定植时间主要集中在 10 月上中旬，上市时间在 11 月下旬至 12 月上旬，翌年 5 月前后拉秧，与此同时，越夏茬开始定植，并于 5 月下旬—6 月上旬上市；日光温室越冬茬在 11 月下旬—翌年 7 月上市，上市期长达 7 至 8 个月；塑料大棚春夏秋一大茬上市期在每年 4 月中旬左右。由于平泉黄瓜上市期主要集中在冬、春两季，其生产效益相对较高，具有绝对的价格优势，这也决定了榆树林子黄瓜批发市场在全国冬季黄瓜中的地位和话语权。

表 6-1　平泉黄瓜主要黄瓜生产茬口

茬　口	育苗时间	定植时间	上市时间	拉秧时间
日光温室越冬茬对接的越夏茬	9 月上中旬；翌年 4 月上中旬	10 月上中旬；翌年 5 月下旬—6 月上旬	11 月下旬—12 月上旬；翌年 7 月上中旬	翌年 5 月前后；翌年 9 月—10 月
日光温室越冬茬	9 月中旬	10 月中上旬	11 月下旬—翌年 7 月	翌年 8 月—9 月
塑料大棚春夏秋一大茬	2 月中旬	3 月上中旬	4 月中旬	9 月中旬

2. 市场建设及销售情况

榆树林子蔬菜果品批发市场是河北省农业产业化重点龙头企业，是县农村青年创业致富基地和商贸流通十强企业，被承德市工商局命名为守合同重信用企业。该市场始建于2001年，经过多年的扩建和发展，目前已初具规模，累计投资达2 200万元，占地面积66 000平方米，建有门市和交易库房250间，面积8 000平方米，拥有恒温冷库面积4 000立方米，是集交易、食宿、信息为一体的多功能现代化市场。该市场以经销蔬菜为主，主要产品为黄瓜，市场内有蔬菜经纪人120人，可吸纳1 000余名劳力从事包装、装卸、餐饮等工作。初步形成了公司基地+农户市场的共赢局面，辐射周边1万余农户奔小康，很好地架起了菜农与市场的桥梁。市场依托完善的设施、全方位的服务、规范的管理赢得了广大菜农和运销客户的信赖，年市场成交额达8.8亿元，蔬菜销售量达到40余万吨，产品远销中国香港、广东、哈尔滨、长春、北京等30余个地区。通过政府推动，社会带动，市场拉动，批发市场基本成为蔬菜产业发展的“内燃机”，产业结构调整的“风向标”，农民致富的“保险柜”。

3. 生产经营主体建设情况

平泉市现已建成百亩以上的设施黄瓜园区360个，大中型蔬菜外销批发市场6家，蔬菜经纪人380余人。榆树林子全镇已发展设施蔬菜园区200余个，占地0.53千公顷，温室大棚12 000个，面积2.67千公顷，占全镇在册耕地面积的54%，民营企业达到1 024家，个体工商户864户，从业人员4 659人。黄瓜销售到除云南、贵州、海南、西藏以外的其他省（区）、直辖市，并出口俄罗斯等“一带一路”沿线国家，极大地提升了镇域经济发展水平。平泉市益农科技育苗有限公司是全市唯一一家集蔬菜新品种选育、新品种试验推广、蔬菜种苗培育于一体的综合型功能企业，占地面积36万平方米，总投资1.18亿元，年育苗能力达1.4亿株，可供2.5万个蔬菜温室大棚用苗。

4. 科技支撑情况

平泉市多年来与天津黄瓜研究所、河北省农林科学院、中国农业大学等部门密切联系，引进推广了蔬菜新品种70多个，新技术30多项。同时，不断完善农业科技推广服务体系建设，形成了政府引导、“农技部门+专家团队+农民技术员”三位一体、合作互补的服务体系。累计培养农民技术骨干1 500人，技术“明白人”3万人，达到了村有技术骨干、户有技术明白人的目标。2017年，平泉市益农科技育苗有限公司与天津黄瓜研究所签订合作协议，建成了中国北方设施黄瓜研发基地，平泉力争成为中国北方设施蔬菜重点示范基地、河北省最大的设施黄瓜新品种、新技术、新模式及专业技术人才输出示范基地。

5. 产业扶贫带动情况

平泉市创新推广了“一户一棚”产业扶贫模式，目前应用该模式的百亩以上扶贫园区100余个，已实现4 000余户建档立卡贫困户脱贫。以种植黄瓜为例，当前建设1个净面积1亩的钢结构温室，全部投资需10万元，使用寿命为20年，可为农民增加纯收入131万元以上。建造一个这样的温室快则18个月、慢则两年就可以完全收回成本。对富民增收、提前实现全面建成小康社会目标产生巨大作用。以榆树林子镇郑杖子村黄瓜种植户王海龙为例：该农户有1个日光温室，长68m，宽7m，生产面积500平方米。

纯收入2011年4.9万元、2012年6.7万元、2013年5.2万元、2014年4.5万元，4年平均纯收入为5.3万元，折合亩纯收入7.6万元。该农户的生产管理水平、收益属全县中上等水平。

（二）黄瓜产业存在问题

一是同质化倾向明显。平泉市种植的黄瓜以密刺黄瓜类型为主，与辽宁、内蒙古、山东等省际和省内廊坊、馆陶等产区的竞争冲突明显。

二是品牌培育缓慢。部分生产经营主体也注册了商标，但品牌培育进展不快，没有打造出自己特有的品牌，没有形成品牌优势。

三是缺乏精深加工。大部分黄瓜以初级产品形式进入市场，缺乏高端精深加工企业和等外品处理企业，缺少其他保健鲜食、精深加工等高端产品的研发及生产。

四是服务管理部门的职能，由于经费等多方面原因，不能很好发挥作用，很大程度上制约了产业发展优化升级。

五是市场体系不健全，影响了全市蔬菜产业发展壮大。目前，全市虽然有了几个蔬菜专业批发市场，但并没有形成“市场+基地+农户”的拉动型产业发展模式，还是被动发挥作用，并没有起到带动发展的作用。

六是标准化生产力度需加强。由于政策等方面的原因，蔬菜标准化生产技术推广存在较多问题，不及时、不到位、监管力度不强时有发生，为整个蔬菜产业安全、健康发展埋下隐患。

七是与国际市场对接能力差。平泉市黄瓜产业虽有一定的基础，但产业化程度低，产业链条不完善是客观存在，对参与国际市场竞争更有很大的距离。目前，虽有一定数量的出口，但仍以初级产品为主。因此，要不断的丰富品种、强化市场和企业建设、树立品牌、开拓销路，缩小与国际市场的距差。

八是技术与产业没有实现有效对接。目前，全市为蔬菜发展服务的各部门、市场和企业资源分散，没有经过很好的整合，先进的技术、优质的产品与市场销售不协调；品种种植与市场企业不协调；生产规模与销售市场不协调也不同程度的影响了产业的发展。

九是核心技术问题急需解决。优质、抗病、丰产黄瓜品种的需求；新建温室及旧棚室更新换代，对结构性能及节地、保温性能更好建筑材料的需求；越冬生产中秸秆生物反映堆应用人工挖沟，费时费力，需要研发开沟机；根结腺虫危害未能从根本上解决；棚室多年种植黄瓜出现的连作障碍未能得到有效控制；产品水资源日益匮乏对精准灌溉、施肥、用药技术的需求；提高土地利用率，促进增产增收高效生产模式的需求；产后加工、保鲜，仓储、物流环节需进一步完善。

十是缺乏示范引领。需要各级政府加大对黄瓜产业的资金及项目投入力度，建立高标准的园区作为产业发展的窗口，拉动产业快速发展。

（三）黄瓜产业发展重点任务

1. 建立蔬菜标准化生产体系

大力推广黄瓜标准化生产技术体系，大幅度提升生产效率和水平。一是加快技术创新与集成。主要包括：加快引进筛选适宜平泉的黄瓜优良品种，集成示范推广设施结构优化、集约化育苗、合理使用有机肥、水肥一体化、设施土壤消毒活化、病虫害绿色防控、机械化轻简栽培等技术，切实提高生态栽培水平。二是建设现代化蔬菜育苗场。进一步扩大已建成的现代蔬菜育苗场，使其育苗场年育苗能力提升到 2 000 万株以上，提高设备水平，提升育苗能力，满足全市及周边地区部分种苗需求。三是加快推进蔬菜生产的信息化。主要包括：建立蔬菜生产田间管理档案，生产者责任档案，蔬菜种植、加工处理、包装及销售信息的数字化编码，蔬菜生育周期的信息化管理，蔬菜质量安全追溯体系，实现蔬菜产品产销的可追溯。

2. 增强产业智慧化程度

加快新兴互联网、移动互联网、云计算和物联网等技术在黄瓜产业发展中的应用，促进“智慧蔬菜”产业的形成与发展。一是生产轻简化。开发和引进蔬菜田间管理机具和机械，提高机械化管理水平，降低劳动强度，降低用工成本。二是生产智能化。推动设施蔬菜应用“互联网+”，提高设施内环境指标自动化检测和调控能力，实现设施蔬菜的标准化、信息化、自动化、精准化管理。三是大力发展电子商务。支持电商、物流、商贸、金融等企业参与涉农电子商务平台建设，组织具有地方特色的“三品一标”蔬菜产品入驻，开展网上销售。探讨与电商合作，加入其鲜活农产品配送体系。建立健全适应农村电子商务发展需要的支撑服务体系，逐步扩大全市农村电子商务服务范围。发展大宗蔬菜产品网上企业对企业交易，推进龙头企业、合作社通过电子商务平台与采购商对接。四是大数据在蔬菜产业中的应用。抓住大数据产业园项目落地承德的机遇，组建承德市蔬菜产业大数据中心，实现土肥、植保、气象、测绘、农情监测、行业数据等共享，推行市场行情、种植技术指导等一站式服务模式。

3. 加大品牌建设力度

鼓励平泉市黄瓜生产经营单位注册商标，开展绿色食品和有机农产品认证。做强“平泉黄瓜”品牌，注册地理商标和地理标志登记。县级农业部门积极开展区域公用品牌打造，聘请专业团队，开展创意设计和文化挖掘，把黄瓜产品的个性化特征放大。推行公共品牌与企业商标并行使用，鼓励各主体把企业标准、产品质量、创意设计和企业（组织）文化作为核心竞争力，形成既相互合作又正当竞争的发展氛围。鼓励举办品牌推介和促销活动，支持龙头企业、农民合作组织等参加农产品博览会、展销会及招商活动，提高品牌的影响力，以品牌吸引消费，以名牌抢占市场。同时，进一步拓宽市场营销渠道，瞄准平泉黄瓜销售主攻市场——京津、东北三省和内蒙古、山西等国内市场以及俄罗斯等“一带一路”沿线国家，日本、韩国等国际市场，完善营销队伍和体系建设，支持培育黄瓜行业协会组织协调生产与营销，培养本区域有发展潜力的经纪人，提升新型经营主体内组外联闯市场能力，壮大营销队伍，拓展国内外高端市场。利用农产品博览会等渠道和电商平台、“互联网+”、“农超对接”等各种新兴手段，提高黄瓜在国内国际市场占有率。

4. 积极开拓多元化市场

一是加强品牌建设。培育区域特色的蔬菜品牌，注册并全力打造 1~2 个本市蔬菜区域共用商标，不断提升蔬菜产品的附加值和知名度。鼓励龙头企业同步推进优质农产品销售与品牌营销，加大蔬菜产品品牌的宣传推介力度，扩大承德蔬菜产品品牌知名度和影响力。二是拓宽销售渠道。鼓励本地龙头企业、专业合作组织“走出去”，积极发展直营销售，扩大产销对接，激励经营主体在京、津等重要消费市场地区建立直销配送网络；政策引导，引进京、津企业到承德建立产品供应基地和初加工基地，推动跨区域产业链的形成；组建承德市蔬菜产销联盟，吸收各类蔬菜经营主体加盟；继续抓好批发销售，建设现代化产地批发市场和现代化冷链物流体系。三是开发高端市场。大力开展绿色食品和有机农产品认证，提高高端产品比重。瞄准北京高端产品消费人群，发展有机蔬菜产品私人和集团定制。

5. 提升蔬菜产业服务水平

一是培育生产服务型组织。在蔬菜集群化发展基地，采用市场化机制，重点培育设施建造维护、设备开发租赁、病虫统防统治、投入品供应、集约化育苗、劳务派遣、农机作业、田头预冷、冷链运输和产品自检代理等专业机构，提高承接外包服务能力，为规模化园区降低生产成本、提高生产效益提供支撑。二是打造强有力的产业技术支撑力量。首先，组建承德市蔬菜产业技术联盟，联盟单位涵盖中国农业大学、河北农业大学、河北科技师范学院、河北省农林科学院、北京市农业局、北京市国家蔬菜研究中心、承德市农牧局、承德市农科院及县级农牧局等单位；其次，建立市级农业产业技术体系蔬菜创新团队，设立蔬菜岗位专家和综合试验推广站。

6. 加大各级政府扶持力度，强化政策保障措施

一是要加强对平泉市黄瓜产业发展的组织领导工作，形成省、市、县、镇统一领导、分工负责、协作配合的工作机制；建立目标责任制，将推进工作进度纳入各级各部门领导干部目标责任制，坚持责任到位、措施到位、投入到位，确保各项工作目标的顺利完成。二是要强化政策保障，坚持依法、自愿、有偿原则，鼓励农民通过转包、出租、互换、转让及入股等方式将土地经营权向新型农业经营主体依法有序流转；加强金融支持，满足新型经营主体贷款需求，开展政策性农业保险试点，市县农业部门要帮助龙头企业、专业合作社和生产大户申请蔬菜产业发展的信贷担保，争取信贷资金支持；加强各级财政资金专项扶持力度，支持鼓励“三品一标”的认证、知名品牌建设等，支持平泉黄瓜特优区建设。

二、昌黎县黄瓜产业发展

（一）黄瓜产业发展概况

昌黎县是全国570个蔬菜生产产能大县之一，2012年被农业部命名为“全国蔬菜生产大县”。该县有五大无公害蔬菜生产基地，分布在该县的靖安镇、新集镇、泥井镇、龙家店镇、城郊区、马坨店乡、荒佃庄乡等乡镇，种植基地均取得省级无公害认证。其中，黄瓜种植面积达2.20千公顷，总产量达39.48万吨，总产值达7亿元以上。马芳营旱黄瓜是该县主要种植的蔬菜作物，全部采用日光温室生产，基地主要位于该县的靖安镇、新集镇，已形成规模。该县蔬菜产业产值超过全县种植业产值的50%，旱黄瓜产业产值超过蔬菜产业产值的60%，在农业结构调整中，为农民增收、农业增效作出了显著贡献，已成为昌黎县的农业支柱产业。

（二）栽培模式及茬口分布

昌黎旱黄瓜栽培主要以设施栽培为主，露地栽培面积相对较小。其设施栽培茬口主要分为越冬一大茬和春秋两茬。其中，越冬一大茬一般在9月中旬播种，10月中旬定植，11月下旬始收，翌年6—7月份拉秧，上市期长达7个月；冬春茬在每年12月育苗，次年2—4月上市，6月拉秧，产量最大；秋冬茬在每年7月下旬—8月上旬育苗，9—12月上市，12月拉秧，产量是冬春茬的一半。

（三）市场建设及产品销售

昌黎县现有旱黄瓜交易市场3个，分别是秦皇岛（昌黎）农副产品批发市场、昌黎新集市场、昌黎靖安市场。秦皇岛（昌黎）农副产品批发市场1994年经国家内贸部批准，占地123 380平方米，建设总投资5 400万元，市场主营蔬菜、水果等农副产品批发。场内建有交易大厅4座，面积8 000平方米；商业用楼房160家，建筑面积37 410平方米；柏油路、停车场、露天交易市场面积62 000平方米及水、电、路等配套设施，并配有微机、传真机等到现代化通信、办公设备。开业运营以来，购销已形成规模，日参市人流量2万余人次，蔬菜、水果等农副产品日上市量100余万千克，年成效额达3亿元。场内现有各类贸易公司等经纪组织107家，市场辐射范围国内已达辽宁、吉林、黑龙江、内蒙古、山东、河南、福建、上海、湖南、江西、广东、广西、四川等地，国外辐射到俄罗斯等地，是秦皇岛范围大型农副产品集散地之一。昌黎县新集市场由昌黎县嘉诚实业集团有限公司1999年创立，占地面积6万平米，有恒温冷藏库、仓储库10 000平方米，速冻库2000平方米，全封闭交易大厅5 000平方米、半封闭交易厅15 000平方米、大小地磅等设施200余套。市场内拥有货栈近百家，摊位5 000余个，安排专职过磅员160余名，定时定点地为广大农户客商服务，全年交易额15. 06亿元，交易种类50余种，交易数量156. 8万吨。昌黎县靖安市场位于昌黎县靖安镇靖安街，2012年4月由昌黎县马芳营旱黄瓜市场服务有限公司创建，市场占地70亩，内设办公区、蔬菜交易区、结算中心、磅房、停车场、存储库房50多间，为了转型升级，扩大市场规模，公司又增建了冷库、包装箱厂（内设办公室、制作间、库房等设施），温室大棚骨架厂（内设办公室、厂房、库房等）。整个市场建筑面积近万平方米，总投资达600万元。旱黄瓜等蔬菜产品已远销京、津、冀、黑、吉、辽、蒙、晋等地，日销量在15万千克以上，年营业额超亿元。

（四）生产经营主体建设

昌黎县黄瓜生产已形成规模化种植，主要是以农户加入合作社的形式进行组织管理，有恒丰果蔬种植专业合作社、民联信诚果蔬种植专业合作社、嘉诚蔬菜种植专业合作社等蔬菜种植合作社80多家，农业龙头企业14家。其中，昌黎县恒丰果蔬种植专业合作社、嘉诚蔬菜种植专业合作社、民联信诚蔬菜种植专业合作社分别被评为省级、市级、县级示范社，嘉诚实业集团有限公司获得河北省农业产业化重点龙头企业。昌黎县旱黄瓜生产基地有 2 个大型的集约化育苗厂，年育旱黄瓜苗可达 8 000 万株，蔬菜产业产值超过全县种植业产值的 50%，旱黄瓜产业产值超过蔬菜产业产值的 60%。嘉诚现代农业示范园区主要以种植黄瓜、番茄、土豆等蔬菜品种为主，占地 600 万平方米，建有 4 000 平米现代化连动式育苗室 1 个，单栋育苗室 35 个，年育苗能力 5 300 万株，高标准日光温室 5 000 个。目前，有 3 个合作社与北京新发地、首农集团、北京天安集团等多家企业签订了高出市场价的直销合同，昌黎县还建起了 3 个电子商务平台，扣除投入成本，一个大棚一个冬季纯收入 5 万多元，已有 1 万多农户靠种黄瓜走上了富裕路。

（五）农业科技支撑

昌黎县现有副高级以上技术职称、从事蔬菜专业的人员 20 名以上，农业技术力量雄厚。从 2000 年至今，一直承担省、市各大农业推广项目，并圆满完成各项任务。同时，积极与河北科技师范学院合作立项，开始对马芳营旱黄瓜品种进行种子的提纯扶壮研究，特别是蔬菜课题组常年对该县蔬菜生产给予技术指导，制定了马芳营旱黄瓜等多个重点蔬菜品种的技术规程。2007 年提纯种子“绿岛”1 号研发成功，之后“绿岛”3 号、“绿岛”5 号提纯种子相继研发成功，2015 年，“绿岛”7 号提纯种子问世。目前，马芳营旱黄瓜 100%都是用最新的优质提纯种子，从根本上保证了马芳营旱黄瓜特有的品质。以嘉诚合作社为例，从县农业局、省果研所、河北科技师范学院聘请 4 名专家组成专家小组，为农民提供全面技术指导，深入基地解决农业生产和管理中的技术难题，2013 年先后举办各类技术培训 8 次，现场指导 22 次，培训农民 2 200 人次。

三、乐亭县黄瓜产业发展

（一）黄瓜产业发展概况

乐亭作为传统农业大县，素有“冀东粮仓”之称。2017 年，乐亭县蔬菜播种面积达 43. 33 千公顷，保护地蔬菜占地面积 21. 6 千公顷（日光温室 8. 38 千公顷、塑料大棚 8. 27 千公顷、中小棚 4. 95 千公顷），现已实现四季生产，全年供应市场，是冀东最大的设施蔬菜生产基地。其中，绿色蔬菜基地认证面积达 200 公顷，并逐步形成了以马头营镇为中心的万亩日光温室黄瓜生产区。蔬菜总产达 340 万吨，产值 39 亿元，其中外销 305 万吨，年创汇 1 900 万美元，蔬菜产值占全县农业总产值的 34. 82%。近年来，乐亭县通过实施省级蔬菜产业示范县、蔬菜标准园、国家蔬菜重点县等蔬菜项目，加快乐亭蔬菜向质量、效益、品牌等方式转变，实现规模化生产，品牌化经营，累计发展农民合作经济组织 297 个累计注册品牌商标 70 多个，有 65 个产品通过绿色食品认证，居全市首位。目前，黄瓜种植总面积 6. 2 千公顷，仅次于甜瓜，总产量 94. 4 万吨，面积及产量分别占比 15. 5%和 30. 3%。其中，温室生产面积 4. 75 千公顷，总产 76. 3 万吨；

春大棚春夏生产面积 0.37 千公顷，总产量 3.5 万吨；春大棚夏秋生产面积 0.52 千公顷，总产量 3.5 万吨。

（二）产业布局及茬口安排

乐亭甜瓜主要分布在马头营镇东石碑、西石碑、大庄、中石碑等村；胡家坨镇港东村、蛤蜊查村、大黑坨村、木一等村；汤家河镇小黑坨村、杨庄村、钟庄村、瑶各庄村等；闫各庄镇西双联村、大尖坨等村；汀流河镇刘狼窝、边流河、姚家房子等村；毛庄镇吴庄、松石庄等村。

乐亭县黄瓜种植茬口主要分为越冬一大茬和春秋两茬。其中，越冬一大茬集中上市时间为 12 月—翌年 6 月；冬春茬集中上市期 2—7 月；秋冬茬集中上市期 9—11 月。以越冬一大茬黄瓜种植为例，黄瓜种植总面积 6.2 千公顷，总产量 94.4 万吨，集中上市时间为 12 月—翌年 6 月。其年平均销售价格 4.8 元/千克，生产成本约 45 万元/公顷，生产效益约为 28 万元/公顷。

（三）市场建设及产品销售

冀东国际农产品物流有限公司是乐亭县最大的黄瓜交易市场，成立于 2012 年，注册资金 1 亿元，于 2016 年、2017 年被评为农业产业化国家重点龙头企业、河北省农业产业化重点龙头企业，公司经营范围主要包括市场经营服务，水果、蔬菜、畜产品、水产品、农业生产资料批发、零售，物业管理、普通货运、仓储服务、房地产开发经营、货物进出口等。冀东国际农产品物流中心项目是在冀东果菜批发市场基础上异地升级、增能扩容的项目，该项目占地 66 万平方米，建筑面积 52.4 万平米，投资 25.8 亿元，规划建设果菜交易区、进口水果交易区、珍稀皮毛交易区、农资农机具交易区、农产品加工区、仓储物流区、商贸区、农业科技推广区、经营者社区和回迁安置区。全部建成后，年可实现销售收入 50 亿元，利税 5 亿元，带动基地 75 万亩、农户 15 万户，必将产生显著的经济和社会效益。该项目被列为 2012 年省、市重点工程。

（四）生产经营主体建设

乐亭县现有龙头企业 100 多家，其中，国家级龙头企业 1 家，省级 5 家，市级 23 家。成立了农民合作经济组织联合会，发展和规范各类新型经营主体 200 多家，农业合作社达到 747 个，产业化经营率达到 76%。目前，全县共有 15 万农户从事蔬菜生产，并逐步形成了以马头营镇万亩日光温室黄瓜生产区，通过“公司+新型经营主体+农户”的产业化经营模式进行运营。

（五）农业科技支撑

乐亭县近年来加大在全县范围内对广大农户的培训，采取集中授课、现场指导、实际操作、发放资料等多种形式，有针对性地讲解专业技术，面对面地帮助群众解决生产中遇到的实际问题。一是开展基层农技推广，围绕黄瓜、甜瓜、设施桃、葡萄、韭菜等主要产业，聘请河北科技师范学院及省农科院专家针对技术员、示范户开展培训 6 次，培训人数 500 人次，分 4 次组织园区、合作社、技术员 700 人次赴山东、石家庄、廊坊考察现代农业；二是建立新型职业农民培训师资人才库；三是构建县乡村三级服务网络，搭建起了县农技推广中心、乡镇级区域站、村级技术员三级农技推广平台；四是建立常态化服务机制；五是建立资金科技储备更新平台；六是加强农业科技信息宣传工作。

四、永清县黄瓜产业发展

（一）黄瓜产业发展概况

永清县蔬菜生产面积达 25.67 千公顷，初步形成了深冬蔬菜、早春速生菜、秋延后果菜、露地菜四大特色蔬菜生产基地，生产品种达 13 大类 120 余个，总产量 183.7 万吨，蔬菜生产产值 18.51 亿元。其中，2017 年黄瓜生产面积 5.02 千公顷，产量 55.72 万吨，产值 7.1 亿元，占比分别达 19.6%、30.3%和 38.4%，产品主要销往北京及周边地区，从事该项生产活动的农户达 3.1 万人，主产区农民人均收入的 50%来源于黄瓜种植，人均收入达到 1.5 万元以上。

（二）茬口安排与产品类型

永清县黄瓜种植历史悠久，从 20 世纪 70 年代就有种植黄瓜的习惯。经过数十年的发展，形成了日光温室深冬一大茬、冬春茬、秋冬茬，塑料大棚早春茬、越夏茬、秋延后茬等多个生产茬口的生产习惯，种植品种以密刺类型的黄瓜为主，产品具有条形均匀、皮亮、刺密、味道甘甜等特点，深受京津外消费者的欢迎。

（三）基础设施与市场分布

从永清县黄瓜产业发展情况看，在种植基地建设方面已达到了规模化、标准化的生产基础，形成了周年生产、周年上市供应的局面，产品在京津地区有着固定的销售渠道。在黄瓜深加工方面，由永清县鲁英公司牵头，将品相下等的黄瓜进行腌渍加工，具备了年产千吨腌渍黄瓜的生产能力，其产品销往全国各地，产品市场增值潜力巨大。全县建有西河顺营、瓦屋辛庄两个黄瓜专业批发市场，市场交易总面积达到 5 000 万平方米，年交易量突破 55 万吨以上，产品行销北京、天津、内蒙古等地，增加就业岗位 500 余个，从事运输、收储的经纪人队伍达到 200 人以上。

（四）品牌建设与品牌影响力

2010 年成立了永清县蔬菜产业联合会，注册了县域内的共用品牌“永清蔬菜”，供其域内蔬菜企业无偿使用。品牌数量增速较快，由最初的 2 个发展到现在的 26 个，其中“中冀惠民”晋升为省级著名商标，“民盛源”确定为国家级著名商标，初步形成了以“翠仙”“中冀惠民”“双波”“民盛源”等一批为代表的新的蔬菜品牌，在京津市场取得了较高声誉。

（五）科技支撑与技术推广

永清县蔬菜管理局多年来与中国农业大学、河北农业大学、廊坊农林科学院等多家科研院所有密切的合作关系，开发引进推广了多项技术和品种。在新品种引进上，自20世纪90年代开始，先后引进了津绿、津优、博美系列黄瓜新品种60个以上，每公顷平均产量达到了15万千克以上，提高了20%以上；更新品种的同时，在技术上也进行了改进，示范推广了膜下滴灌，防虫网阻隔、黄板诱杀、秸秆生物反应堆、配方施肥、微生物土壤改良、病虫害综合防治等技术，黄瓜商品率提高了10个百分点，商品性状更适合市场需求，为提高品质、增加产量奠定了技术基础，标准化生产技术普及率达到了90%以上。

（六）政策支持与资金安排

在主导产业发展政策上，按照一县一业、发展特色农业的思路，永清县把蔬菜产业确立为优先发展的主导产业，制定了《永清县2016—2020年蔬菜产业发展规划》，为永清蔬菜发展确定了目标。按照“扩规模上设施，壮龙头活机制，创品牌拓市场，提质量增效益，抓示范强带动”的总体要求，加快推进蔬菜产业发展方式转变，确保全县蔬菜产业又快又好发展的发展思路；以园区建设为抓手，坚持规划引导，成方连片规模发展，提升产业集中度；以科技为支撑，大力推广生态、环保的现代农业技术；以发展专业合作社为重点，进一步提升农民组织化程度；以加工企业建设为突破口，着力打造绿色、有机品牌，开拓高端市场；完善产业体系，实现质量效益双提升；在资金扶持方面，先后引进了部级标准园、现代蔬菜产业园、现代农业生产发展等资金扶持项目，重点打造了集约化育苗基地、蔬菜农产品冷链物流、蔬菜深加工等产业关键环节，累计投入财政资金2 000余万元，为永清县黄瓜产业持续发展奠定了后劲。

五、青县黄瓜产业发展

（一）黄瓜产业发展概况

青县是河北省蔬菜生产大省，其蔬菜产量已位居全省第三位，蔬菜品种丰富，有甜瓜、黄瓜、辣椒以及各种叶菜等特色蔬菜，被誉为“全国蔬菜产业重点县”。2017年，全年瓜菜播种面积达到30千公顷，其中设施菜面积达到21.33千公顷，蔬菜年产量达到230万吨，产值59亿元，占农业总产值的70%以上。其中，黄瓜年种植面积达到4.67千公顷，产量53.9万吨，供应时期主要集中在4—7月及9—10月，日供应量可达5 000吨，产品销往周边14个省市区，被誉为“华北黄瓜第一乡”。2016年，在首届京津冀产销大会上，“青县黄瓜”入选河北省十大类单品蔬菜基地。

（二）茬口安排与栽培模式

青县黄瓜栽培主要以设施栽培为主，露地栽培所占比例相对较小。其中，设施栽培主要以日光温室越冬一大茬为主，其上市时间为 10 月下旬—翌年 4 月，上市期长达 6 个月，塑料大棚春夏秋茬、塑料大棚秋延后茬分别在每年 3 月中旬、6 月下旬—7 月定植，4 月中旬—5 月、7 月下旬—8 月上市。露地栽培以露地春茬、露地秋茬为主，上市时间集中在 6 月下旬—7 月下旬、9 月上中旬左右（表 6-2）。

表 6-2　青县黄瓜生产茬口分布情况

茬口安排	育苗时间	定植时间	上市时间	拉秧时间
日光温室越冬茬	7 月—8 月	9 月中旬—10 月	10 月下旬至翌年 4 月	翌年 5 月至 6 月
塑料大棚秋延后	4 月下旬—5 月	6 月下旬—7 月	7 月下旬—8 月	10 月下旬—11 月上旬
塑料大棚春夏秋一大茬	2 月中旬	3 月中旬	4 月中旬—5 月	9 月中下旬
露地春茬	3 月上中旬	4 月中下旬	6 月下旬—7 月下旬	8 月上中旬
露地秋茬	7 月上中旬	直播	9 月上中旬	10 月

（三）品牌建设与影响力

青县共有蔬菜品牌 14 个（青青、利财、福鑫家园、耿官屯、运西、明杰、硕香、宏青、青欣家园、大司马、黄三郎、翠朴原、锦荣源、怡鑫斋），其中河北省著名商标 5 个（利财、青青、耿官屯、福鑫家源、大司马）。59 个蔬菜产品获得绿色食品和无公害产品认证；全县注册蔬菜商标 31 个，“大司马”被认定为中国驰名商标，青青、福鑫家园等 5 个商标被认定为河北省著名商标；青县黄瓜基地入选河北十大蔬菜单品生产基地。

（四）生产经营主体

2017 年，青县蔬菜经营主体中家庭农场 37 个、合作社 640 个、蔬菜加工企业 12 个，其中市级蔬菜加工企业 2 家。以青县清州镇司马庄村为例，司马庄村辖区内土地面积 472.88 公顷，总人口 1 800 人，水域面积 24 公顷，蔬菜种植面积 200 公顷，园区拥有总资产 3 936 万元，四层科技研发楼 1 座、工厂化育苗车间 1 个、高效日光温室 150 个，新建温室 18 栋、连栋大棚面积 2.53 公顷，引进国外新型气象监测设备 2 套，投资 100 多万元购置蔬菜质量检测设备 1 套，司马庄绿豪农业合作社生产的蔬菜在青县极具代表性，其绿色特色蔬菜种植远近闻名。全县蔬菜专业合作社已达到 150 个，入社社员达到 20 000 余户，其中广旺、根枝叶、顺西、明杰、鑫丰等合作社为沧州市级示范社和市级龙头企业，振西、齐发合作社为省级示范社，绿豪合作社为国家级示范社。现代农业园区建设效果显著，依托雄厚的蔬菜产业基础，青县突出加强蔬菜园区建设，通过规范土地流转、统一规划设计、整合项目资金、加大财政投入等措施，园区建设取得显著成效，现已建成了司马庄、张广王、齐营、孙召庄千亩以上标准化蔬菜基地4个，西抛庄、堤下头、北柳、后吴召、前仔仪等蔬菜百亩园20余个，已建成省级现代农业园区2个（青县现代农业观光园、青县大司马现代农业园区），市级现代农业园区2个（青县农场现代农业园区、青县航天未来现代农业园区），青县也成为沧州市唯一一个拥有两个省级农业园区县。到目前，两个省级园区的建成区面积已达到7万亩。此外，青县积极培育家庭农场，全县已在工商部门注册的家庭农场有157家，其中经农业部门认定的县级示范家庭农场37家，市级家庭农场9家，省级家庭农场2家。

六、馆陶县黄瓜产业发展

（一）黄瓜产业发展概况

馆陶县位于河北南部，是典型的平原农业县，也是全国蔬菜生产重点县、中国黄瓜之乡、中国优质黄瓜生产示范基地。截至2017年，全县蔬菜种植面积达到12.4千公顷。其中，黄瓜种植面积7.73千公顷，产量65.2万吨，产值达到12.2亿元；近三年新增种植面积8万亩，新增总产64万吨，新增产值14.4亿元；绿色黄瓜产品年产量10万吨，占黄瓜总产量的11.4%；通过技术创新发展特色优势黄瓜产品8万吨，占黄瓜总产量的9.1%。

（二）栽培模式及茬口安排

馆陶县黄瓜设施栽培面积达到7.07千公顷，占全部黄瓜种植面积的93%。其中，日光温室21 580栋，占地4.05千公顷，占黄瓜种植总面积的52.2%；大拱棚达到2.13千公顷，占地32 000亩，占黄瓜种植总面积的27.5%；小拱棚1.03千公顷，占黄瓜种植总面积的13.3%；露地种植0.53千公顷，占黄瓜种植总面积的7%。就种植茬口而言，日光温室冬春茬、日光温室秋冬茬、日光温室越冬茬多以采摘为主，普通农户及小型园区栽培相对较少。塑料大棚早春茬、塑料大棚秋延后茬为设施栽培的主要生产方式及茬口，早春茬上市时间集中在每年4月下旬—7月，秋延后茬上市期集中在每年9月下旬—11月上旬。受地区温度相对较高影响，其露地栽培以露地春茬、露地秋茬为主，上市期分别在每年6月下旬—7月下旬、9月上中旬左右（表6-3）。

表6-3　馆陶县黄瓜生产茬口分布情况

茬口	育苗时间	定植时间	上市时间	拉秧时间
日光温室冬春茬	12月中下旬	2月上中旬	3月中上旬—6月	8月下旬

（续表）

茬口	育苗时间	定植时间	上市时间	拉秧时间
日光温室秋冬茬	8月中下旬—9月初	9月中下旬	10月中下旬—翌年4月	翌年5月上中旬
日光温室越冬茬	9月中旬—10月中旬	11月上中旬	11月上旬—6月	8月上中旬
塑料大棚早春茬	2月上中旬	3月下旬—4月初	4月下旬—7月	7月下旬
塑料大棚秋延后	7月下旬	直播	9月下旬—11月上旬	12月上中旬
露地春夏秋一大茬	3月上中旬	4月中下旬	6月下旬—7月下旬	8月上中旬

（三）品牌建设与影响力

馆陶县现有“东龙”“金凤”“魏徵”“馆青”“华野庄园”“北科”“常青花卉”“亚超”等13个河北省著名商标。2013年10月，馆陶“魏徵牌”黄瓜获中国绿色食品（青岛）博览会畅销产品奖，是邯郸市唯一获此奖项的蔬菜产品；2014年8月，馆陶县被农业部优质农产品中心授予“全国优质黄瓜生产示范基地”；2014年12月馆陶县被中国蔬菜流通协会授予“中国黄瓜之乡”、核心区2015年馆陶黄瓜列入中国好食材名录；2016年被评为河北省“五星级休闲农业采摘园”；“魏徵”“馆青”商标多次被评为河北省著名商标；“馆青”牌黄瓜连续3年获得第十五届、第十六届、第十七届中国绿色食品博览会“金奖”、连续3年荣获“河北名牌”产品称号。

（四）生产主体与经营模式

馆陶县现拥有部级蔬菜标准园2个，省级蔬菜产业园1个，省级农业园区1个，县级农业园区4个，蔬菜产业是全县农村经济优势产业之一，是农民经济的重要来源。其中，万亩黄瓜示范区一个（程庄万亩黄瓜示范区）；五千亩黄瓜示范园3个（魏僧镇黄瓜标准园、馆陶镇黄瓜标准园、南徐村乡黄瓜标准园）；千亩以上黄瓜种植园区30个；蔬菜园区全部由合作社、公司引领生产，实现了规模化种植、标准化生产、品牌化销售。全县农民人均来自黄瓜产业的收入达到4 000元以上，使黄瓜产业成为促进农业增效、农民增收的主要渠道。

馆陶县现代农业园区于2015年被河北省人民政府确定为省级现代农业园区。黄瓜产业园是现代农业园区的核心区，该产业园占地1 000公顷，主要覆盖翟庄、浅口、陈范庄、塔头、蔡范庄、沿庄、韩范庄、南董固、西董固等村，主导产业是绿色设施黄瓜的种植、加工及销售。黄瓜产业园现建有日光温室3 600株、大拱棚2 300株，蔬菜深加工厂一座，黄瓜专业市场2个。建成占地160万平米“中国黄瓜采摘苑”一个，“采摘苑”2014年全部通过绿色认证，认证绿色蔬菜产品6个。由馆陶县蔬菜服务协会引领创建的“中国黄瓜采摘苑”位于馆陶县寿山寺乡翟庄、浅口村，距青兰高速馆陶出口 8 千米，交通便利；黄瓜种植面积 160 万平方米，现有日光温室 815 栋，大拱棚 220 栋，智能温室 5 000 平方米，是一个集种植采摘、休闲、娱乐、文化、餐饮、住宿和观光旅游于一体的“一站式”采摘苑。采摘苑内种植了世界各地黄瓜品种 105 个，包括水果黄瓜、旱黄瓜、玉脂黄瓜、金童黄瓜、玉女黄瓜等品种。采摘园建设了游客中心、黄瓜种植大学、黄瓜博物馆、黄瓜餐厅、金童玉女湖、休息亭、观光台、儿童游乐场、黄瓜知识长廊、百花园、樱花园，停车场、观光车等配套设施建设齐全。达到了三季有花、四季常绿、全年采摘的效果。同时配备了消防车、120 医疗救护车等应急救援设施。采摘苑内实现了“农业投入品的采购、供应，生产质量安全，技术培训，统一品牌、包装、销售”的四统一；实行了“五统一管理”（统一品种种植、统一农药使用、统一标准生产、统一质量检测、统一标识销售），为确保园区产品质量莫定了基础。2016 年在“采摘园”调查，6 个科技户平均亩产 2. 3 万千克，亩产值 54 324 元，最高产量达到 3. 18 万千克，亩产值 65 475 元，涌现出多个亩产值超过 7 万元的典型户，天津科润黄瓜研究所所长杜胜利称之为“中国黄瓜栽培的典范”。中国黄瓜采摘苑与“翟庄黄瓜小镇”有机结合在一起，赋予了采摘苑丰富的文化内涵，创造出了具有馆陶地域特色的旅游文化，实现了“园区变景区，田园变公园，商品变礼品，菜游一体化”的目标。

（五）政策及科技支撑

2014 年馆陶县政府把发展黄瓜生产作为馆陶农业经济的重头戏来抓，出台了《三年建成全国优质黄瓜产业基地县的实施意见》。以县政府名义聘请侯锋（中国工程院院士）、李加旺（研究员，国家有突出贡献专家）、吕淑珍（研究员，国家有突出贡献专家）、孙茜（河北农科院植保所研究员）为技术顾问，每年引进黄瓜新品种、新技术 10 项以上。县政府成立以县长盂凡雄为指挥长的“馆陶县三年建成全国优质黄瓜产业基地指挥部”，把建设黄瓜基地县作为“一号工程”和“一把手工程”来抓。县财政设立“黄瓜生产奖励基金”每年 50 万元，年初将奖励资金列入财政预算，专项支持黄瓜产业发展。

与此同时，为促进馆陶蔬菜产业发展，县政府设立了馆陶县蔬菜办公室，负责全县蔬菜的生产技术、销售和管理监督、检查工作。近几年，为了培植特色品牌，对黄瓜生产基地进行了集中规划布局，使其向专业化、规模化、区域化方向发展。推广了津优 518 号、津优 303 号、津优 35 号、津优 307 号、津优 36 号等黄瓜新品种 28 个，引进示范种植了荷兰 8 号、翡翠、月脂、绿岛系列、戴多星、金童、玉女等 105 个黄瓜新品种，推广了工厂化育苗技术、黄瓜病虫害生态防治技术、温室补光灯技术、温室平衡施肥技术、棚内玉米秸秆覆盖技术等设施生产集成栽培技术。以设施黄瓜产业发展为重点，充分发挥本地的自然优势和传统优势，按照产业化经营的思路，积极主动引进部分外地技术人才，培养了一批懂技术、会管理的农民技术人员，并与北京、石家庄、济南、寿光、牡丹江等大中城市建立了信息和销售合作关系，还与以色列海泽拉优质种子公司、天津科润黄瓜研究所、荷兰瑞克斯旺（中国）有限责任公司、西班牙农业技术集团北京办事处、河北省农科院、邯郸市农科院及山东一些种子经销单位建立了良好的合作关系，引进了一系列优质蔬菜品种，获得了良好效果。几年来馆陶县蔬菜办公室重点实施了农业部蔬菜标准园（赵官寨标准园、赵庄村标准园、中康供京津蔬菜示范园）创建项目、河北省现代蔬菜产业园（翟庄蔬菜种植园）创建项目，馆陶县地下水超采蔬菜膜下滴管节水项目，馆陶县现代农业园区一二三产融合项目，馆陶县省级现代农业园区建设项目，馆陶县万亩优质蔬菜建设项目，馆陶县农业清洁生产项目等项目的实施工作，积累了丰富的项目实施经验。

中　篇

甜瓜产业研究

第七章　甜瓜产业研究导论

一、研究背景和意义

（一）研究背景

随着人们收入的增加和消费结构的改变，人们在日常消费中水果的占比逐年增加。甜瓜作为重要的瓜果作物，在我国农业生产中占据重要的生产地位。近年来，我国甜瓜产业发展迅速，内地 31 个省、自治区、直辖市均有种植，是全球甜瓜生产与消费第一大国。2016 年，我国甜瓜播种面积已超过烟草、药材等经济作物，达到 48. 19 万公顷，总产量 1 635 万吨。随着农业现代化进程的推进以及城镇居民消费升级的带动，甜瓜产业发展面临诸多机遇与有利条件，并逐步向区域化、规模化、优质化、品牌化发展，多个市县将甜瓜产业作为农业主导产业重点培育，并形成华东、华中、西北三大产区以及河北青县、山东莘县、新疆生产建设兵团第六师等主产县区。在甜瓜产业快速发展同时，水土资源约束、自然灾害与病虫害、生产成本持续上升以及市场价格波动频繁等问题使甜瓜产业面临严峻挑战。

目前，中国正处于农业绿色发展的关键时期，农业资源约束趋紧和环境污染两大突出问题已经成为农业绿色发展的瓶颈，引起了政府和人民的高度重视。2018 年 7 月我国农业农村部发布的《农业绿色发展技术导则（2018—2030 年）》中明确提出，农业绿色发展将是农业发展观的一场深层次革命，要以绿色发展引领乡村振兴。对于甜瓜产业而言，生瓜上市、甜瓜膨大剂等质量安全事件的屡次发生，影响到产业良性发展，因此要求甜瓜产业积极推进生产方式转变，由重视产量向重视质量转变，由重视销量向重视销路转变，重视农业生态环境保护，实行绿色生产，提高资源利用率。

河北省甜瓜产业推广应用绿色技术是必然趋势。然而，甜瓜种植户在生产过程中往往以经济效益为中心，为了追求较高的经济效益，甜瓜种植户盲目增施化肥、农药以及农膜等，给甜瓜绿色生产带来了较大的阻碍。因此，推进河北省甜瓜产业绿色发展，理念必须先行，在甜瓜种植过程中融入农业绿色发展理念，利用绿色生产技术进行高效种植，不仅可以推动产业纵向一体化及甜瓜产业绿色高质量发展，为消费者提供绿色优质农产品，也可以发挥产业横向带动示范效应，形成可复制、可推广的农业绿色发展模式。

近年来，随着河北省甜瓜产业规模的不断扩大，已形成唐山、衡水、沧州、邢台等甜瓜主产区，并涌现出青县羊角脆等一系列优势地方甜瓜品种，在省内外市场形成一定的影响力。但受甜瓜产业市场价格波动频繁、生产成本持续上升等因素影响，甜瓜市场供求仍存在不稳定因素，影响瓜农收入水平提升与产业可持续发展能力。因此，深入分析河北省甜瓜产业布局、各主产区优势特色、市场价格波动趋势以及农户绿色生产意愿，将为河北省甜瓜产业区域化布局、绿色化生产、产业化发展提供重要的依据。

（二）研究意义

河北省作为我国甜瓜主产区，从2018年开始，河北省将甜瓜产业作为特色优势农业产业进行重点扶持，对甜瓜品种提纯复壮、轻简栽培、高效栽培技术、绿色生产模式创新、采后商品化存贮与加工等系列工作，在推广过程中取得了多项突破性的进展，为甜瓜产业规模化种植、标准化生产、产业化经营提供技术支撑。通过对河北省甜瓜产业各生产环节与主产市县的追踪与调研，深入分析河北省甜瓜产业布局、生产模式、绿色生产能力与市场价格波动，并提出促进甜瓜产业发展的对策建议，对河北省甜瓜产业未来发展方向的确定具有一定参考意义。具体研究意义如下：

一是通过全面掌握河北省甜瓜绿色生产现状，分析目前河北省甜瓜种植过程中绿色生产物质要素投入（化肥、农膜、农药以及农家肥亩均施用量）及废弃物综合利用情况等，对种植户甜瓜绿色生产意愿与行为选择问题进行研究，对整个河北省乃至全国农业绿色发展推广起到了重要的借鉴和创新意义；二是通过对甜瓜近年来市场价格的持续追踪，分析判断不同品种、不同月度、不同年度间甜瓜价格之间的关系，为甜瓜品种、茬口安排提供参考。三是通过对甜瓜主产县生产基本情况、甜瓜品种布局、产业发展特点的归纳整理，有助于河北省充分利用各主产县（区）资源优势与产业优势，引导建设优势甜瓜产业聚集区，打造功能定位明确的甜瓜产业新格局。

二、研究内容

本书以农户行为理论、生态农业理论等为支撑，根据实地调研数据，对河北省甜瓜产业生产布局、市场形势、主产区域进行了比较系统的研究，一方面，从宏观层面对河北省甜瓜产业总体情况与主产县区进行描述性统计与分析，另一方面，从微观层面对甜瓜种植户绿色生产意愿与行为选择进行影响因素分析，并基于实证研究结果提出改变传统农业发展方式、实现河北省甜瓜产业高质量发展以及推广有机肥替代化肥、增强甜瓜产业绿色技术支撑等对策建议。并通过对甜瓜市场行情进行追踪与趋势判断，寻找甜瓜市场价格规律。主要研究内容如下。

1. 河北省甜瓜产业发展现状分析

本部分首先通过查阅《中国统计年鉴》与《河北省经济年鉴（2017）》国家统计局统计资料等相关资料，从种植面积、单产、产值、品种、种植效益等方面分析生产基本情况。其次，通过实地调研发放问卷的形式对甜瓜成本收益进行分析，描述了河北省甜瓜生产过程中化肥、农药、农膜等要素投入资金与投入量，并与河北省其他甜瓜主产区和其他相关的经济作物进行了对比分析。

2. 河北省甜瓜种植户绿色生产意愿与行为调查

研究中以河北省甜瓜种植户的调查样本为主，从微观视角，分析了目前河北省甜瓜种植过程中的物质要素投入情况，包括化肥、农膜及废膜利用情况、有机肥替代化肥技术采纳以及甜瓜秧处理方式等绿色生产的认知和行为选择。

3. 农户绿色生产意愿与行为的影响因素研究

以计量经济学与行为经济学相关知识，在河北省甜瓜种植户调查数据的基础上，将有机肥替代化肥的采纳意愿和行为选择作为因变量，运用 Logistic 模型，对于河北省甜瓜种植户进行绿色生产意愿与行为选择的影响因素进行实证分析。

4. 河北省年甜瓜价格变动特征分析

选取浙江、山东、新疆等甜瓜主产省（区）与河北省甜瓜价格进行比较，判断河北省甜瓜产业价格竞争力；同时对河北省乐亭、青县等甜瓜主产区产地市场价格进行对比，分析河北省甜瓜价格区域差异；最后对不同品种甜瓜价格进行比较，寻找市场更为青睐的甜瓜品种。

5. 甜瓜特色优势区现状调研

选取乐亭、青县、安次、新乐四个河北省甜瓜主产区，对各产区自然资源、技术水平、主要品种、政策扶持等进行归纳与总结，发现河北省甜瓜优势产区存在的问题及未来需要面对的挑战。

三、研究方法与创新之处

（一）研究方法

本文在实地调研和阅读相关文献基础上，利用归纳和演绎等逻辑思维方法，构建研究框架，运用定性与定量相结合的方法，发现隐藏在数据下的经济发展规律，并且通过模型进行验证，最后进行归纳总结，得出研究结论。具体方法如下。

1. 典型调查法

为了解目前河北省甜瓜种植户生产的实际种植情况，对全国十大甜瓜主产省份以及河北省内青县、饶阳、安次、乐亭四大甜瓜特色优势产区的种植户进行典型调查，并对每个调查村选取代表性突出的种植户进行深度访谈，掌握其甜瓜生产前期化肥、农药、农膜以及农家肥等物质要素投入的数据信息，以保证研究的真实性与准确性。

2. 归纳分析法与比较分析法相结合

在研究过程中，首先在理论与实践层面与国外发达国家农业绿色发展进行比较，借鉴其经验，找出自己的不足。通过走访全国各甜瓜主产区吸取经验，进行前瞻性分析。综上所述，本文借鉴一些有效的方法，形成一套有效的河北省甜瓜产业绿色发展模式分析和评价的方法体系。

3. 计量分析法

通过建立河北省甜瓜种植户绿色生产指标体系，将影响因素作为因变量进行数字化处理，通过对于调查问卷进行数据整理与统计，对各因变量赋值，最后利用二元离散选择模型进行了影响因素分析。

（二）创新之处

本研究的创新之处主要体现在以下两个方面。

一是研究视角的创新。目前文献中对于农户种植行为的研究很多，但大多是将意愿和行为进行单独研究，基于农户的研究视角下引入种植户绿色生产意愿选项，并与种植户近年来的行为趋势进行对比分析，论证种植户在绿色生产过程中确实存在意愿与行为偏差。

二是研究方法的创新。本书根据详实的第一手调研数据，采用 Logistic 模型基于农户视角对河北省甜瓜绿色生产行为、意愿选择等影响因素进行实证分析是本书的重要特色；本书在应用计量方法的同时，更注重比较分析农户行为背后的资源和社会约束条件。

四、相关概念界定

（一）农业绿色发展

党的“十八大”以来，绿色发展理念已经逐步融入到农业农村发展各个方面，我国农业绿色发展综合水平显著提升。为了表述准确，将“绿色农业的发展”与“农业绿色发展”两个概念进行区别：第一，“绿色农业的发展”中的“绿色农业”是指农业生产的发展路径，会以系统科学的指标体系作为支撑，而“绿色农业的发展”表示绿色农业会随着时间的推移而给出新的定义。第二，“农业绿色发展”有“农业发展”和“绿色发展”两个方面的要求，概念本身更加注重“发展”，具有一定的动态性和方向性。由此可知，“农业绿色发展”更能准确表达未来农业的发展方向和发展要求。随着现代农业的不断发展，“农业现代化”和“农业可持续发展”这两个概念将会融入到“农业绿色发展”这一新的发展要求中去。

（二）意愿与行为选择

“意愿”通常是指个体主观性思维活动，即个人本身对于所发生事件的观点或见解；而行为选择往往是指个体参与的实际社会活动，是受主观思维所引导控制而直接做出的外部行动。概括起来，个体的实际行动主要受外在因素和内在因素影响。其中，外在因素主要是指客观存在的社会环境以及生态环境等，内在因素主要是指人的主观意识、观点等内部心理活动。因此，对人的行为选择起直接支配作用的是人的主观意愿和内在动力，即人的行为选择受意愿所支配。

第八章　河北省甜瓜产业发展现状分析

一、河北省甜瓜生产现状

近年来，我国甜瓜生产面积基本保持稳定，产量平稳略增。在 2007—2016 年间，全国甜瓜种植面积由 35. 7 万公顷增加到 48. 19 万公顷，增长了 34. 98%；产量从 1 034 万吨增加到 1 635 万吨，增长了 58. 1%，单产维持在 32. 37 吨/公顷的水平（图 8-1）。纵向对比甜瓜产业大省，河北省不论在产量、面积、单产均居全国前列，在全国甜瓜产业中地位不可动摇。2016 年河北省甜瓜总产量为 122 万吨，占全国（1 635 万吨）的 7. 46%，位于新疆（292 万吨）、山东（230 万吨）、河南（211 万吨）之后，位居第四；甜瓜种植面积达 22. 05 千公顷，占全国（49. 18 万公顷）的 4. 48%，位于新疆（82. 21 千公顷）、河南（52. 42 千公顷）、山东（49. 05 千公顷）之后，位居第四，单产为 55 362 千克/公顷，位居全国第一（表 8-1）。

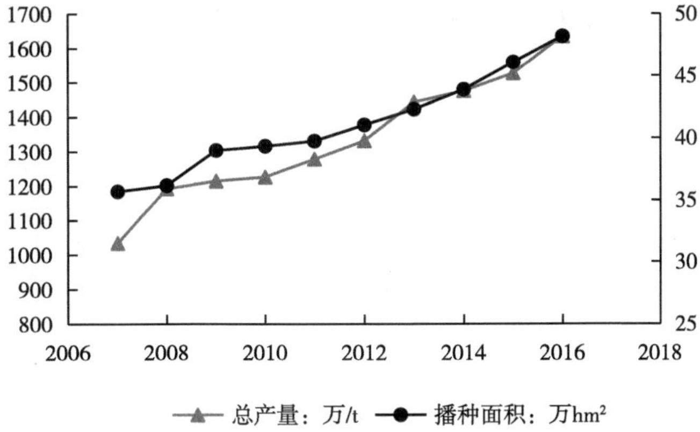

图 8-1　2007—2016 年中国甜瓜播种面积与产量

数据来源：《中国农业统计资料》整理所得

表 8-1　2001—2016 年我国甜瓜主产省排名情况　（单位：万；千公顷）

产量排名	2005 年			2010 年			2016 年		
	省份	产量	面积	省份	产量	面积	省份	产量	面积
1	山东	145. 49	40. 48	新疆	222. 58	69. 44	新疆	292	82. 21

（续表）

产量排名	2005年			2010年			2016年		
	省份	产量	面积	省份	产量	面积	省份	产量	面积
2	河南	120.50	41.43	河南	185.79	49.46	山东	230	49.05
3	新疆	95.58	36.02	山东	182.37	44.33	河南	211	52.42
4	黑龙江	88.33	41.78	河北	65.72	15.42	河北	122	22.05
5	吉林	48.23	20.47	黑龙江	62.25	23.54	内蒙古	80	23.94
6	内蒙古	43.41	12.85	江苏	59.36	21.18	江苏	76	26.95
7	江苏	42.36	17.46	内蒙古	57.91	15.39	陕西	73	21.39
8	河北	38.65	11.39	辽宁	48.23	13.04	黑龙江	69	23.75
9	湖北	38.23	14.25	吉林	48.11	19.63	安徽	63	19.74
10	安徽	35.75	14.03	安徽	43.59	14.17	吉林	52	19.39

数据来源：《中国农业统计资料》整理所得

（一）播种面积持续增加

从河北省内甜瓜播种面积变动情况看，2001—2016年，河北省甜瓜播种面积持续增加，由2001年的13.03千公顷攀升至2016年的22.05千公顷，上涨幅度高达40.91%。其整体呈现上涨态势，但2002年、2004年、2005年、2007年和2009年出现不同幅度下降，其降幅分别为-6.68%、-14.96%、-4.61%、-3.85%和-0.14%，可以发现下降幅度逐渐减少。2010年以后，河北省甜瓜播种面积持续增加，2015年河北省甜瓜播种面积达22.3千公顷，其涨幅为近16年最高（图8-2）。

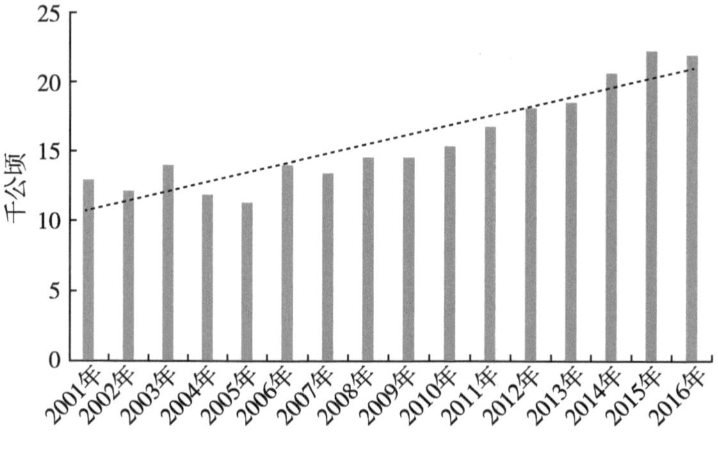

图8-2　2001—2016年河北省甜瓜播种面积走势变动

数据来源：《中国农业统计资料》整理所得

将河北省与全国甜瓜播种面积对比发现，2001—2016年，河北省甜瓜播种面积在全国甜瓜播种面积所占比例呈稳定上涨态势，截至2019年，河北省甜瓜播种面积在全国的占比情况呈现明显的“V”形，表现出一年升一年降的变动特征，表明甜瓜播种面积波动比较频繁，杠杆效应不明显。除 2002 年占比为 3.31%，2015 年占比为 4.84%以外，其他年份占比均保持在 3.36%~4.72%（表 8-2）。

表 8-2 河北省甜瓜播种面积与全国甜瓜播种面积所占比例（单位：千公顷;%）

年份	河北省甜瓜播种面积	全国甜瓜播种面积	占比
2001 年	13.03	329.91	3.95
2002 年	12.16	366.84	3.31
2003 年	14.04	355.38	3.95
2004 年	11.94	319.42	3.74
2005 年	11.39	338.94	3.36
2006 年	14.03	346.42	4.05
2007 年	13.49	356.98	3.78
2008 年	14.56	361.66	4.03
2009 年	14.54	389.74	3.73
2010 年	15.42	393.26	3.92
2011 年	16.9	397.43	4.25
2012 年	18.14	410.37	4.42
2013 年	18.6	423.1	4.40
2014 年	20.7	438.9	4.72
2015 年	22.3	460.9	4.84
2016 年	22.05	481.9	4.58

数据来源：《中国农业统计资料》整理所得

总体来看，近 5 年来，各甜瓜主产省总播种面积在全国所占比例呈小幅度波动性下降态势，由 72.42%降至 70.7%。横向比较河北省、新疆维吾尔自治区（以下称新疆）、山东省、河南省和内蒙古等 10 个甜瓜主产省播种面积，发现 2012—2016 年河北省甜瓜播种面积稳中有升，基本维持在 20.35 千公顷左右，占全国年均总播种面积的 5%，2016 年河北省甜瓜播种面积位于新疆、河南、山东之后，位居第四。其中连续五年排名全国第二位的河南省甜瓜播种面积由 49.02 千公顷增至 52.4 千公顷，涨幅为 6.8%，5 年平均播种面积 49.27 千公顷，约为河北省的 2.2 倍（表 8-3）。

表 8-3 甜瓜主产省播种面积对比（单位：千公顷;%）

区域	2012 年	2013 年	2014 年	2015 年	2016 年	平均播种面积
河北省	18.14	18.6	20.7	22.3	22.05	20.35
新疆	63.12	66.1	66.7	81.8	82.2	71.99
山东省	49.54	48.9	49.1	49.7	49.1	49.27
河南省	49.02	49.1	47	48.8	52.4	49.27
内蒙古	21.58	22.6	24.9	20.2	23.9	22.63

（续表）

区域	2012 年	2013 年	2014 年	2015 年	2016 年	平均播种面积
江苏省	22. 07	23	24. 6	28. 1	27	24. 95
陕西省	17. 33	14. 8	16. 6	21. 9	21. 4	18. 41
黑龙江省	20. 12	23	19. 6	16. 8	23. 8	20. 67
安徽省	15. 82	17. 2	17. 8	19. 4	19. 7	17. 99
吉林省	20. 47	20. 6	18. 9	17. 1	19. 4	19. 29
合计	297. 21	303. 9	305. 9	326. 1	340. 95	316. 82
全国	410. 37	423. 1	438. 9	460. 9	481. 9	442. 97
占比	72. 42	71. 83	69. 70	70. 75	70. 7	71. 52

数据来源：《中国农业统计资料》整理所得

（二）甜瓜产量平稳略增

从河北省内甜瓜产量变动情况看，近 16 年来，受播种面积快速增长影响，河北省甜瓜产量逐年升高，由 2001 年的 31. 77 万吨涨至 2016 年的 122 万吨，涨幅高达 284%。除 2004 和 2007 年产量下降、降幅为 0. 17%和 0. 04%（图 8-3）外，其他年份均保持小幅度增长，涨幅维持在 0. 04%~0. 18%，2006 年涨幅最高，达 0. 34%。

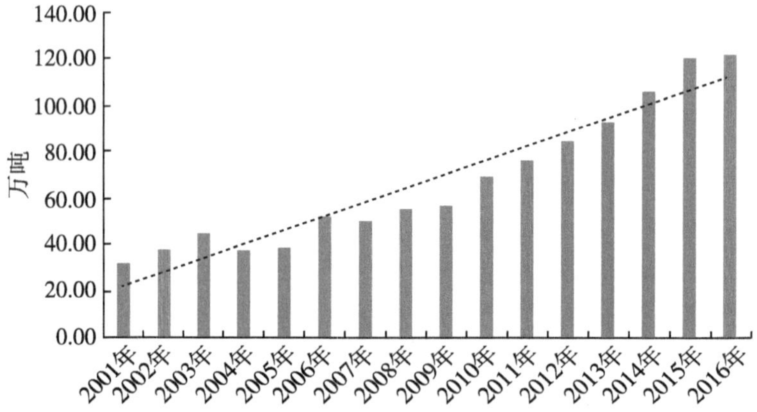

图 8-3　2001—2016 年河北省甜瓜产量走势变动

数据来源：《中国农业统计资料》整理所得

将河北省与全国甜瓜产量进行对比，发现在 2007—2016 年，全国甜瓜产量呈逐年上升趋势，由 2007 年 1 034. 1 万吨增长至 2016 年 1 635 万吨，涨幅达 36. 75%。2007 年至 2008 年甜瓜产量由 1 034. 1 万吨增至 1 193. 4 万吨，上涨幅度为 15. 4%，为近十年涨幅最高。除 2010 年上涨幅度较低为 0. 94%，其余各年甜瓜产量上涨幅度均超 1. 84%。河北省甜瓜产量在全国甜瓜产量中所占比例维持在 4. 63%~7. 90%，呈波动性上升趋势（表 8-4）。

表 8-4 河北省甜瓜产量占全国甜瓜产量所占比例 （单位：万吨；%）

年份	河北省甜瓜产量	全国甜瓜产量	占比
2007 年	49.91	1 034.1	4.83
2008 年	55.28	1 193.4	4.63
2009 年	56.87	1 215.3	4.68
2010 年	65.72	1 226.7	5.36
2011 年	75.94	1 278.4	5.94
2012 年	84.82	1 331.6	6.37
2013 年	92.82	1 443.7	6.43
2014 年	106.08	1 475.8	7.19
2015 年	120.64	1 527.1	7.90
2016 年	122	1 635	7.46

数据来源：《中国农业统计资料》整理所得

将河北与各主产省（区）的甜瓜产量进行对比，发现年均产量排序依次为新疆、山东、河南、河北和内蒙古。从图 8-4 可以看出，新疆、山东、河南、河北和内蒙古 5 个主产省均呈上升趋势，涨幅不一。近 5 年，河北省甜瓜年均产量约 105.27 万吨，占全国年均总产量的 7.1%，新疆涨幅最高，为全国年均总产量的 17.11%，其次是山东和河南，涨幅分别为 15.02%和 12.24%，江苏省位于河北省之后，涨幅为 4.9%。近五年内，五个主产省总产量均占全国总产量的 55%以上，区域优势明显。

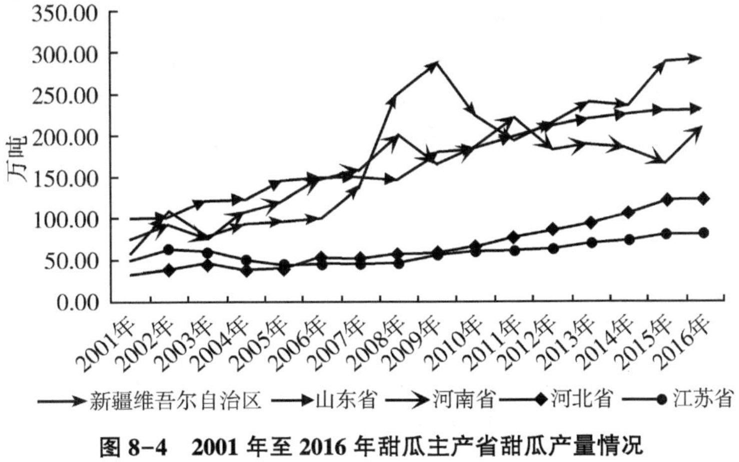

图 8-4 2001 年至 2016 年甜瓜主产省甜瓜产量情况

数据来源：《中国农业统计资料》整理所得

（三）甜瓜单产不断增大

从河北省内甜瓜单产变动情况看，近年来随着农业科技化水平的不断提高，河北省甜瓜单位面积产量不断增大，由 2001 年 24 384.88 千克/公顷上升至 2016 年 61 000 千克/公顷，上涨幅度高达 150.31%。除 2004 年受自然灾害与气象条件等因素影响，甜瓜单位面积产量由 2003 年 31 775. 5 千克/公顷降低至 2004 年 31 060. 89 千克/公顷，下降幅度为 2. 25%；其他年份均保持稳定增长态势，2002 年涨幅最高达 26. 97%，其余各年份涨幅均稳定在 2. 63%～12. 76%（图 8-5）。

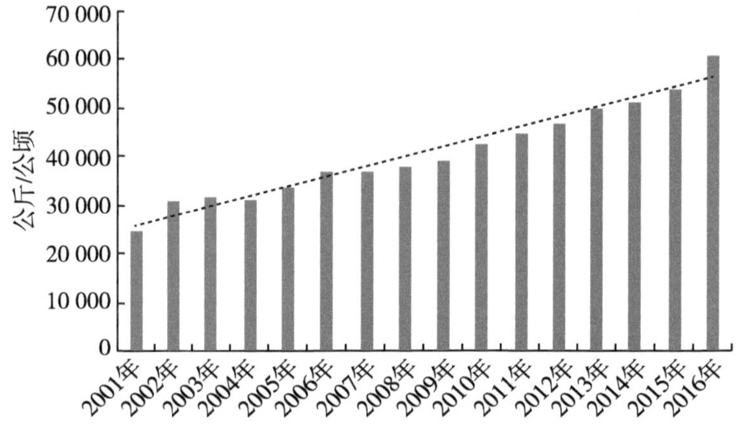

图 8-5　2001—2016 年河北省甜瓜单产走势变动

数据来源：《中国农业统计资料》整理所得

将河北省甜瓜单产与各主产省甜瓜单产进行对比分析，可以发现河北省甜瓜单产继 2010 年以后一直处于较高水平。以 2010 年为节点，2010 年之前，河北省甜瓜单产除 2004 年同比下降 714. 61 千克/公顷外，其余年份均保持小幅增长，且高于河南省、江苏省和新疆维吾尔自治区，除 2004 年河北省单产低于山东省 4 260. 75 千克/公顷，其余各年份山东省单产走势与河北省趋同，稳中有升，单产差距保持在 9 270 千克/公顷左右；2010 年之后河北省甜瓜单产持续升高，截至 2016 年，高于江苏省甜瓜单产 41 080 千克/公顷，是江苏省单产的 2 倍（图 8-6）。

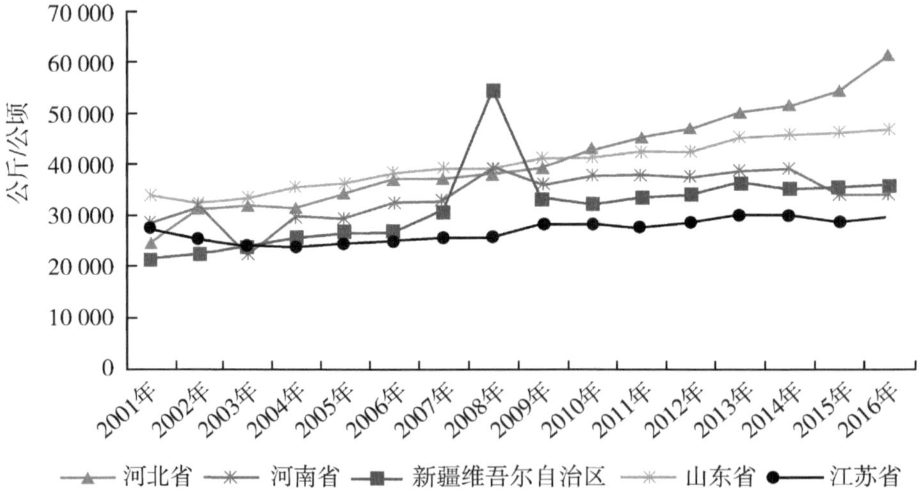

图 8-6　2001 年至 2016 年甜瓜主产省甜瓜单产情况

数据来源：《中国农业统计资料》整理所得

二、河北省甜瓜生产布局

(一) 全国甜瓜主产区

近年来，我国甜瓜生产区域化特征明显，优势产区集中度大大提高，2016 年中国甜瓜产量前十位的省份是：新疆、山东、河南、河北、内蒙古、江苏、陕西、黑龙江、安徽、吉林，占全国甜瓜总产量的 77.55%，排名前五的省份甜瓜产量占全国总量的 57.19%。根据生产作物种类、气候条件、产业规模等因素，将我国甜瓜生产区域划分为五个产区，分别为华南地区（福建、广东、海南、广西），主要生产冬季、春季甜瓜；黄淮海地区（山西、天津、河北、山东、河南、北京），主要生产春季、夏季甜瓜；长江流域（四川、浙江、重庆、湖南、湖北、江苏、安徽、江西、上海、贵州、云南），主要生产夏季甜瓜；西北（宁夏、甘肃、陕西、新疆），主要生产夏季、秋季甜瓜；东北（内蒙古、吉林、黑龙江、辽宁），主要生产夏季、秋季甜瓜（表 8-5）。

表 8-5 中国五大甜瓜主产区

西甜瓜主产区	区域范围	主产季节
华南产区	福建、广东、海南、广西等地区	冬季、春季
黄淮海产区	山西、天津、河北、山东、河南、北京等省市	春季、夏季
长江中下游产区	四川、浙江、重庆、湖南、湖北、江苏、安徽、江西、上海、贵州、云南等省市	夏季
西北产区	宁夏、甘肃、陕西、新疆等地区	夏季、秋季
东北产区	内蒙古、吉林、黑龙江、辽宁等地区	夏季、秋季

注：以上主产区未包括台湾、香港、澳门的产区

(二) 河北省甜瓜主产市

近年来，河北省依据区域资源条件和生产特点，结合产业自身发展基础和潜力，初步形成了区域化种植明显、特色鲜明、布局合理的甜瓜优势产区。从表 2-6 可以看出，2016 年河北省甜瓜产区种植规模达 1 000 公顷以上的市有 6 个，约占总种植面积的 89.5%，分别为唐山、沧州、廊坊、石家庄、衡水和保定。多年占据前三的市为唐山市、沧州市和廊坊市，总种植面积达 15.49 千公顷，占全省总种植面积的 70%左右，产量达 97.30 万吨，占全省产量的 79.7%。截至 2018 年，河北省已经建立了 4 个特色甜瓜优势区，占河北省甜瓜总种植面积的 91.26%，分别是乐亭薄皮甜瓜优势产区、青县羊角脆优势产区、饶阳厚皮甜瓜优势产区、安次厚皮甜瓜优势产区。总体而言，河北省甜瓜生产大部分集中在主产区，生产集中度高，产业特色优势明显（表 8-6）。

表 8-6　2016 年河北省各市甜瓜播种面积和产量

地区	播种面积		总产量	
	数值（千公顷）	全省占比（%）	数值（万吨）	全省占比（%）
石家庄市	1.76	8.00	7.40	6.06
唐山市	7.75	35.14	51.09	41.86
保定市	1.06	4.81	3.98	3.26
沧州市	4.99	22.60	34.88	28.50
廊坊市	2.72	12.31	11.32	9.27
衡水市	1.47	6.65	5.86	4.80
其他	2.30	10.60	7.50	6.25
总计	22.05	100.00	122.05	100.00

数据来源：《河北农村经济统计年鉴统计》统计资料整理所得

（三）河北省甜瓜主产县

河北省特色甜瓜已初见规模。目前河北省 15 个县的甜瓜种植规模较大，其中，青县、安次区、新乐市三个地区的甜瓜种植最具有代表性。青县种植面积、播种面积、产量分别为 6.05 万亩、6.05 万亩、39.05 万吨，居全省首位，15 县总播种面积达 11.9 万亩，总产量为 60 万吨，平均单产 5 000 千克/公顷。从播种面积来看，播种面积在千亩以上的县区有 7 个，其中 3 个县区的播种面积达到万亩以上，可见，河北省甜瓜的种植规模较大。从单产方面来看，15 个县区的甜瓜单产大致在 1 500~8 500 千克，县区之间单产差距较大（表 8-7）。

表 8-7　河北省主产区种植面积、播种面积、产量、单产对比

主产县	种植面积（亩）	播种面积（亩）	产量（吨）	单产（千克）
青县	60 500	60 500	390 500	6 455
安次区	31 000	31 000	108 500	3 500
新乐市	13 200	13 200	39 000	2 969
大城县	3 800	3 800	32 000	8 500
文安县	3 000	3 000	4 500	1 500
高邑县	200	200	392	1 961
行唐县	550	1 100	1 650	3 000
灵寿县	60	120	180	3 000
平山县	30	30	105	3 500
深泽县	100	100	250	2 500
井陉	3 000		21 000	7 000
正定县	400	400	1 800	4 500
丰宁县	3 000	3 000	11 300	3 750
承德县	200	200	360	1 800
围场县	260	260	754	2 900

三、河北省甜瓜种植模式现状

（一）主栽品种及销售市场

河北省的甜瓜种植品种较为丰富，大约有 15 个品种，其中以博洋系列、绿宝、瑞红和羊角脆甜瓜为主。从主要销售市场来看，受甜瓜储藏技术的限制，河北省甜瓜的销售市场主要集中在京津冀、省内及周边地区。由于丰宁县和围场县的甜瓜种植较晚，其上市期大致在 7—9 月，上市时间较晚，保证了供应山东、上海、广州、苏州、杭州、深圳等地甜瓜市场的需求（表 8-8）。

表 8-8 河北省主产县的主栽品种及主要销售市场

主产县	主栽品种	主要销售市场
青县	博洋 9、博洋 61、博洋 91	京津冀
安次区	羊角脆、博洋 8、博洋 9、绿宝石、瑞红、久红瑞、羊角脆、博洋系列	京津冀
新乐市	绿宝、20	省内外
大城县	博洋 9、博洋 6、博洋 8 等、羊角脆	省内
文安县	运蜜系列、景甜系列	北京、天津、本地
高邑县	瑞红	周边
行唐县	瑞红、红城 10、绿宝	北京、山西、内蒙古等地
灵寿县	绿宝	本县及周边县市
平山县	精品绿翠宝	本县及周边县市
深泽县	九里红	石家庄
井陉	伊丽莎白	省内外
正定县	绿宝石、羊角蜜	本地
丰宁县	玫龙	北京、山东、上海
承德县	网纹甜瓜	承德
围场县	网纹甜瓜	上海、广州、苏州、杭州、深圳

（二）茬口安排

受气候、地形、茬口、技术等多种因素的影响，河北省不同地域甜瓜播种、定植、上市、拉秧期多有不同。总体来看，河北省甜瓜种植主要以日光温室冬春茬、塑料大棚早春茬、春夏茬、越夏茬以及露地越夏茬为主；定植时间大致在 12 月中旬—翌年 6 月上旬，时间跨度相对较大；河北省甜瓜上市时间主要集中春夏两季，具体上市时间在 3 月上旬—9 月下旬，而在秋冬季上市的甜瓜处于空白状态（表 8-9）。日光温室冬春茬和塑料大棚越夏茬保证了河北省甜瓜的错峰生产和上市，提高了甜瓜整体的销售价格。

表 8-9　河北省主产区甜瓜定植、上市、拉秧时间

茬口模式	分布范围	定植时间	上市时间	拉秧时间
日光温室冬春茬	大城县、安次区、青县	12 月中旬—翌年 1 月中旬	3 月上旬—8 月中旬	8 月上旬—10 月下旬
塑料大棚早春茬	文安县、安次区、高邑县、行唐县、正定县	3 月上旬—4 月中旬	5 月下旬—7 月下旬	6 月下旬—7 月下旬
塑料大棚春夏茬	平山县、大城县	2 月中旬—3 月中旬	4 月下旬—8 月下旬	8 月中旬
塑料大棚越夏	丰宁县、围场县	5 月上旬—6 月上旬	7 月下旬—8 月下旬	9 月上旬
露地越夏	承德县	5 月上旬	7 月下旬—9 月下旬	9 月下旬

第九章　河北省甜瓜产业绿色生产调查分析

一、河北省甜瓜产业绿色生产现状

（一）河北省甜瓜绿色生产相关的物质要素投入情况

食品安全问题是基本民生问题，也是重大公共安全问题，甜瓜作为鲜活农产品，将绿色发展理念融入其生产过程中，特别是应用于化肥、农膜、农药以及农家肥等物质要素投入上，不仅可以发挥甜瓜产业横向示范带动作用，推广普及先进的绿色生产经验以及绿色生产新技术，而且可以通过控制农业生产前期物质要素投入的绿色化，保证甜瓜的食用安全，为甜瓜的绿色生产奠定坚实的基础。

通过对近三年河北省甜瓜生产中化肥、有机肥、农药以及农膜的亩均投入费用与化肥和农膜投入情况对比分析可知（图 9-1），河北省甜瓜的种植过程中化肥与农膜的亩均投入较多，农药与农家肥次之。2016—2018 年河北省甜瓜种植过程中亩均化肥施用量约为 235.66 千克，每亩投入费用为 596.42 元，平均每亩农膜施用量为 77.73 千克，投入费用为 1216.71 元。相比较而言，农家肥和农药每亩投入较少的费用在 356.19~312.38 元波动。从以上分析可以看出，未来随着农业绿色生产理念的不断推广以及绿色生产技术的不断进步，甜瓜生产过程中的相关物质要素投入，尤其是化肥、农膜将会大幅减少，绿色生产发展潜力巨大。因此，本研究依托国家西甜瓜产业体系对全国甜瓜主产省份的实地走访调研和河北省蔬菜产业体系对省内唐山市、保定市、廊坊市、沧州市等甜瓜特色优势产区的种植户、合作社以及农资企业等实地调研数据，从微观视角分析河北省甜瓜产业绿色生产的相关物质要素投入情况。

1. 化肥投入整体下降

2018 年河北省甜瓜种植过程中，亩均化肥投入为 596.42 元，约占物质与服务费用投入 9.3 %。从图 9-1 与 9-2 中看出，2016—2018 年甜瓜绿色生产物质要素化肥投入量整体呈下降态势，由 2016 年的 252.85 千克/亩减至 2018 年的 237.14 千克/亩，降幅达 6.62%。化肥投入费用也由 2016 年的 685.71 元/亩减少至 2018 年的 553.57 元/亩，降幅达 19.2%。通过对比分析发现：2017 年化肥使用量及投入费用下降速度最快，降幅达 31%。导致其下降的主要原因是：2017 年国家开展果菜茶有

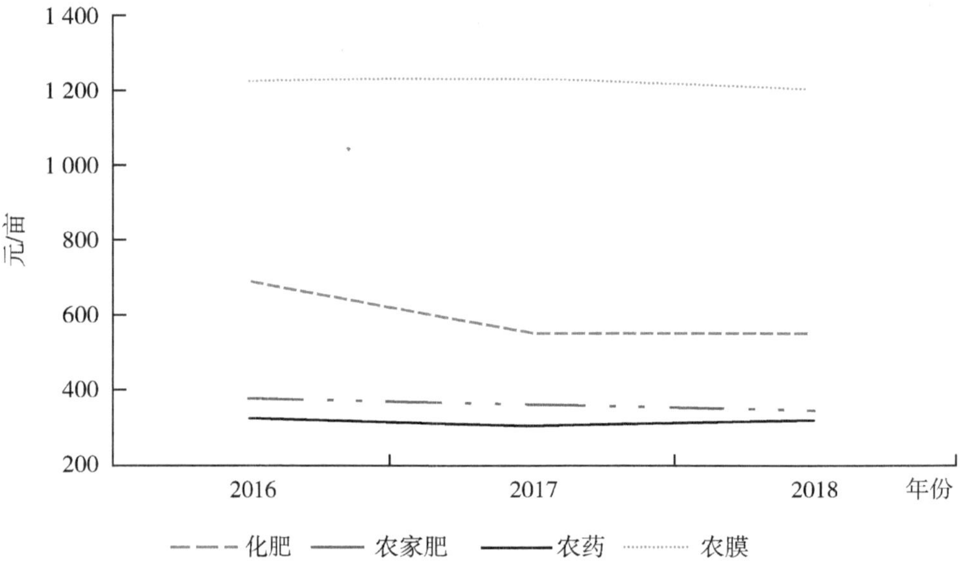

图 9-1　2016—2018 年河北省化肥、农药以及农膜等亩均投入费用

数据来源：国家西甜瓜产业体系 2018 年实地调研数据整理所得

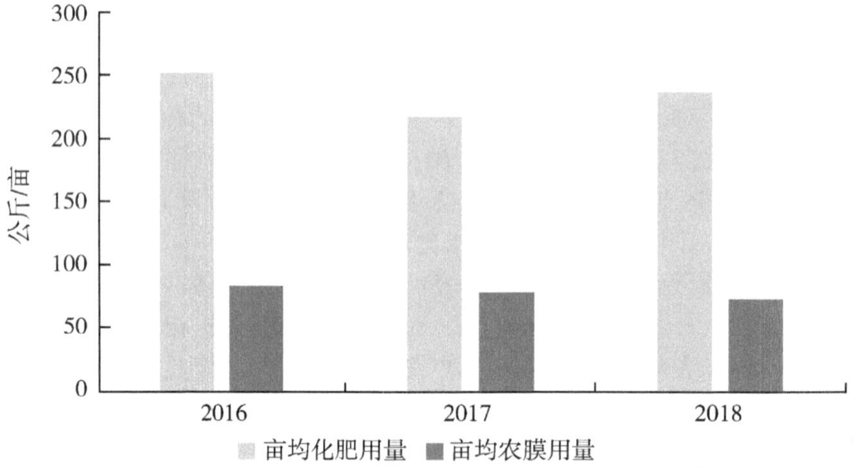

图 9-2　2016—2018 年河北省化肥与农膜使用量

数据来源：国家西甜瓜产业体系 2018 年实地调研数据整理所得

机肥替代化肥行动，河北省石家庄市藁城区、青县、永清县、涿州市、平泉市、秦皇岛市抚宁区、邢台县均入围示范区。加之“两减一控”技术普及和农户绿色安全意识提高，各主产区商品有机肥在生产中应用比例进一步扩大，有机肥资源利用水平进一步提高。青县有机肥替代化肥示范区甜瓜合作社负责人表示，在甜瓜种植不使用化肥情况下，1 亩地施用 3 吨有机肥，政府补贴 30% 费用（约 400 元），节约甜瓜生产成本的同时，提高了甜瓜产量和品质。

2. 农家肥投入逐年下降

近几年，河北省甜瓜生产中农家肥的投入费用整体呈小幅下降态势，由 2016 年的 374. 28 元/亩下降到 2018 年的 339. 28 元/亩，降幅达 9. 3%（图 9-2）。农家肥投入量小幅下降的主要原因在于：化肥的广泛使用导致农家肥使用量的减少，而因单一过量使用化肥，导致田地耕层变浅、营养减少，地块贫瘠，农作物生长受挫的情况有所增多，改善办法之一就是增施有机肥，但是，农家肥不如商品有机肥省时省力。进一步实地调研了解到，目前河北省衡水饶阳甜瓜种植户会选择农家肥和商品有机肥配比使用，针对不同土壤状况，使用不同养分含量的产品。

3. 农药投入稳中有升

农药是现代农业的重要生产资料，是植物保护、卫生防疫的主体。从农药对病虫害防治面广、防治效果好、见效较快的特性来看，种植过程中可适当增加农药的施用量，但是在施用过程中用于田间的农药不能最大限度的发挥药效，造成了大量农药浪费，增加了生产成本，严重影响河北省甜瓜产业绿色高质量发展。2018 年河北省甜瓜每亩农药投入费用为 315. 71 元/亩，约占物质与服务费用投入的 12. 5 %。从近几年的投入费用变化趋势来看（图 9-1），每亩农药投入费用变化相对稳定，基本维持在 15~20 元，整体降幅为 1. 8%。通过对比分析可以发现：2016 与 2017 年农药投入费用有所减少，由 312. 43 元/亩下降到 300 元/亩，降幅为 3. 9%，但 2018 年又小幅度上涨，每亩投入费用为 315. 71 元，同比 2017 年涨幅达 5. 2%。导致 2018 年农药投入费用小幅度增加的原因：一方面是病虫害生物防治技术普及不够，甜瓜种植户采纳程度不高，仍然按照传统的方法进行施药；另一方面在于栽培技术和栽培模式不够优化、病虫害生物防治技术仍不完善；最后，施用的农家肥未经充分发酵、腐熟处理以及不合理施用高浓度复合肥使病菌侵入土壤，导致甜瓜的病虫害愈加严重。

4. 农膜投入相对稳定

从图 9-1 中还可以看出，2018 年每亩农膜投入量约为 72. 85 千克，农膜亩均费用投入为 1 198. 57 元，约占物质与服务费用投入的 39%。近 3 年内农膜投入相对稳定，且整体呈下降态势，亩均投入量由 2016 年 82. 85 千克下降到 2018 年的 72. 85 千克，降幅达 12. 74%；亩均投入费用由 1 223. 57 元下降到 1 198. 57 元，降幅仅为 2%左右。这是因为：在甜瓜栽培过程中覆盖地膜能够使栽培条件不断优化，减少季节性影响因素，以实现甜瓜产业的高质量发展。但由于传统农膜不易降解，随着地膜周而复始的利用。被埋到土地里的地膜越来越多，这些深埋土内成了碎片的地膜阻挡了甜瓜根系的伸展，影响了甜瓜根系对土壤水分的吸收。如此一来，土壤中的养分跟不上，导致施用肥料增多，营养不良、浇水勤、化肥多、耕地费时的问题越来越严重，不少甜瓜种植户在政府的引导下逐渐选用可降解农膜，开始减少传统地膜的使用。

（二）河北省甜瓜生产的物质投入对比分析

甜瓜作为河北省特色蔬菜之一，为确保研究的科学性，需将甜瓜为参照物与省内其他蔬菜作物物质要素亩均投入进行对比分析，以探究甜瓜与其它蔬菜绿色生产物质要素投入的差异性。

1. 区域对比分析

为深入了解河北省甜瓜绿色生产的基本情况，在立足于河北省为研究对象的基础上，选取了全国甜瓜播种面积和产量排名前十位的新疆、山东、江苏、陕西、黑龙江、吉林、安徽等甜瓜主产区，对比分析亩均化肥、农药、农膜以及农家肥等相关物质要素投入数据。

从图 9-3 和图 9-4 中可以看出，2018 年河北省甜瓜种植过程中亩均化肥与农膜投入量与投入费用均处于较高水平。综合 2016—2018 年的平均水平，亩均化肥投入费用排名前 5 的省份为山东、安徽、陕西、河北、浙江和新疆，其中山东省的每亩化肥投入费用位列第一，约为 900 元，排名第二的湖北省，成本为 800 元，河北省位列第四，成本为 550 元；就亩均折算施用量来看，排在前 5 的为河北、黑龙江、陕西、新疆和浙江，其中河北省投入量最高，为 200 千克/亩，黑龙江位列第二，为 150 千克/亩。亩均农药投入费用排名前 5 的省份为浙江、山东、陕西、安徽和新疆，其中浙江省的成本最高，为 1 000 元/亩，第二为山东省，成本为 750 元/亩，河北省相对较少，排在第七位，仅为 350 元/亩。农膜投入中，亩均投入费用排名前 5 的省份为江苏、甘肃、河北、山东和安徽，成本最高的为江苏省，达到 1 300 元/亩，第二为甘肃，为 1 100 元/亩，河北排第三，为 1 000 元/亩；就亩均投入量来看，河北省投入 65 千克/亩，略低于江苏。农药亩均投入中，排在前 5 的省份为江苏、安徽、陕西、河北和吉林，江苏最高，为 400 元/亩，第二安徽，为 400 元/亩，河北排第 4 位，为 300 元/亩，处于较高水平。综合来看，相较于其他甜瓜主产省份，河北省甜

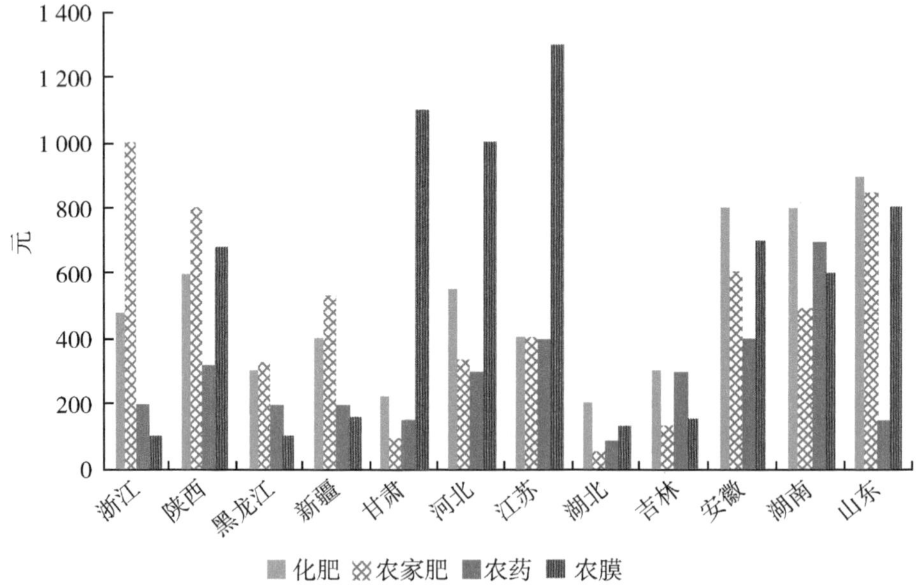

图 9-3　2018 年我国甜瓜主产省份亩均化肥、农药、农膜投入费用情况对比

数据来源：国家西甜瓜产业体系 2018 年实地调研数据整理所得

瓜绿色生产前期物质要素投入整体较高。因此，基于农户视角下，研究甜瓜种植户绿色生产意愿与行为不但能实现河北省甜瓜产业绿色高质量发展，而且对其他甜瓜主产省份的绿色生产起到一定的经验借鉴作用。

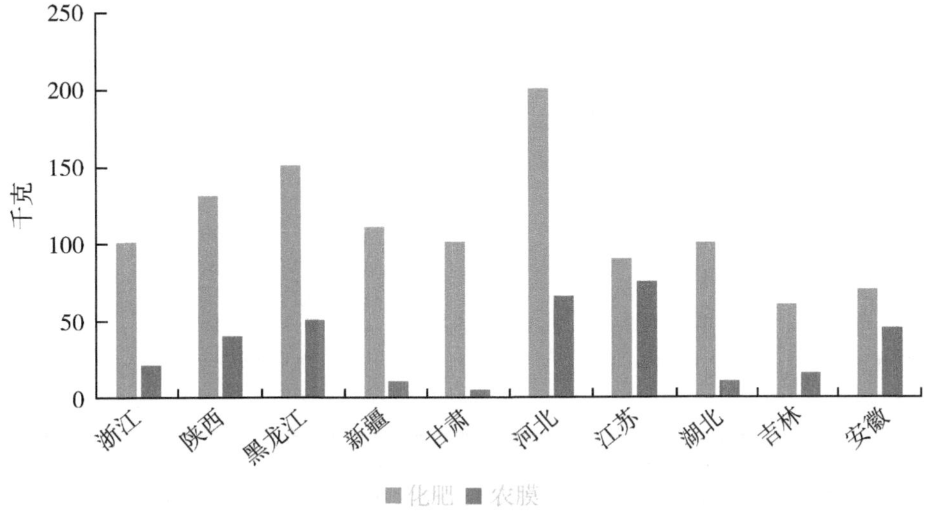

图 9-4　2018 年我国甜瓜主产省份亩均化肥、农膜使用量对比

数据来源：国家西甜瓜产业体系 2018 年实地调研数据整理所得

2. 品种对比分析

将 2018 年《全国农产品成本收益资料汇编》与河北省蔬菜产业技术体系实地调研数据整理，以甜瓜为参照，对比分析省内西瓜及其他农作物绿色生产情况。选取西瓜、茄子、彩椒、豆角、萝卜、番茄、黄瓜、大白菜、菜花、马铃薯等露地经济作物与甜瓜绿色生产物质要素投入进行比较研究。

研究发现 2017 年河北省甜瓜种植过程中化肥、农药以及农膜亩均投入量位居首位，均高于省内其他经济作物（表 9-1），甜瓜化肥投入为 553.57 元，其投入费用分别是西瓜的 1.37 倍、马铃薯的 4 倍，其他蔬菜作物（除茄子）的 2.5 倍。农药及农膜的投入差距也较为明显，农药投入方面，河北省甜瓜的农药投入为 315.71 元，是西瓜投入的近 3 倍、是马铃薯投入的近 30 倍、黄瓜投入的 2.17 倍，远高于其他同类经济作物；农膜方面，河北省甜瓜投入为 198.75 元，与西瓜（182.33 元）基本相似，但仍远高于其他经济作物，最高达到 32 倍，最低也在近 3 倍左右。农家肥投入方面，甜瓜投入为 339.28 元，高于同类西瓜 2 倍左右，与其他经济作物相比不大，差比基本维持为 50 元左右。

综上所述，河北省甜瓜的农膜、农药、化肥以及农家肥的投入费用较高，代表性较强。对比省内其他经济作物化肥、农家肥、农药及农膜等物质要素投入费用存在一定的差异性，因此，以农业绿色发展的战略为背景，对河北省甜瓜绿色生产要素投入进行分析研究能不断推进甜瓜产业的高质量发展。

表 9-1　2017 年河北省部分作物物质生产要素亩均投入情况　（单位：元）

种类	化肥	农药	农膜	农家肥
甜瓜	553.57	315.71	198.75	339.28
西瓜	402.65	99.32	182.33	155.58
茄子	332.06	80.79	13.70	215.43
彩椒	184.78	72.95	0	208.22
豆角	229.02	96.60	61.92	322.58
萝卜	213.51	53.86	10.47	256.64
番茄	236.41	61.5	74.75	253.84
黄瓜	264.63	115.53	9.52	352.51
大白菜	220.38	73.04	33.58	284.02
菜花	256.37	57.98	13.08	98.52
马铃薯	133.33	14.10	6.12	52.37

数据来源：《全国农产品成本收益资料汇编（2018）》

注：《全国农产品成本收益资料汇编（2018）》中设施蔬菜的成本收益中并没有收录甜瓜成本收益，表中甜瓜、西瓜数据根据全国西甜瓜技术产业体系 2018 年实地调研数据整理所得

3. 本章小结

本章通过《全国农产品成本收益资料汇编（2018）》《河北省经济统计年鉴（2017）》以及全国西甜瓜技术产业体系与河北省蔬菜产业体系实地调研数据整理，分析了河北省甜瓜的绿色生产情况，提出了研究河北省甜瓜绿色生产的可行性与必要性。近年来，无论将河北省甜瓜生产物质要素投入与我国其他甜瓜主产省份相比，还是将河北省甜瓜与境内其他经济作物进行对比分析，河北省甜瓜栽培中亩均化肥、农药和农膜投入量与投入费用较多，且农家肥亩均投入量仍有待提高，因此，研究河北省甜瓜绿色生产对推动我国农业绿色发展非常有借鉴意义。

二、河北省甜瓜种植户绿色生产意愿与行为调查

本章以河北省蔬菜产业体系产业经济岗对河北省甜瓜特色优势区种植户的实地调研数据为研究样本，主要对河北省甜瓜种植户绿色生产意愿与行为选择进行描述，并以农户行为理论、行为经济学为理论支撑，分析实际甜瓜生产中种植户对绿色生产技术的采纳情况。从甜瓜生产前期化肥、农家肥、农药以及农膜等物质要素投入情况、农业废弃物处理情况两大方面，来了解种植户对绿色生产技术的认知程度、认知渠道以及采纳程度，对种植户采纳绿色生产技术的意愿与行为选择进行分析。最后基于种植户意愿与行为选择表现对河北省甜瓜种植户绿色生产过程中可能出现的问题、意愿与行为选择偏差进行简要分析，进一步提出研究河北省甜瓜种植户绿色生产意愿与行为选择的必要性。

（一）问卷与样本说明

1. 问卷说明

本次河北省甜瓜绿色生产调查问卷一共分为四部分：第一部分是被调查村庄的基本环境与基础设施建设等情况，目的是对调查地区的基本情况有一个基本把握；第二部分是户主及家庭基本情况，主要包括甜瓜种植户的年龄、性别、受教育程度、是否兼业、家庭收入情况（重点是种植甜瓜收入占家庭农业总收入的比重）、是否参加绿色生产相关技术培训等内容，有助于分析农村甜瓜生产载体的许多特征；第三部分是种植户甜瓜的生产经营情况，主要包括种植户的甜瓜种植年限、甜瓜生产与组织规模、投入产出分析以及主要的营销渠道等情况；第四部分是问卷的主体部分，主要介绍甜瓜种植户采纳绿色生产技术进行甜瓜生产的基本情况，为解决绿色生产意愿与行为选择偏差的建议提供依据。在对第四部分调查数据以及实地调研中发现：甜瓜种植户在绿色生产过程中可能存在意愿行为选择偏差，虽然其表示了解并愿意使用绿色生产技术进行甜瓜生产，但在实际种植过程中依旧按照传统生产技术进行甜瓜生产。

问卷发放涉及四个地区，分别为廊坊市安次区（28.6%）、沧州市青县（32.7%）、衡水市饶阳县（18.7%）以及唐山市乐亭县（20%），其问卷发放对象为种植面积均在100亩以上合作社、种植大户和普通种植户。此次调研共计发放了518份问卷，回收503份（安次区142份、青县为165份、饶阳95份、乐亭101份），回收率为97.1%，其中有效问卷500份，有效率达96.52%。

2. 样本说明

河北省甜瓜种植历史悠久，产业发展基础较为稳固，目前按地理位置可划分为以唐山市乐亭县为核心冀东设施薄皮甜瓜产区和以廊坊安次区、沧州青县和衡水饶阳为核心的冀中南设施甜瓜产区。这4个产区甜瓜总种植面积占河北省甜瓜总种植面积的91.26%，具有一定的代表性，因此，本次调查重点选取了这4个甜瓜产区的种植户进行绿色生产意愿与行为选择调查。

对调研数据进行统计分析发现，如表9-2所示，从调查者的性别比例来看，本次调查中，男性286人，约占被调查者人数的57.67%；女性214人，约占被调查者人数的42.33%。被调查者人数相对均衡，比例分配合理，样本具有代表性；从年龄结构来看，40~60岁的被调查者占到绝大多数，占比64.72%，这符合农村的现状，因为较为年轻的人口多外出打工和上学，岁数较大的多在家务农，此外，69.31%的调查者表示并无兼业情况，因此，他们对甜瓜的生产过程的了解更为全面；从被调查者文化程度来看，初中文化程度为主，占比44.48%，小学及以下文化程度、高中文化程度以及高中以上文化程度占比分别为26.99%、14.42%和14.11%，调查基本涉及了各个文化层的农民，从整体上反映了各层次农民的文化生活状况；从调查者的甜瓜种植年限和种植面积来看，种植甜瓜7年以下的占比58.72%，7年及以上的占比41.08%，且大部分调查者种植面积为5亩以下，占比78.75%。从调查对象的总体情况看，甜瓜种植户年龄普遍较高，受教育程度普遍在高中以下，将影响其接受新技术、新品种的能力。同时，河北省甜瓜生产仍以小规模分散经营为主，小种植户家庭经营仍是河北省的基本形式，这比较符合河北省甜瓜生产现状。

表 9-2 样本的基本特征

类型	选项	百分比（%）	类型	选项	百分比（%）
性别	男	57.67	是否兼业	是	30.69
	女	42.33		否	69.31
年龄	≤40	26.69	农业收入占比	≤80%	60.52
	40~60	64.72		>80%	39.48
	≥60	8.59	种植年限	7 年以下	58.92
受教育程度	小学及以下	26.99		7 年及以上	41.08
	初中	44.48	种植面积	5 亩以下	78.75
	高中	14.42		5~10 亩	18.02
	高中以上	14.11		10 亩以上	3.23

数据来源：问卷调查数据

（二）绿色生产模式下农户物质要素投入认知与行为

1. 对于“节肥”的认知与行为选择

肥料（化肥和农家肥）在甜瓜生产中占有重要地位，不仅可以改善土壤中营养元素配比、提高土壤肥力，还可以增加甜瓜单位面积产量。但是，化肥的不合理施用可能会给生态环境甚至人的身体健康带来一定的危害。通过对调查问卷相关问题及数据的整理分析可知：与前几年相比，2018 年河北省甜瓜种植户化肥与农膜的亩均投入量以及投入费用整体呈下降态势，农药投入有小幅上涨，农家肥投入仍然有待提高，整体而言，河北省近些年甜瓜绿色生产意识显著提高。针对河北省甜瓜种植户减少肥料施用意愿与行为选择进行调查分析发现，甜瓜种植户关于肥料的认知主要涉及三个方面（表 9-3）。

（1）有机肥种类及作用认知。大多数的被调查者了解施用有机肥能显著改善土壤的理化性状，使土壤耕性变好，渗水能力增强，提高土壤蓄水、保肥、供肥和抗旱防涝能力，增产明显是化肥所不能替代的。但由于化肥肥效快、产量高以及耗费人工成本较低，在实际甜瓜生产活动中受访农户仍然会选择施用化肥。

（2）对有机肥替代化肥安全提质技术的认知程度。78.13%的被调查者表示并不了解有机肥替代化肥技术，28.13%的甜瓜种植户表示没有人积极推广该项技术，21.88%的被调查者表示担心有机肥带来成本的增加，15.63%的被调查中表示相信自己的种植经验。且大部分种植户因为产量以及种植过程中所产生病虫害等问题，表示对完全施用有机肥替代化肥技术产生疑问，这也间接说明了该技术未来的推广空间比较大。

（3）化肥施用过量对甜瓜质量的影响程度认知。在进行化肥施用过量对甜瓜的质量产生影响的程度调查时，43.75%的被调查者认为化肥施用过量对甜瓜质量以及甜瓜食用安全影响较大，40.63%的被调查者表示化肥施用过量虽然会影响甜瓜的量，但对甜瓜的食用安全影响比较小；6.25%的被调查者则表示化肥施用过量对甜瓜的质量和食用安全影响甚微。

表 9-3 种植户关于肥料的认知程度

种植户关于肥料的认知程度		种植户数	百分比（%）
肥料种类及作用认知	不了解	51	10.22
	有一定了解	262	52.3
	比较了解	187	37.48
有机肥替代化肥技术认知	不了解	390	78.13
	有一定了解	53	10.56
	比较了解	57	11.31
化肥施用过量对甜瓜质量影响程度认知	影响较大	219	43.75
	比较影响	47	9.37
	影响较小	203	40.63
	没有影响	31	6.25

数据来源：调查问卷整理所得

关于甜瓜种植户对于肥料施用情况的调查主要涉及以下三方面。

（1）化肥的购买途径调查，一般来说，较少的种植户通过农技推广部门、化肥生产企业以及相关甜瓜合作社这三个途径来购买化肥，占比为 9.38%、6.37%和 12.37%，在农资经营部门来进行肥料购买的较多，占比达到 71.88%。说明农技推广部门、相关甜瓜合作社以及化肥生产企业在绿色生产的源头控制物质要素投入方面所起作用有待进一步加强（图 9-5）。

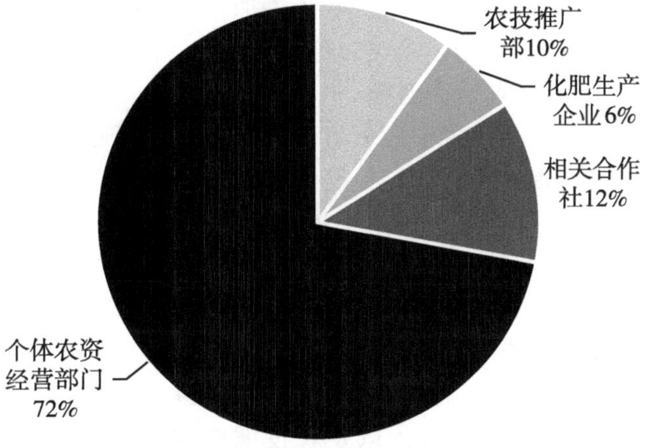

图 9-5 化肥购买途径

数据来源：调查问卷整理所得

（2）甜瓜种植过程中化肥施用依据调查，56.25%的被调查者表示依据自己传统的甜瓜种植经验确定化肥的使用量；根据化肥销售人员的建议与其他甜瓜种植户的交流学习发现施肥的占比相同，各占 12.5%；依靠政府的农业技术人员确定施肥量的种植户较少，占比仅为 3.13%；查看化肥使用说明书确定施肥量的调查者相对较少，占比约为 18.75%，这表明，河北省不同甜瓜产区生产的甜瓜品种、栽培方式以及栽培模式多种多样，化肥使用说明仅仅是一个参考，在种植户确定化肥施用量时发挥的作用有限（图 9-6）。

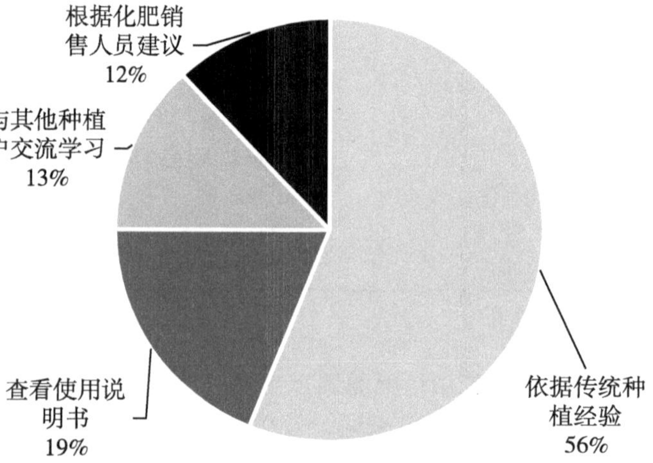

图 9-6　化肥的施肥依据

数据来源：调查问卷整理所得

（3）河北省近年来亩均化肥施用情况调查，46.88%的被调查者表示与前几年相比，2018 年亩均化肥投入变化较小，化肥投入增加的被调查者占比为 34.48%，其中仅有 18.74%的种植户在亩均化肥投入上是减少的。

2. 对于“节药”的认知与行为选择

施用农药是在农作物生长过程中病虫防治必不可少的手段之一，使用农药要注重科学，否则，不但达不到防治效果，还容易发生药害。由调查问卷相关问题及数据可知，2018 年河北省甜瓜种植户农药总投入约为 300 元/亩，且基本上是投入杀菌剂。由于病虫害生物防治技术是一种绿色的、利用天敌以解决病虫害的方式，不会对农作物品质及人体健康造成影响，为降低农药致使农作物产品质量下降的影响，病虫害生物防治技术以及农药安全间隔期受到政府大力提倡。

通过对种植户关于农药的认知程度的调查发现，69.62%的被调查者表示了解农药残留，了解渠道为电视、杂志等媒体以及农技推广部门和相关合作社的宣传培训，75.71%的被调查者表示对农药安全间隔期有了解，59.38%的被调查者表示对生物防治技术有一定的了解，有 70.36%的被调查者表示能准确辨别高毒农药。调查还发现，大部分农户表示为保证甜瓜口感小规模自给自足的甜瓜种植基本不施用农药，84.38%的被调查者表示农药施用过量会造成甜瓜的质量安全问题，但仍有 15.62%的调查者认为农药施用过量不会造成甜瓜质量安全问题（表 9-4）。

表 9-4 种植户关于农药的认知程度 单位:%

种植户农药认知	农药残留	农药安全间隔期	生物防治技术	辨别高毒农药	农药使用过量对甜瓜质量影响
是	69.62	75.71	59.38	70.36	84.38
否	30.38	24.29	40.62	29.64	15.62
合计	100.00	100.00	100.00	100.00	100.00

数据来源：问卷调查数据整理所得

在甜瓜生产过程中甜瓜种植户使用农药施用情况主要从以下四部分进行调查分析。

（1）购买途径。一般来说，在相关合作社和农药生产企业购买农药的种植户较少，占比分别为 6.4%和 9.34%，在农技推广部门购买农药的种植户约占 12.38%，通过个体农资经营部门来购买农药的种植户最多，占比高达 71.88%（图 9-7）。

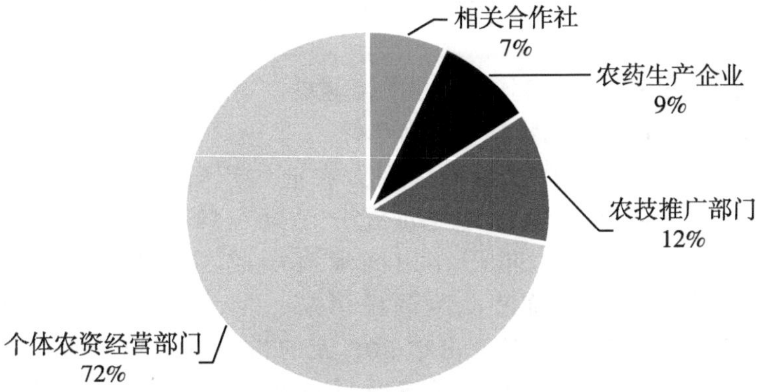

图 9-7 农药的购买途径

数据来源：调查问卷整理所得

（2）农药喷洒用量确定依据。56.75%的被调查者依靠传统甜瓜种植经验确定农药的喷洒用量；26.15%的被调查者按照农药使用说明书来进行农药喷洒；仅有 15%的种植户表示自己在进行施药时会参考农技推广部门与个体农资经营销售人员的用药建议（图 9-8）。

（3）种植户采纳病虫害生物防治技术认知情况，分析结果显示：59.38%的种植户并不了解该项技术，也未应用于实际甜瓜生产中；其中 15.63%的种植户反映该地区没有相应的农技推广人员与相关合作社等进行此类绿色生产技术培训导致自己对这项技术并不了解；27.56%的被调查者表示了解并对甜瓜病虫害进行了以虫治虫治菌、以菌杀草等生物防治技术，同时认为该项技术实现了甜瓜生产的增产增效。另外，6.25%的种植户表示虽然对病虫害生物防治技术有一定的了解，但出于经济效益以及风险角度考虑，并未使用该项技术进行甜瓜生产（表 9-4）。

（4）甜瓜种植户亩均农药投入变动调查，21.88%的被调查者表示与前几年相比，

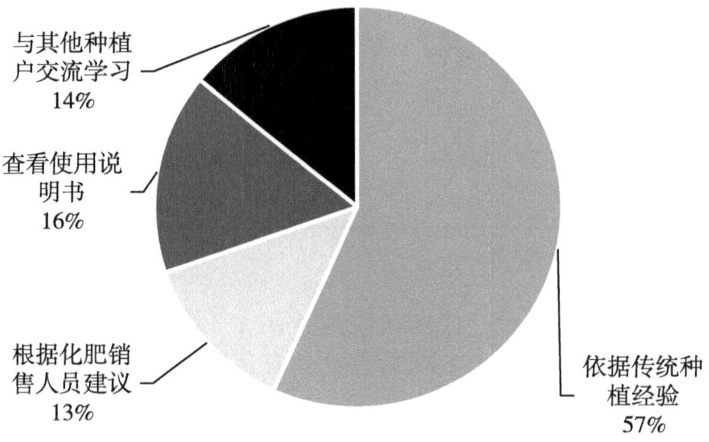

图 9-8　农药的喷洒依据

数据来源：调查问卷整理所得

2018 年甜瓜种植过程中农药的亩均投入量是减量的。

3. 对于“可降解农膜”的认知与行为选择

作为继种子、农药、化肥之后的第四大农业生产资料，农膜覆盖技术具有保温增墒、抗旱节水等特点，但是其主要成分（聚乙烯）不易降解，在增加产量的同时农膜用量也不断增加，堆积在田间地头形成了白色污染。从而“净土工程”成为治理的重中之重。通过实地调研了解，河北省甜瓜生产过程中亩均农膜用量大约在 1 000 元左右，以 1 亩地 200 元的价格统一进行地膜降解回收。种植户关于农膜施用的认知与行为选择情况进行调查时，59. 38%的被调查者并不了解生物可降解农膜，受到认知水平与经济效益等方面的限制，在实际生产中依然选择传统农膜；虽然有 40. 62%的种植户表示自己通过电视、报纸、合作社以及政府相关推广部门组织的培训已经对生物可降解农膜有所了解，但是出于其成本高或不知道购买途径等原因并未使用生物可降解农膜；这提示我们对于甜瓜栽培过程中农膜覆盖使用问题要从购买途径与生物可降解农膜的认知及使用情况两个方面进行研究。

（1）购买途径调查。调查过程中 85. 63%的受访者表示自己通常是在个体农资经营部门来购买农膜，小部分的受访者会通过农膜生产企业、农技推广部门以及相关合作社来进行农膜的采购，占比约为 15. 48%。

（2）生物可降解农膜的认知以及使用现状调查。78. 13%的受访者表示在甜瓜栽培过程中依然使用普通的农膜，仅有 21. 87%的受访者使用生物可降解农膜进行甜瓜生产。探究其根本原因，一方面，生物可降解农膜的市场价格较高必定会增加投入成本，给普通种植户带来一定的经济负担和生产风险；另一方面，大部分种植户对于生物可降解农膜的了解程度还不够，并且表示并不知道生物可降解农膜的购买途径，此为阻碍生物可降解农膜推广使用的重要原因。

(三) 废弃物有效利用的认知与行为选择

农业废弃物是指在整个农业生产过程中被丢弃的有机类物质。农业生产中每年都会产生大量废弃物，但其中大部分并没有得到充分利用，我国农业领域的绿色可持续发展趋势可能导致农业废弃物能源化、资源化更具吸引力。就甜瓜而言，种植过程中产生的废弃物主要有瓜秧、废弃农膜及农药空瓶包装物等，对其处理和利用应把控关键资源合理投入，促进甜瓜废弃物资源的循环利用和高效利用。

1. 甜瓜秧综合利用的认知与行为选择

因地制宜的进行瓜秧资源肥料化、饲料化、能源化以及基质化等综合利用，切实推进河北省甜瓜产业废弃物资源化利用水平，不仅给甜瓜种植户提供一个增收的渠道，更有利于解决河北地区土地保护问题。通过对问卷中废弃物综合利用认知方面的数据整理分析发现：52.68%的被调查者并不了解秸秆综合利用的含义，在甜瓜拉秧期依然按照传统的瓜秧处理方式直接丢弃于田间，导致资源化、能源化以及商品化利用程度较低且存在着严重浪费；47.32%的种植户表示其对于废弃物资源化利用等方面的知识有所了解，且获取信息的途经也多种多样，一般是通过电视、报纸、微信等媒体传播以及政府、农技推广部门以及大学和相关科研院所的宣传培训进行了解，但是这些培训往往存在培训农户普及率较低、培训时间短、培训类型单一以及培训效率低等方面的问题，未来仍需改善。

通过对调研问卷整理分析可知，目前瓜秧随意丢弃于田间地头的现象得到了一定的控制，78.56%的甜瓜种植户表示通过相关绿色生产组织培训能够理解政府推行的废弃物综合利用政策，但21.44%的种植户并不理解与响应政府政策，在甜瓜拉秧期后仍然将瓜秧随意丢弃于田间地头。目前，种植户对于瓜秧综合利用主要有两个方面：一方面是直接还田或者制成酵素还田增加土壤肥力，另一方面用于家禽饲料，占比约为60.38%。虽然与前几年相比，瓜秧直接丢弃现象得到了一定的控制，但是通过实地走访调研发现目前废弃物综合利用、秸秆集中处理等政策仍然宣传不到位，75.37%的甜瓜种植户表示当地并没有对瓜秧实施统一回收处理等措施，与此同时，政府对于瓜秧综合利用技术的支持政策也不完善，且大部分受访者反映当地并没有相关的秸秆加工企业，这在一定程度上阻碍了当地农业产业绿色发展进程（表9-5）。

表9-5 2018年农业废弃物资源化认知情况 （单位：%）

种植户认知	白色污染	生物可降解农膜	秸秆综合利用	政府秸秆焚烧政策
是	69.97	40.62	47.32	78.56
否	31.03	59.38	52.68	21.44
合计	100.00	100.00	100.00	100.00

数据来源：问卷调查数据整理所得

2. 甜瓜生产中废弃物处理的认知与行为选择

甜瓜生产过程中废弃地膜残留于土壤中会带来一定的生态污染，调查结果显示：

62.53%的被调查者认为甜瓜农膜过量使用后残留于土壤中不仅会破坏土壤结构，而且对生态环境造成一定的污染，严重影响了甜瓜的质量。然而仍然有接近半数的被调查者不能正确认识废弃农膜所带来的环境污染，仍然按照传统种植经验选择使用普通农膜并直接丢弃于田间地头。

调查结果显示：75.42%的被调查者选择将残膜随意丢弃在田间地头或者直接耕作掩埋，24.58%的受访者考虑综合生态效益与经济效益两方面的原因，将废弃农膜以1亩地200元的价格统一进行地膜降解回收处理，根据对实地调研数据整理分析可知：在对化肥与农药的空瓶、空袋等废弃包装物的处理上，10.63%的被调查者能够准确意识到废弃物随意丢弃将带来生态效益与经济效益的双重损失，大多数甜瓜种植户依然按照自身行为选择习惯以及传统生产经验，将化肥与农药的空瓶、空袋等废弃包装物随意丢弃于田间地头。

（四）农户绿色生产的意愿与行为选择偏差

通过以上分析，对河北省甜瓜种植户绿色生产认知和行为选择有了初步的了解，为了进一步研究种植户绿色生产行为，引入种植户绿色生产意愿选项，并与种植户近年来的行为趋势进行对比分析，最后得出种植户在绿色生产过程中确实存在意愿与行为选择偏差。

1. 绿色生产意愿

对河北省甜瓜种植户绿色生产意愿进行调查，从化肥、农药、农膜及瓜秧四个方面设计了以下问题：①当地政府经过测土认为您家瓜地中某种化肥使用超标30%，建议减少化肥施用量，您是否会接受该建议？②有关部门经检测认为您家甜瓜种植过程中农药使用过量，建议减少农药使用量，并进行生物防治，您是否会接受该项建议？③未来甜瓜种植过程中，您是否愿意使用生物可降解农膜？④未来甜瓜种植过程中，您是否愿意进行瓜秧综合回收利用？调查结果如表9-6所示。

表9-6　甜瓜种植户绿色生产意愿　（单位：%）

种植户认知	化肥减量	农药减量	使用生物可降解农膜	瓜秧综合利用
是	85.37	96.88	72.43	96.41
否	14.63	3.13	25.57	3.59
合计	100.00	100.00	100.00	100.00

数据来源：问卷调查数据整理

受访种植户中愿意采纳政府“节肥”建议的人数较多，占比85.37%有14.63%的种植户仍然坚持按照原来的施用量进行甜瓜生产；大部分种植户愿意采纳政府有关部门关于“节药”建议，仅有3.13%的种植户考虑到生物防治的成本及效果不愿意减少传统农药使用量；对于未来是否愿意使用生物可降解农膜，接近30%的被调查者表示自己通过政府相关部门、农技推广部门、电视、书籍、网络等多种途径对其有一定了解，在以后价格合适、购买途径便利时会考虑购买生物可降解农膜；瓜秧的综合回收利用方面，96.41%的被调查者表示愿意采纳绿色生产技术进行瓜秧综合回收利用。

2. 意愿与行为选择偏差概况

根据对意愿与行为选择概念的界定，抽取所有未来愿意进行“节肥节药、地膜绿色生产以及废弃物综合利用”的种植户进一步分析他们在甜瓜绿色生产过程中行为选择趋势。一般而言，有绿色生产意愿的种植户在实际种植过程中比较容易做到“节肥节药”等绿色生产行为，但调查结果显示：在所有表示愿意进行绿色生产的甜瓜种植户中，仍有种植户意愿与行为选择之间悖离的现象存在。如表 9-7 所示。

表 9-7　种植户绿色生产意愿行为是否存在偏差描述性统计　（单位：%）

	化肥减量	农药减量	使用生物可降解农膜	瓜秧综合利用
是	68.53	82.54	83.26	65.15
否	31.47	17.46	16.74	34.85
合计	100.00	100.00	100.00	100.00

数据来源：问卷调查数据整理所得

综合分析表 3-6 和表 3-7，有 30%左右的甜瓜种植户与前几年相比减少了化肥的施用量，20%左右的甜瓜种植户与前几年相比减少了农药施用量，其意愿和行为选择是一致的，大部分种植户仍然选择按照传统种植经验进行甜瓜生产、出现了意愿与行为选择偏差；由于生物可降解农膜具有成本相对较高与普及率相对较低的特点，虽然超过半数的被调查者表示自己未来在甜瓜种植过程中愿意使用生物可降解农膜，但就调查结果来看，意愿行为不一致率高达 83.26%。

（五）结　论

本章以河北省甜瓜种植户为主要研究对象，首先对所选取的样本种植户进行了简要的描述性统计，为实证分析作铺垫。然后通过了解样本种植户关于肥料、农药以及农膜等绿色生产物质要素投入和农业废弃物资源化、绿色化的认知和行为选择情况，得出河北省甜瓜种植户绿色生产认知水平有待进一步提高且意愿与行为选择产生了偏差的结论。最后以计划行为理论与计量经济学相关知识为研究基础，分析甜瓜种植户绿色生产意愿，进一步论证了意愿与行为选择偏差的存在。

三、河北省甜瓜种植户绿色生产意愿与行为的影响因素分析

本章以河北省甜瓜生产中的化肥投入为例，以计划行为理论为支撑，梳理国内外研究现状以及进行实地调研，对河北省甜瓜种植户绿色生产意愿与行为选择进行实证研究。同时，计划行为选择理论提出行为选择意愿是预测和解释个体的最好方式，其受行为选择态度和主观因素影响，“行为选择意向—行动”之间的关系是稳定的，有中等强度关系，这可能意味着种植户可能对绿色生产有着强烈的意愿但并不一定会将其转化为实际行动，之间可能存在诸多相同因素影响，导致其随机干扰项可能存在一定的关系。

因此，本章构建 Logistic 模型对影响河北省甜瓜种植户绿色生产意愿和行为选择的因素进行了实证研究。

（一）相关假设

本章以计划行为选择理论为支撑，并借鉴国内外研究成果，在对河北省甜瓜种植户绿色生产意愿与行为选择影响因素实证分析主要从两大角度进行分析：首先，种植户个体在一些特定条件控制下的行为选择的态度，即甜瓜种植户对于有机肥替代化肥安全提质技术的认知和社会文化环境等因素；其次，是主观规范，把受访种植户个体及家庭情况、甜瓜生产情况、经营情况以及关于绿色生产认知情况等特征变量全部纳入到衡量影响因素指标中去，分析种植户绿色生产意愿与行为选择的影响因素以及预期方向：

（1）被调查种植户个体特征变量包括：性别、年龄以及受教育程度。总的来说，男性在生产决策方面比女性更具创新性和冒险精神。他们更有可能接受农业绿色生产理念，采纳绿色生产技术，更愿意践行有机肥替代化肥安全提质技术，绿色生产的意愿和行为选择相对一致。年龄上的差异通常会导致种植者对于新鲜事物的接受程度与生产经验有所不同，种植者年龄越小越具有冒险精神，反之，年龄越大，思想观念越发保守，导致其对于绿色生产理念以及绿色生产技术的接受程度降低。受教育程度是甜瓜种植户采纳绿色生产理念的重要影响因素。受教育程度越高，能较为全面的收集市场信息，掌握更前沿的市场动态，对于绿色生产理念的接受程度越高，更愿意使用绿色生产新技术践行绿色生产，进而保持意愿与行为选择的一致性。因此本文预期被调查者的性别与受教育程度对意愿和行为呈正相关，意愿与行为偏差呈负相关，践行“双减”政策意愿与行为选择的影响呈正相关的，而年龄对其绿色生产意愿和行为选择的影响呈负相关的，对于意愿行为偏差影响不确定。

（2）被调查种植户家庭及甜瓜生产经营特征主要包括：甜瓜种植面积、甜瓜种植者类型以及甜瓜种植业净收入占农业种植总收入的比例。一般来说，甜瓜种植业净收入在农业总收入中的占比是农业生产投入的重要影响因素，甜瓜种植的净收入占其农业总收入的比例越高，表明种植者主要从事甜瓜生产，对瓜类的种植技术前沿动态关注度相应较高，越容易理解绿色生产理念，愿意使用绿色生产技术进行甜瓜生产；种植面积作为种植户从事甜瓜生产经营的基础，对甜瓜种植户践行绿色生产有较大影响：甜瓜种植面积越大，产业规模效应越强，甜瓜的产量以及经济效益也相对较高，甜瓜种植规模较大，经济效益较好，生产的基础设施也相对健全，会有相应的抗风险能力，有机肥改善土壤，促进农作物吸收和利用的作用将增加种植户对有机肥替代化肥新技术的采纳程度；种植户的组织程度越高，对甜瓜生产过程中生态效率损失与“逆生态化”发展越了解，加之目前相应的政府补贴政策，对农业绿色生产理念认可程度越高，对绿色生产技术采纳程度越高，越愿意践行“双减”行动。因此，本研究预期被调查者甜瓜收入在农业收入中占比、甜瓜种植面积以及甜瓜种植类型对减少化肥使用量意愿、行为选择的影响方向是正向的，在意愿与行为选择的偏差方面，甜瓜收入在农业收入中占比和种植户类型呈正相关，种植面积影响不确定。

（3）社会环境特征主要对 3 个变量进行考量。甜瓜种植户是否参加过相关农业政策及相关绿色生产技术方面的培训、参加相关绿色生产技术培训的途径以及是否加入了相关甜瓜合作社。首先，参加相关农业政策及相关绿色生产技术方面的培训，能提高甜瓜种植户对于绿色生产理念的了解程度，推广有机肥替代化肥、废弃物综合利用等绿色生产技术。其次，不同类型的培训对甜瓜种植户绿色生产意愿的影响程度不同，达到的效果也大相径庭，部分种植户参加大学及其科研院所的技术培训绿色生产意愿明显提高，但由于传统观念和经济效益等因素的影响并未采取实质性的行动。因此预期：参加过相关农业政策及相关绿色生产技术方面的培训、加入甜瓜相关合作社对种植户采纳有机肥替代化肥等相关绿色生产技术进行甜瓜生产的意愿和行为选择及其偏差的影响方向为正，参加大学及相关农科院所培训对意愿影响方向为正，对行为选择的影响方向为负，意愿行为偏差影响不确定。

（4）认知特征变量。作为理性小农，种植户在进行农业生产决策时首先会考虑决策所带来的经济效益。就化肥投入而言，主要包括不合理或过量施用化肥所产生的质量安全问题以及对于有机肥替代化肥安全提质技术的认知。其中，将甜瓜种植户关于化肥施用过量对甜瓜质量安全问题产生影响的认知划分为 5 个等级，分别为：1 级影响较大，2 级比较影响，3 级一般影响，4 级影响较小，5 级没有影响。其中，等级越高，代表其认知程度越低。在了解有机肥替代化肥安全提质技术的基础上，提高对化肥施用过量的认知，并以此作为施肥施药的依据，因此本文预期：种植户关于化肥不合理或过量施用对甜瓜质量安全认知程度的意愿与行为选择影响是负向的，意愿行为偏差呈正向影响，关于有机肥替代化肥安全提质技术的认知对意愿与行为选择以及偏差的影响呈正向。总的来说：种植户对于绿色生产的认知程度越高，实际农业生产中越容易采纳绿色生产技术进行甜瓜生产，也越容易践行“双减”行动，对意愿行为更趋于一致。如表 9-8 所示。

表 9-8　影响种植户绿色生产意愿与行为选择的影响因素及预期方向

变量类型	变量名称	对意愿的影响	对行为选择的影响	对意愿与行为选择偏差的影响
种植户个体特征	性别	+	+	−
	年龄	−	−	不确定
	受教育程度	+	+	−
家庭及甜瓜生产经营特征	甜瓜收入占家庭收入	+	+	不确定
	种植面积（亩）	+	+	+
	甜瓜种植户类型	+	+	不确定
社会环境特征	是否参加相关培训	+	+	+
	是否加入相关合作社	+	+	+
	参加大学及相关农科院所培训	+	−	不确定
认知特征	化肥过量对质量的影响程度	−	−	+
	是否了解有机肥替代化肥	+	+	+

（二）数据来源及模型的选取

1. 数据来源

本研究数据来自对河北省甜瓜各主产区种植种植户的典型调查与随机抽样调查，共发布调查问卷518份，实际有效问卷500份。抽样范围覆盖河北省唐山、保定、沧州和廊坊等甜瓜主产区，问卷访问的是23~65岁的农村甜瓜种植户。

2. 变量设定

以查阅国内外相关文献和对于计量经济学相关方面知识的学习为研究基础，选取了种植户个体特征、家庭及甜瓜生产经营特征、社会环境特征以及种植户认知特征4个方面11个变量作为河北省甜瓜种植户绿色生产意愿与行为选择的影响因素指标。关于变量的定义及其描述性统计分析如表9-9所示。

表9-9 计量模型涵盖的变量定义及其描述性统计

类型	名称	定义	均值	标准差
因变量	是否愿意将有机肥替代化肥	0=否，1=是	0.71	0.45
	是否进行有机肥替代化肥	0=否，1=是	0.4	0.49
种植户个体特征	性别	0=女，1=男	0.63	0.48
	年龄	按实际年龄计算（岁）	45.17	8.77
	受教育程度	1=小学及以下，2=初中，3=高中，4=高中以上	2.19	0.84
家庭及甜瓜生产经营特征	甜瓜收入在家庭收入占比	甜瓜收入占总收入的比重	44.44	23.94
	种植面积（亩）	按实际种植面积计算（亩）	4.77	5.09
	甜瓜种植户类型	1=种植户，2=家庭农场，3=种植大户，4=种植大户，5=龙头企业	1.56	0.94
社会环境特征	是否参加相关培训	0=否，1=是	0.5	0.5
	是否加入相关合作社	0=否，1=是	0.36	0.48
	参加相关培训的途径	1=甜瓜合作社、2=政府农业推广部门、3=大学及农业院所等科研单位	1.55	0.96
认知特征	化肥过量对质量的影响程度	1=影响较大，2=比较影响，3=影响很小，4=没影响	1.9	0.86
	是否了解有机肥替代化肥	0=否，1=是	0.51	0.5

数据来源：问卷调查数据整理所得

3. 建立模型

本书研究的是有机肥替代化肥意愿与行为选择，同时意愿和行为选择两者之间的关系是稳定的，存在着中等强度的关系。在构建二元选择Logistic模型之前，首先要确定被解释变量，被解释变量是“离散型”变量，只有“是或否”两个取值，取值设定为“1或0”。通过前一章分析，甜瓜种植户在选择是否采纳绿色生产技术进行农业生产时，会综合考量经济效益等多方面因素，以此保证最终决策的利益最大化，因此，本文构建 Logistic 模型对河北省甜瓜种植户的绿色生产意愿和行为选择进行分析。Logistic 模型的基本形式如下：

$$P_I = E(Y=1/Y_i) = \frac{1}{1+e^{y_i}} \qquad 式（1）$$

P_i 代表农民 i 有机肥替代化肥意愿及行为选择的概率，假设 $E(Y=1/Y_i)$ 代表给定的一个 Y_i 值，农民意愿的概率，再假设 $Y_i = a + \sum_{i=1}^{m}\beta_j + X_{ij} + \mu_i$，则有$\bar{e}^{Y_i} = \frac{1-P_i}{P_i}$，则有 $LN\frac{1-P_i}{P_i} = Y_i$，这是一个线性的估计模型。模型中，$\beta_j$ 表示影响因素的回归系数，j 表示第 j 个影响因素编号，m 表示影响有机肥替代化肥意愿及行为选择的因素的个数，X_{ij}是自变量，α 为截距项，μ 为误差项。

（三）结果分析

1. Logistic 模型设立

就研究种植户绿色生产意愿与行为选择的影响因素而言，首先将“是否愿意进行有机肥替代化肥”和“是否进行有机肥替代化肥”作为因变量设为 Y_1 和 Y_2，然后从种植户个人特征、家庭及甜瓜生产经营特征、社会环境和认知 4 种类型中选取 11 个指标作为自变量，运用 SPSS 21.0 统计分析软件对收集的 500 份问卷进行 Logistic 回归处理。运用 HL 指标检验模型的拟合情况，由 9-10 可知，HL 指标值分别为 8.136、22.13 和 11.73，自由度为 8，概率值为 0.567 4、0.684 7 和 0.763，说明模型拟合较好。其中，Model Chi-Square 值为 71. 3、78.4 和 61.6，说明模型统计性显著（表 9-10 至表 9-12）。

表 9-10　种植户有机肥替代化肥意愿回归模型结果

项目	*B*	*SE*	Wald	自由度	显著性	Exp(B)
性别	0.421	0.226	3.467	1	0.053	1.656
年龄	-0.083	0.018	0.555	1	0.000	0.922
受教育程度	0.954	0.191	19.925	1	0.000	2.597
甜瓜收入占家庭收入	0.009	0.008	1.374	1	0.241	1.009
种植面积（亩）	-0.007	0.005	1.952	1	0.162	0.993
甜瓜种植户类型	0.397	0.219	3.278	1	0.199	1.487
是否参加相关培训	-0.548	0.258	9.205	1	0.249	0.587
是否加入相关合作社	0.299	0.32	0.874	1	0.008	1.349
参加相关培训的途径	-0.022	0.115	0.037	1	0.848	0.922
化肥过量对质量的影响程度	-0.425	0.14	9.251	1	0.002	1.654
是否了解有机肥替代化肥	1.661	0.255	42.385	1	0.000	5.265
常量	1.432	1.176	1.481	1	0.224	4.187

表 9-11 种植户有机肥替代化肥行为选择回归模型结果

项目	*B*	*SE*	Wald	自由度	显著性	Exp(B)
性别	0.768	0.237	2.501	1	0.047	1.845
年龄	-0.003	0.019	2.018	1	0.892	0.803
受教育程度	0.765	0.185	2.079	1	0.044	1.848
甜瓜收入占家庭收入	-0.012	0.008	2.087	1	0.049	0.812
种植面积（亩）	-0.003	0.004	0.387	1	0.534	0.997
甜瓜种植户类型	0.018	0.194	0.009	1	0.924	1.019
是否参加相关培训	-0.052	0.261	0.04	1	0.842	0.949
是否加入相关合作社	0.683	0.257	7.044	1	0.008	1.979
参加相关培训的途径	0.178	0.107	2.731	1	0.048	0.194
化肥过量对质量的影响程度	0.082	0.146	0.314	1	0.575	0.085
是否了解有机肥替代化肥	0.709	0.194	13.354	1	0.000	2.032
常量	-2.61	1.219	4.585	1	0.032	0.074

表 9-12 种植户有机肥替代化肥意愿与行为选择偏差回归模型结果

项目	*B*	*SE*	Wald	自由度	显著性	Exp(B)
性别	0.685	0.196	2.215	1	0.048	1.98
年龄	-0.089	0.016	1.492	1	0.022	0.819
受教育程度	-0.0368	0.121	9.193	1	0.002	0.692
甜瓜收入占家庭收入	-0.006	0.007	0.786	1	0.375	0.994
种植面积（亩）	-0.006	0.004	2.39	1	0.122	0.994
甜瓜种植户类型	-0.301	0.105	8.230	1	0.04	0.740
是否参加相关培训	0.247	0.215	1.313	1	0.252	0.28
是否加入相关合作社	0.702	0.217	10.451	1	0.001	2.018
参加相关培训的途径	-0.201	0.119	2.837	1	0.092	0.818
化肥过量质量的影响程度	-0.223	0.123	3.289	1	0.07	0.8
是否了解有机肥替代化肥	-0.631	0.193	10.642	1	0.001	0.532
常量	-0.89	1.014	0.771	1	0.38	0.411

2. Logistic 模型结果分析

在所得结果中，若 *B* 值为正，说明自变量的变化趋势对因变量呈正相关；若 *B* 值为负，则为负相关。Logistic 模型计量结果表明：意愿中，性别、年龄、受教育程度、甜瓜收入占家庭收入、甜瓜种植户类型、是否加入合作社、化肥过量对质量的影响程度和是否了解有机肥替代化肥等几个变量的发生比率均大于 1，以上因素正向影响实施有机肥替代化肥意愿与行为选择的比率，其余变量不显著。行为选择中，性别、年龄、受教育程度、甜瓜收入占家庭收入、甜瓜种植户类型和是否了解有机肥替代化肥等几个个变量的发生比率均大于 1，以上因素正向影响实施有机肥替代化肥意愿和行为选择的比率，其余变量不显著。

种植户个体特征的影响，从回归结果可以看出，性别变量对有机化肥替代化肥的意愿与行为选择均有显著正向影响，对意愿行为偏差也呈正向，这与前文预测结果相吻合，相对于女性来说，男性是农业生产活动的主要决策者，同时对于农业生产活动更为了解，能够对生产模式做出更为正确的判断和认识。因此，更愿意接受农业绿色生产理念进行有机肥替代化肥，但与此同时，在种植过程中会考虑经济和实用性等诸多因素，所以意愿与行为之间可能会存在偏差。

（1）被调查者年龄对有机肥替代化肥的意愿有显著负向影响，对行为选择影响不显著，意愿行为偏差呈负相关，与前文假设相吻合，被调查者年龄越小思想观念越超前，对于新生产技术的接受度越高，越容易减少其化肥施用量，但是，年龄小的生产者由于种植时间短，种植经验不足，持续性较低，所以意愿和行为之间更容易产生偏差。

受教育程度对种植户有机肥替代化肥的意愿和行为选择均有显著正向影响，意愿行为偏差呈负相关，被调查的种植户受教育程度越高，思想观念越开放，考虑问题越具前瞻性，获取知识接受新鲜事物的能力也就越强，在进行生产决策时会对经济效益、生态效益以及社会效益进行综合考量，更容易践行“双减”政策，接受掌握绿色理念从而进行绿色生产，意愿行为之间更趋向一致。且大部分甜瓜种植户在调查中迫切希望通过大学及相关科研院所组织农业绿色生产技术指导来不断增强对有机肥替代化肥技术的认知。

（2）甜瓜生产经营收入在农业收入中的占比与种植户有机肥替代化肥意愿和行为选择呈正向影响，与行为选择是负向影响，意愿行为偏差不显著。这意味着有较好农业基础的种植户在甜瓜种植过程中虽表示愿意进行绿色生产但更有可能为了增加产量和经济效益而增加化肥的投入量。种植面积的意愿与行为选择及偏差均未通过显著性检验，这是因为目前大部分甜瓜种植户的种植规模较低，未能对有机肥替代化肥的意愿和行为选择产生实质的影响。甜瓜种植类型对有机肥替代化肥意愿和行为选择均不显著，意愿行为偏差呈负相关，种植户的组织化程度越高对于绿色生产模式了解程度越高，为实现甜瓜绿色高质量生产，更愿意去进行甜瓜绿色生产的改革，但由于要进行深层次改革的成本较高，各大龙头企业和园区还未采取实质性的改革措施。同时，组织化程度低，导致对于绿色生产技术的了解不足，执行力只是单纯的依靠政府的推动，所以意愿与行为之间更容易产生偏差。

（3）社会环境特征中是否参加相关培训和参加相关培训的类型对有机肥替代化肥意愿与行为选择及偏差的影响不显著，但是否加入合作社影响显著，对于意愿和行为选择及偏差的影响均呈正相关。就目前政府、大学以及农业科研院所组织培训结果来看，其培训普及率较低、培训时间短、培训课程较为单一且种植户总体文化程度较低，对所培训课程内容难以理解，且由于传统生产经验限制导致培训效果甚微，对种植户的影响作用相对不显著。值得一提的是合作社所起到的引领带头作用，加入合作社的种植户对于绿色生产理念接受度普遍较高，更愿意践行“双减”政策，在实际甜瓜种植过程中减少化肥施用，践行甜瓜绿色生产。但从实际情况来看，目前虽然大部分甜瓜种植户通过土地流转入股的形式加入合作社，接受了一定的技术培训，但由于合作社人员年龄普遍偏大，受教育程度偏低，实际培训效果较差，对于种植户的生产能力提高有限，持续性不强，所以很难保证意愿与行为间能够一直保持一致。

（4）绿色认知对于减少化肥施用意愿与行为选择的影响，回归结果显示：化肥施用过量及甜瓜质量安全的认知对有机肥替代化肥意愿呈负相关，对行为选择的影响不显著，意愿行为偏差不显著。甜瓜种植户对化肥施用过量对甜瓜质量的认知程度越高，越愿意有机肥替代化肥，践行农业绿色生产，这也符合了近三年内河北省甜瓜种植亩均化肥施用量逐渐下降的变化趋势。是否了解有机肥替代化肥的认知对种植户意愿与行为选择的影响均通过显著性检验，并且均呈正相关影响，意愿行为偏差呈负相关，结果与预测保持一致。对有机肥替代化肥安全提质技术越了解，种植户更愿意施用有机肥，有机肥替代化肥的意愿和行为选择越强烈，这也与前文的假设相吻合。

3. 种植户绿色生产意愿与行为选择影响因素

综上所述，性别、年龄、受教育程度以及是否了解有机肥替代化肥等相关政策对甜瓜种植户绿色生产意愿和行为选择呈同方向影响。就意愿行为偏差来看，性别呈正向影响，而年龄和受教育程度呈负向影响。总体而言，受教育程度越低，年龄越大的男性种植者对于有机肥替代化肥践行农业绿色生产的认知程度越低。是否加入相关合作社对甜瓜种植户绿色生产意愿和行为选择的影响方向是一致的，对于意愿行为偏差呈正向，组织化程度越高的种植户使用绿色生产技术进行甜瓜生产的意愿与行为选择也就越高。就种植户绿色生产认知变量对种植户有机肥替代化肥的意愿与行为选择影响重点研究了两个方面：一是化肥施用过量对于甜瓜质量影响程度的认知，二是对于有机肥替代化肥安全提质技术的认知，分析结果显示：越是认识到化肥施用过量会造成一定的甜瓜质量安全问题以及对有机肥替代化肥技术了解越深入的种植户会更愿意减少化肥施用，并且在实际种植过程中采取积极践行绿色化生产。总而言之，种植户的绿色生产意识越高，越愿意践行农业绿色生产，越容易将有机肥替代化肥行动落到实处，在注重经济效益的同时兼顾生态效益和社会效益，从而进一步推动甜瓜产业的高质量发展。

（四）本章小结

本章基于对河北省青县、饶阳、安次、乐亭四大甜瓜特优区甜瓜种植户的调研数据，选取 11 个指标分别从四个类别对种植户有机肥替代化肥意愿和行为选择影响因素的二元离散回归分析。模型结果显示：被调查的甜瓜种植户性别、年龄、受教育程度、甜瓜收入在家庭收入中的占比、是否加入相关合作社、化肥过量对质量的影响程度和是否了解有机肥替代化肥等相关政策均对种植户绿色生产意愿、行为选择与意愿行为偏差有一定的影响，而种植面积与参加相关培训途径等社会环境特征影响不显著。

第十章　河北省甜瓜价格变动特征分析

甜瓜作为重要的水果之一，具有栽培周期短、栽培技术简单、生产适应性强、市场需求量大、经济效益显著、可与其它作物套作、土地利用率和复种指数较高等优点，是一种高效经济的水果作物。为了揭示河北省甜瓜价格波动规律，本书依据农产品价格信息网 2013—2018 年对全国甜瓜主产省区与河北省各主产县批发价格的实时监控数据，从时间、市场、省际、市际等维度进行分析，结果发现：①2013—2018 年甜瓜价格整体呈上涨趋势，且月度价格走势趋同，季节性明显；②2018 年河北省甜瓜价格整体走势呈较明显的“V”形，环比上涨，且年均价格相对较高，与往年相比有较大幅度上涨；③与其他品种瓜类相比，2018 年甜瓜价格涨幅相对较高，其中薄皮甜瓜中以博洋系列价格最高，厚皮甜瓜中以白金蜜甜瓜价格最高；④河北省内甜瓜特色优势产区价格走势趋于一致等价格变动特征。

一、我国 2013—2018 年甜瓜价格变动情况

（一）2013—2018 年价格整体呈上涨趋势

选取 2013—2018 年近 5 年的数据进行分析，发现我国甜瓜价格整体呈上涨趋势，由 2013 年的 5. 64 元/kg 涨至 2018 年 7. 93 元/kg，上涨了 2. 29 元/kg，涨幅 40. 6%，年均涨速为 45. 8% 。其中，2013—2014 年基本呈上升趋势，但 2015 年价格较 2014 年突然回落，至 5. 41 元/kg，降幅为 15. 8%，是近 6 年甜瓜价格首次跌落，并且是近 6 年甜瓜价最低值，2016 年价格开始反弹，直至 2018 年一直呈稳定增长趋势，由 2016 年的 5. 59 元/kg 涨至 2018 年的 7. 93 元/kg，上涨了 2. 34 元/kg，2018 年甜瓜价格涨至近 6 年最高，涨幅高达 41. 8%（图 10-1）。

（二）2016—2018 年甜瓜月度价格走势

目前居民对甜瓜的消费偏好主要集中于夏秋季节，生产和消费具有明显的季节性，受生产周期和消费季节性的影响，甜瓜市场价格呈现明显的两头高、中间低的季节波动性特征。据 2016—2018 年我国甜瓜价格月度走势（图 10-2），甜瓜总体上呈增长趋势的正弦波状，批发市场价格具有较为明显的阶段性特征，伴随着价格的波峰与波谷。1—3 月价格上涨期，3 月左右价格基本达到波峰；4 月开始价格一直回落，直至 7-8 月出现价格波谷；9—12 月价格一路回升，甜瓜迎来第二个价格波峰。在 2016—2018 年

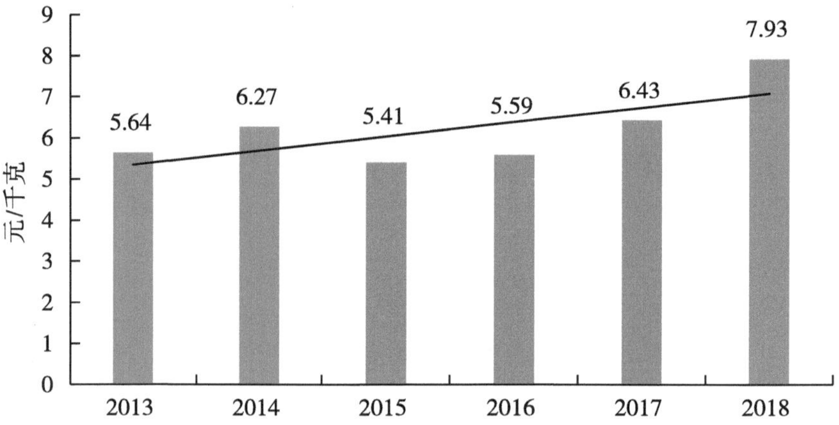

图 10-1　2013—2018 年我国甜瓜价格走势

注：数据来源为《农产品价格信息网—农价云》http：//www. 3w3n. com/user/priceCurve/golndex.，下图同。

期间，甜瓜的价格最高出现在 2017 年的 3 月，达 10. 35 元/kg，最低价格出现在 2017 年的 8 月，为 3. 11 元/kg。

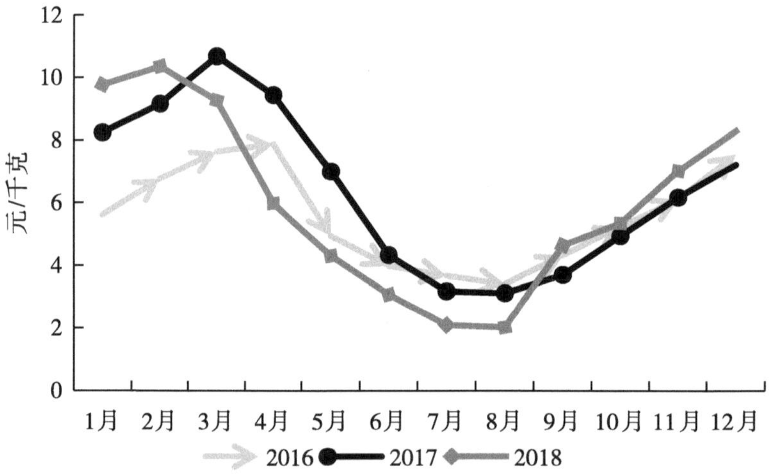

图 10-2　2016—2018 年我国甜瓜月度价格走势

数据来源：《农产品价格信息网—农价云》http：//www. 3w3n. com/user/priceCurve/golndex.

（三）2013—2018 年全国主产区甜瓜价格分析

华东、中南、西北产区三足鼎立的甜瓜产业布局已经初步形成，限于数据的可获得性和可靠性，选取全国、浙江省、山东省、甘肃省、广西省、河南省和新疆维吾尔自治区甜瓜近 6 年价格与河北省均价进行比较。可以发现，除 2014 年，河北省甜瓜价格与

6 个主产区和全国均价走势整体较为一致。就价格绝对值而言，2014—2018 年甜瓜河北均价低于各主产区价格，河北省年度价格维持在 5.26 元/kg，而主产区价格价格维持在 2.03~9.88 元/千克；2013 年，河北省甜瓜价格均高于全国以及各主产区价格，均价为 9.77 元/千克；2013 年后，价格一路走低，截至 2018 年，年度均价为 4.45 元千克，在全国处于中下游位置。就价格涨跌幅而言，除河北外（降幅为 54.4%），其他各地区甜瓜均价均呈现不同幅度上涨，广西与河南涨幅较高，达 170%和 247%。这是由于近几年河北省甜瓜产量过剩使市场供给增加，在市场需求一定的情况下，导致甜瓜价格持续降低（图 10-3）。

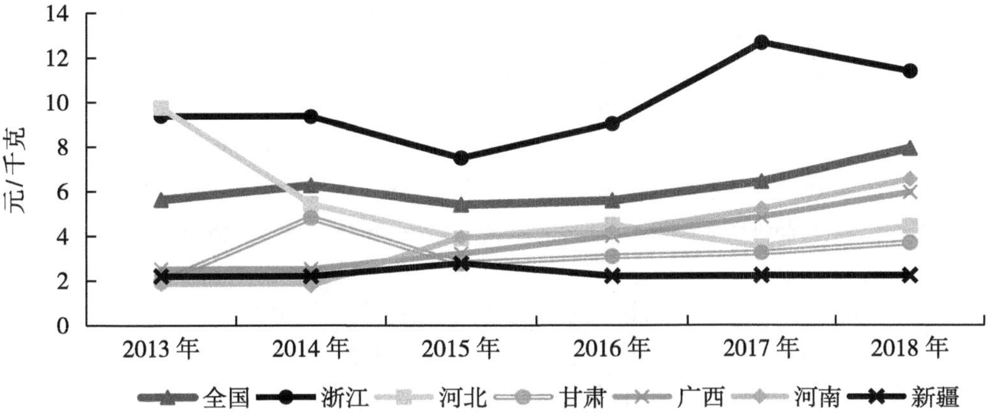

图 10-3 2013—2018 年全国甜瓜主产区价格比较

数据来源：《农产品价格信息网—农价云》http：//www. 3w3n. com/user/priceCurve/golndex

二、河北省 2018 年甜瓜价格变动情况

（一）整体走势呈较明显的“V”形，环比上涨

从图 10-4 柱形图中可以看出，河北省 2018 年甜瓜月均价格整体走势呈较明显的“V”形，其价格走势主要分为 3 个阶段；第一阶段为 1—2 月，甜瓜价格呈上涨态势，由 1 月的 9.76 元/千克增至 2 月的 10.35 元/千克，达到全年价格峰值；第二阶段为 2—8 月，甜瓜价格降幅明显，由 2 月的 10.35 元/千克跌至 8 月的 2.02 元/千克，降幅高达 80.4%；第三阶段为 8—12 月，甜瓜价格开始上涨，由 2.02 元/千克增至 8.3 元/千克，涨幅高达 310.8%。主要原因是受季节性因素和供求关系的影响，由于河北省大部分甜瓜主产区 12 月开始定植（温室），3、4 月第一茬瓜上市，导致甜瓜价格小幅下跌，5—8 月正值冷棚甜瓜上市期，甜瓜产量高，供过于求，甜瓜价格大幅下跌，9 月是甜瓜拉秧期，这时甜瓜已经是最后一茬，市场供给量小，价格开始缓慢上涨。甜瓜年内价格具有明显的季节性，基本在 3—4 月达到价格高位，7—8 月达到价格低位。

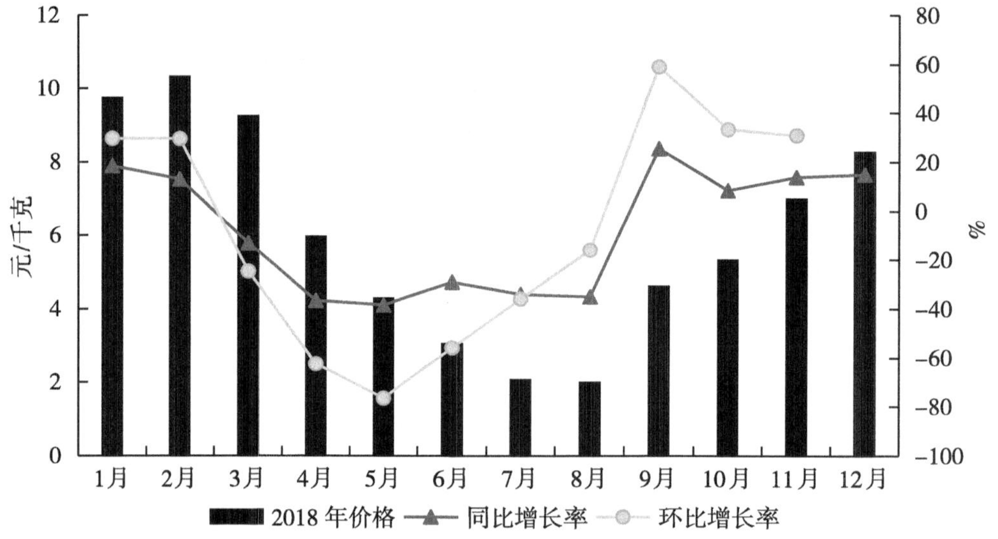

图 10-4　河北省 2018 年甜瓜月均价格及环比、同比增长率变动情况

数据来源：《农产品价格信息网—农价云》http：//www. 3w3n. com/user/priceCurve/golndex.

从图 10-4 折线图中可以看出，河北省 2018 年甜瓜月均价格环比，除 1—2 月、8—11 月环比呈上涨态势外，其他月份均有不同程度的下降。其中，9 月环比涨幅最为明显，达到了 33. 91%，4—5 月环比降幅最大为 35. 14%。与去年同期相比，3—8 月甜瓜同比略有下降，5 月之后同比降幅最高达 38. 4%。原因是 5 月以来，全国大范围遭受强降雨袭击，局地还伴有雷暴、大风、冰雹等强对流天气，且 7—8 月出现了持续高温天气，长时间的高温，尤其是夜间高温，对甜瓜生长发育产生不利影响，使甜瓜价格也受到一定的影响。

（二）年均价格相对较高，2018 年与往年相比有较大幅度上涨

从图 10-5 可以看出，2018 年甜瓜年均价格相对较高，涨幅明显。其中，2014 年年均平均价格最高为 5. 45 元/kg，2017 年最低 3. 52 元/千克，五年间的平均价格为 4. 34 元/千克，呈波动性变化趋势。就年度环比增长率而言，其中 2014 年、2015 年和 2017 年与前一年相比环比下降，2016 年和 2018 年与前一年相比环比上升，2018 年环比增长率为近 5 年最高，达 26. 42%。由于去年同期河北省甜瓜遭遇倒春寒导致上市推迟，价格波动明显，且今年河北省各主产区，甜瓜种植面积和去年大体相当、气象条件优于去年同期，产地衔接也比较顺利，所以价格有所提升。

（三）瓜类市场价格持续向好，甜瓜价格涨幅相对较高

从表 10-1 可以看出，2018 年河北省瓜类市场价格持续向好，2018 年年平均价格为 4. 45 元/千克，高于西瓜 1. 28 元/千克，从环比来看，河北省 2018 年整体的瓜类价格较 2017 年均有大幅度的提升，其中甜瓜环比增长率为 26. 42%，相对较高；西瓜相对较低，涨幅为 10. 83%。

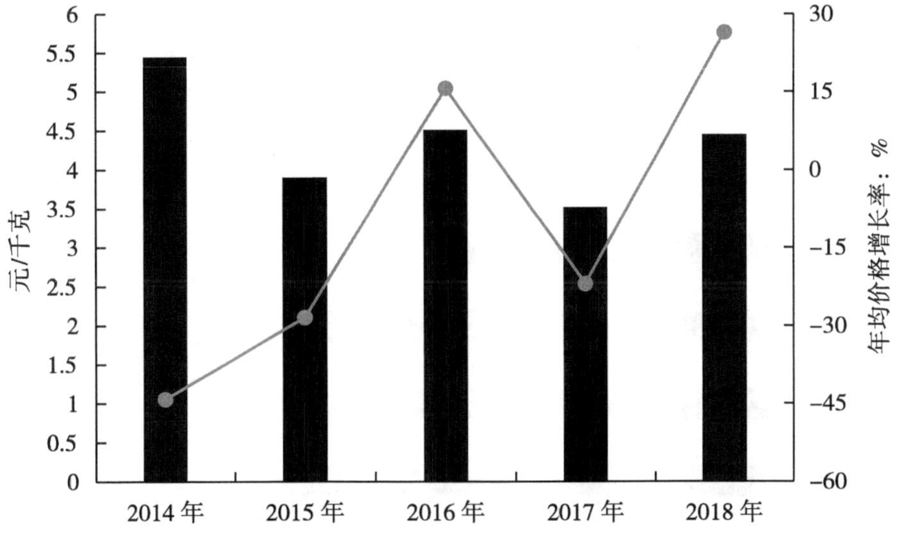

图 10-5　河北省 2014—2018 年甜瓜年均价格走势变动

数据来源：《农产品价格信息网—农价云》http：//www. 3w3n. com/user/priceCurve/golndex

表 10-1　河北省 2018 年各类瓜果年均价格涨幅情况　（单位：元/kg；%）

品种	2017 年年均价格	2018 年年均价格	环比增长率
甜瓜	3. 52	4. 45	26. 42
西瓜	2. 86	3. 17	10. 83

数据来源：《农产品价格信息网—农价云》http：//www. 3w3n. com/user/priceCurve/golndex.

选取伊丽莎白瓜、网纹瓜、哈密瓜 2018 年市场平均价格进行比较，其中网纹瓜价格最高，达 12. 72 元/kg，是伊丽莎白瓜价格的近 3 倍。就环比来看，河北省 2018 年整体的瓜类价格较 2017 年相比均有大幅度的提升，其中网纹瓜环比增长率为 84. 8%，相对较高；伊丽莎白瓜相对较低，涨幅为 2. 93%，哈密瓜价格相对居中，具体情况如表 10-2 所示。

表 10-2　河北省 2018 年各类瓜果年均价格涨幅情况　（单位：元/kg；%）

品种	2017 年年均价格	2018 年年均价格	环比增长率
伊丽莎白瓜	4. 43	4. 56	2. 93
网纹瓜	6. 88	12. 72	84. 8
哈密瓜	4. 1	4. 92	20

数据来源：《农产品价格信息网—农价云》http：//www. 3w3n. com/user/priceCurve/golndex

（四）主产区不同品种甜瓜价格分析

限于数据的可靠性和可获得性，选取 2018 年 12 月山东省与辽宁省不同品种甜瓜均价与河北省不同品种甜瓜均价进行比较，从图 10-6 可以看出，辽宁省与河北省甜瓜均价大致相同，除河北省绿宝均价 3. 6 元/千克高于辽宁省均价 0. 6 元/千克，其余品种均价均低于辽宁省。山东省均价较低，除博洋 61 号均价较高，其他品种甜瓜均价基本维持在 1. 7~2. 34 元/千克，具有一定的价格优势。

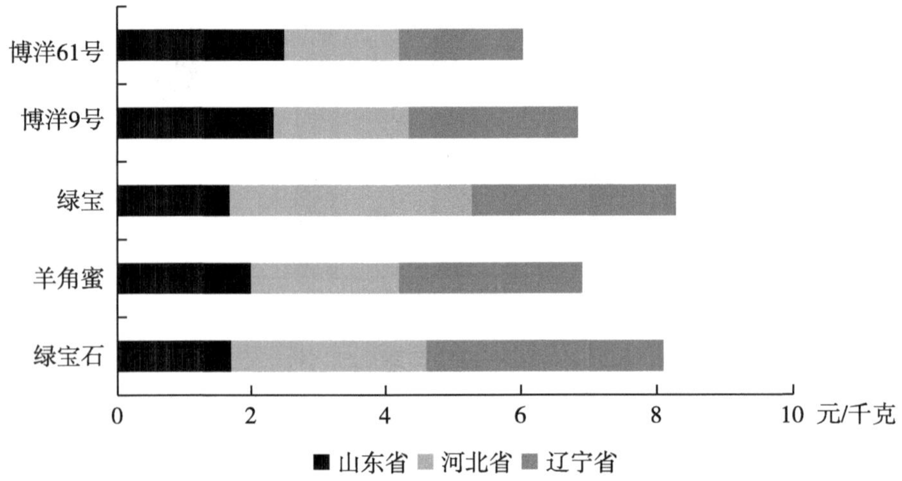

图 10-6　2018 年不同产区甜瓜均价比较

数据来源：惠农网

针对不同品种甜瓜价格进行分析，发现绿宝石、羊角蜜、玉姑、博洋系列和白金蜜市场价格较高，基本稳定在 2. 25~3. 8 元/千克。其中薄皮甜瓜中以博洋系列价格最高，达 3. 3 元/千克，厚皮甜瓜中以白金蜜甜瓜价格最高，达 3. 8 元/千克，高于伊丽莎白 2. 95 元/千克，是其价格的 4. 5 倍（图 10-7）。

（五）省内甜瓜特色优势产区价格走势趋于一致，乐亭均价较高

截至目前，河北省已形成各具特色的规模化商品基地，建立了 4 个特色甜瓜优势区，主要为温室和大中棚等设施种植，占总面积的 91. 26%。分别为：乐亭薄皮甜瓜优势产区、饶阳厚皮甜瓜优势产区、青县羊角脆甜瓜优势产区和安次厚皮甜瓜优势产区。现选取这 4 个甜瓜优势产区近 6 年价格进行比较。2015—2018 年，河北省各特色优势主产区甜瓜价格走势整体较为一致，涨幅不一（图 10-8）。就价格绝对值而言，2013—2014 年乐亭均价高于其他 3 个主产区价格。乐亭价格维持在 3. 96~4. 19 元/千克，而其他 3 个主产区价格维持在 3. 12~3. 88 元/千克；2015 年乐亭均价高于饶阳和青县，低于安次的 2. 1 元/千克；2016—2018 年，乐亭价格再次高于其他 3 个主产区。就价格整体涨跌幅度而言，乐亭和安次呈小幅度增长，饶阳基本保持不变，而青县出现下跌情况。乐亭增幅为 19. 6%，高于安次的 0. 2%；饶阳价格不变；青县下跌了 8. 5%。2014 年同比 2013 年青县的价格出现下跌，而其他 3 个主产区的甜瓜价格均出现小幅度增涨；2014—2015 年 4 个主产区价格出现大幅度下跌，其中青县跌幅最高达到 61. 5%，饶阳

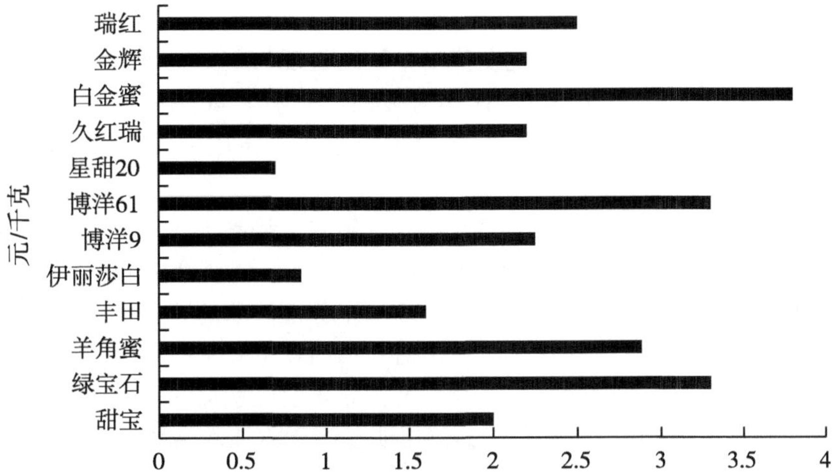

图 10-7　2018 年不同品种甜瓜市场价格

数据来源：惠农网

次之为 50.9%，乐亭第三为 49.8%，安次最低为 35.7%；除饶阳外，2015 年其他主产区均出现大幅度回升，其中涨幅最高的为乐亭，达到 123%；2016—2018 年各主产区甜瓜价格基本保持稳定。

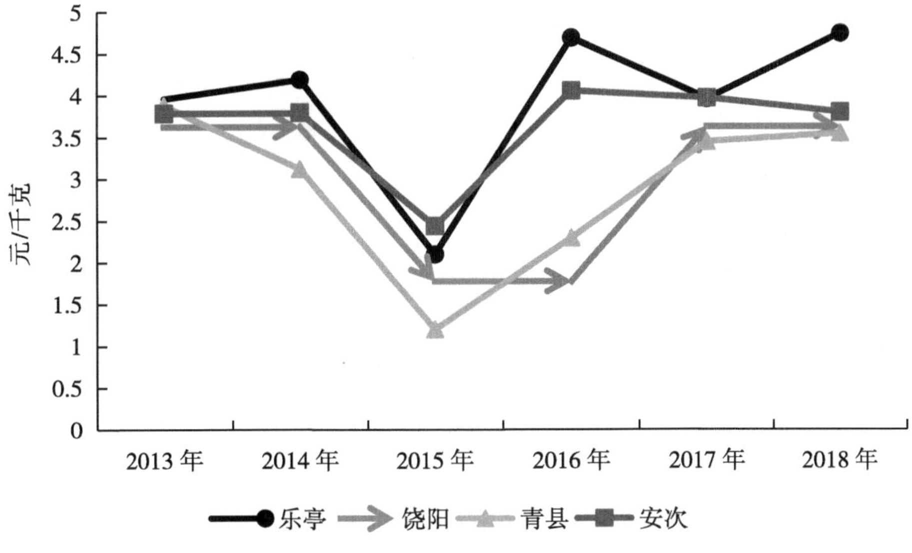

图 10-8　2013—2018 年河北省甜瓜主产区价格比较

数据来源：《农产品价格信息网—农价云》http：//www.3w3n.com/user/priceCurve/goIndex

三、结　论

通过从年度价格、月度价格、不同区域价格、不同瓜类品种价格四方面对河北省甜瓜价格走势进行分析，得出以下结果。

近 6 年各主产省份甜瓜的年度批发价格整体均表现为上升态势，期间波动幅度和增速差异较大，甜瓜价格涨幅和年均增速相对较高，分别为 40. 6%和 45. 8%，具有一定的趋势性和明显的季节性，呈现趋势性的原因是宏观经济因素导致物价以及农资、化肥、煤炭等原材料价格的上涨。

甜瓜年内价格波动具有明显的季节性，而且年间走势趋于一致。甜瓜价格走势呈较明显的“V”形，基本在 3—4 月达到价格高位，7—8 月达到价格低位。另外也可从栽培方式的不同导致生产者价格的差异来解释甜瓜季节性波动的特征。近些年来，随着居民收入水平的提高和消费结构的升级，居民对甜瓜消费主要集中在夏秋季节的特征逐渐减弱，居民对反季节甜瓜的消费需求逐渐变大，导致设施栽培甜瓜比重上升，设施栽培甜瓜（供应以 11 月—翌年 6 月为主）的价格明显高于露地栽培甜瓜（供应以 7—10 月为主）。

2018 年河北省瓜类市场价格持续向好，与往年相比甜瓜价格有较大幅度的提升，薄皮甜瓜中以博洋系列价格最高，厚皮甜瓜中以白金蜜甜瓜价格最高。

河北省甜瓜价格较全国和其他主产省份相对较低，且受市场供求和季节性因素影响，价格下降速度较快，省内甜瓜特色优势产区价格走势吻合度高。

第十一章　河北省特色甜瓜优势区调研报告

一、乐亭县甜瓜产业发展

乐亭县甜瓜栽培历史悠久，明万历年间，甜瓜即为乐亭主栽作物之一。乐亭县设施甜瓜产业自 20 世纪 90 年代初期以来发展较快，已成为发展县域经济和农民增收致富的特色优势产业。2016 年乐亭甜瓜通过国家质检总局地理标志产品保护专家评审，成为全县首个通过地理标志产品保护专家评审的产品。乐亭甜瓜产品特点是皮薄肉厚有光泽，口感甜脆适口，香味浓郁，耐贮运，可溶性固形物大于等于 11%，甜度在 14 度以上。

（一）产业发展概况

截至 2017 年年底，乐亭县甜瓜播种面积 5.7 千公顷，总产量 39 万吨，产值 17.18 亿元，占种植业总产值的 53.6%。主要分布在乐亭镇三丁庄、三刘庄、宁庄、三合、井孙庄、井刘庄、田庄、新埝、后葛庄、杨洼子等村；姜各庄镇李庄、东荒、杨驼子、岗子、周庄、杨家林等村；毛庄镇公北、于坨、南常坨、北常坨、庞康等村；汀流河镇张王庄、后庄、大杨庄、三义庙、刘狼窝等村；新寨镇流智庄、前兰坨、一村、石碑上、番道村。

乐亭甜瓜生产品种主要以薄皮甜瓜为主，主要有绿皮绿肉、绿转黄、花型三个主要系列三十余个品种，生产中代表品种有卡绿、含翠、金典、花姑娘等。甜瓜的优种覆盖率达到 100%，其中“永甜甜瓜”“骄雪五号”被第十届中国（廊坊）农博会评为“名优农产品”。2014 年乐亭甜瓜通过国家质检总局地理标志产品保护专家评审，成为该县首个通过地理标志产品保护专家评审的产品。截至 2017 年年底，注册商标 89 个，进行有机绿色认证 5 个。

（二）产业发展经验做法

1. 加强政策扶持

多年来，乐亭县委、县政府制定了甜瓜产业长期发展规划，把甜瓜产业发展纳入全县农业发展的总体布局，积极扶持甜瓜产业发展。在规划中从资金、技术、科技等方面制定了一系列措施。一方面鼓励争取国家项目资金支持，积极与国内省内高校、科研院所等机构合作，争取国家科研试验示范项目，支撑甜瓜生产园区的现代农业关键技术与设备的研究开发和科研人员培训等工作；另一方面建立多渠道、多层次的投融资机制，吸引更多企业、金融机构和社会各方面力量参与投资甜瓜产业，形成多元化投入灵活机制，共享甜瓜产业发展红利。

2. 强化科技支撑

一方面，强化品种改良与创新。乐亭县将创新作为保持甜瓜产业健康发展的基础工作，先后与河北省农林科学院、中国农业科学院花卉研究所、内蒙古大民种业有限公司、北京农林科学院等国内的科研院所及知名种业公司建立了长期的业务合作关系，每年按照生产需要，有计划地引进、示范、推广 5~10 个甜瓜新品种，保持甜瓜生产品种的不断更新。另一方面，加强实用技术推广。乐亭县生产模式类型多样，实践中全面推广了加苫中棚甜瓜高产高效栽培技术、塑料大棚甜瓜多层覆盖高产高效配套技术、冀优Ⅱ型高效节能日光温室高标准建造技术、棚室甜瓜秸秆生物反应堆应用技术、甜瓜嫁接栽培技术、甜瓜套袋技术、日光温室甜瓜水肥一体化技术等 12 项甜瓜生产实用技术，并结合本县生产实际独创了日本白籽南瓜砧木 1 号嫁接、吊蔓立体种植、梯次结瓜周年生产的栽培技术，生产水平在全国处于较领先的地位。

3. 坚持标准引领

乐亭县把标准化作为甜瓜产业育品牌、强特色、壮实力的关键，组织有关专家，依据《食品安全法》《农产品质量安全法》的法律法规，制定了《绿色食品（A）级河北省薄皮甜瓜生产技术规程》《薄皮甜瓜集约化生产技术规程》等省、市级地方标准 3 项。成立了 12 名专家组成的甜瓜生产专家委员会，负责标准的宣传、培训和推广。乐亭县是农药使用先进县。在生产中建立了一整套合理施肥，节约用水的管理制度及实用技术。通过积极引导菜农使用农家肥、生物菌肥，控制化肥用量，优化土壤环境。充分利用沼渣沼液改良土壤减轻甜瓜病虫危害，减少农药和化肥的使用量。全县形成了以县局蔬菜站、乡镇农办、成人技校为主体，合作社、甜瓜协会为依托的完善的培训体系，以集中培训、现场指导、跟踪服务等措施，合力推广标准化生产保证了甜瓜生产技术持续发展。有关部门联合执法，对投入品经营和使用全程监管，确保种植、加工、储存全过程安全可控。

4. 重视市场物流建设

建立了较完善的储藏、冷链配送体系，全县现有冷库 25 个，冷藏车 250 辆，网上销售网点 2 个。拥有投资亿元兴建的占地 66.67 公顷的“冀东国际农产品物流交易中心”；拥有两个具备 2 万吨气调仓储能力的冀东果蔬总公司和欧意金土公司；培育了 160 多个中介组织、近 3 000 人的经纪人队伍，联系着 4 万多家国内外客商，形成了公司+批发市场+经纪人，经纪人外联客商、内联基地和农户的农业产业化经营模式；拥有多家物流中介机构。这些都为甜瓜产业的发展提供了安全有效的物流市场环境。

5. 发挥新型经营主体的带动作用

全县共有甜瓜生产类专业合作社 925 个，涵盖全县 92%的甜瓜生产户，社会化服务体系 2 个，全县瓜农的组织化程度得到不断提高。引资金、上项目，合资、合作、招商、嫁接多措并举，培育万事达、绿昕、佳丰、佳音、绿野、四合果蔬等专业合作社，把一家一户的农民组织起来，实行“六统一管理”（统一品种、统一采购、统一标准、统一检测、统一标识、统一销售）做到100%统防统治，100%测土配方施肥，100%产品订单生产。发挥龙头带动作用，建设产前、产中、产后服务联合体。培育万事达、绿昕、金畅、绿农、瑞达果蔬专业合作社的5个育苗基地，重点改善设施设备条件、规范育苗技术，力争每个育苗基地实现年育苗能力500万株以上。

6. 打造产品品牌

打造叫得响的甜瓜品牌，对全县的甜瓜品牌资源根据生产基地面积、品种类别、产业化程度等情况进行整合，优选出“汀香”“呔城”“顺稈”3个甜瓜商标作为全县甜瓜外销时重点使用商标，充分利用冀东国际农产品物流中心统一包装、统一销售。其中“汀香”牌甜瓜于2015年被评为河北省知名品牌。组织参加广交会、廊坊农产品交易会、唐山市农产品交流会等国内展会，促进乐亭甜瓜的知名度的提升；同时以绿野、万事达、金畅为代表的合作社在京津大型超市设立专柜向客户推销乐亭甜瓜，提升品牌效应，并认真组织绿色、名牌产品的申报工作。

7. 加快融合发展

抓好甜瓜生产环节的同时，依托旅游产业，实现一二三产业融合发展，不断放大甜瓜产业的内涵和外延的扩张效应。乐亭旅游资源丰富，“三岛”与山海关、北戴河、南戴河形成著名黄金旅游线路，在丞起、万事达、绿昕等园区规划建设40公顷的甜瓜采摘园，以此带动特色餐饮、特色礼品、特色旅游等新兴业态和消费热点的兴起，赋予甜瓜产业的新内涵。

在县委、政府的长期大力支持及广大技术人员共同努力下，甜瓜产业发展迅速，生产规模以年均10%以上的速度递增。在2018—2021年，以现有绿昕、丞起、绿野、万事达专业合作社甜瓜基地为基础，创建2个设施甜瓜生产面积133. 3公顷的标准园，包括日光温室66. 7公顷、春棚66. 7公顷，基地做到集中连片，水、电、路基础设施配套完善，生产过程标准化，产品品质达到食品安全国家标准，节本增效10%以上。积极争取绿色、有机食品和GAP认证及地理标志登记，加大产品品牌建设，并与二商集团、北京新发地批发市场、京客隆和物美超市建立产期供货关系，形成京津稳定的基地。

（三）产业发展重点

1. 打造优势区，进一步做大做强甜瓜产业

县镇乡各级涉农部门站在建设一流农业富县的高度，站在促农增收的高度，按照“兴一个产业、活一方经济、富一批农民”的发展思路积极谋划甜瓜产业发展，加大支农惠农力度，积极推动区域内甜瓜特色产业扩规模上水平。

用工业化思维谋划甜瓜产业发展，发展品牌经济，品牌就是竞争力、就是效益。积极申报全国特产之乡，打造甜瓜特色品牌。建设与产业对接的专业龙企，一是发挥龙企上连市场，下连基地农户的优势，发展订单农业，积极培育“公司+协会（农民专业合作社）+基地+农户”产业化发展模式，提高产业抵御市场风险能力，实现产业可持续发展；二是发挥龙企的农产品仓贮加工转化能力，把甜瓜作为初级农产品，上市交易时间短，产品附加值低的劣势转化，通过延长上市期或加工成蜜饴、瓜汁，实现转化增值。这样两条腿走路，产业壮大指日可待。

2. 建立良种繁育体系，严把种子种苗关

为了保证瓜种质量，除加大农业、工商执法监管力度，净化种子市场外，按照可持续发展的总体规划，县财政应拨付专款建设优质甜瓜良种繁育体系，重点建设万事达、金畅、绿野、绿农、瑞达、绿昕、农兴等年育苗能力500万株以上育苗场7家。完善丞起、万事达、金畅3家育苗场的硬件设施的配套工作，增家育苗面积1公顷，增加育苗能力200万株。使全县年育苗能力达到1.2亿株以上，将全县设施甜瓜工厂化育苗覆盖率提高到60%以上。

3. 狠抓技术普及与攻坚，提升产业技术水平

对于产业内新增农户，要加大技术普及力度，提供全方位服务，开展科技特派员下乡活动，全面实施农业科技进村入户工程，扩大科技覆盖面，满足农户科技需求，为产业提供科技支撑。

设施甜瓜连年栽培造成土壤盐渍化、土传病害严重的村，必须进行产业技术攻坚，更新品种、普及技术、创新模式、依靠科技实现甜瓜产业良性可持续发展，建议由县财政投资，建设甜瓜无土有机栽培示范园，发展绿色有机甜瓜。由农牧局技术人员完善技术，积累经验，为指导全县大面积生产做好充分准备。

4. 建立健全规范甜瓜协会，实行公司制市场运作

按照农民合作社的建设要求，建立健全规范乐亭县的甜瓜协会组织，在发挥技术交流、生产资料统购统销、产业自律作用的基础上，运作过程中要逐渐加强协会的市场主体地位，实现以协会实现与国内外市场的对接，解决种植户分散经营的问题。在实行产销联合的基础上，积极引入包括土地流转在内的生产资料重组联合，实现乐亭特色甜瓜的产业化经营、规模化发展，打造绿色品牌，拓展中外市场，提质增效，富民强县。

二、青县甜瓜产业发展

(一) 产业概况和资源禀赋

1. 产业概况

近几年，青县政府通过加大投入，强化扶持等政策，为青县羊角脆的发展营造良好的发展环境。目前，青县羊角脆产业已具备一定规模，在周边市场树立了良好的形象和较高的信誉。截至2017年，青县蔬菜专业合作社已达到150个，入社社员达到20 000余户，拥有市级龙头企业2个，市级示范社8个，其中省级示范社3个、国家级示范社2个。2017年全县甜瓜种植面积8千公顷，产量60万吨，产值24亿元，其中，全县拥有羊角脆种植基地21个，羊角脆种植面积4.3千公顷，占沧州市甜瓜种植面积的78.12%。全县甜瓜总产量32.5万吨，占沧州市甜瓜产量的79.66%。现在，青县已经是全国最大的羊角脆生产基地，全部应用优良品种，进行标准化生产。县内甜瓜专业市场12个，每年线下和线上销售青县羊角脆礼品装达20万箱以上，甜瓜产业在青县农业中的支柱作用越来越明显。

2. 资源禀赋

青县具有种植优质甜瓜的得天独厚的自然资源禀赋。一气候优势，青县位于河北省东南部，属中温带半湿润大陆性气候，无霜期长，光照充足，年平均气温为 12.7℃，≥10℃积温 4 302.6 ℃，热能资源富足，无霜期 180 天，为青县羊角脆优异的品质创造了得天独厚的气候条件，因此青县羊角脆糖分含量较高，果实香甜，质地松脆。二土壤优势，青县为濒海区，距离渤海湾黄骅市海域 80 公里，土壤多为潮土或盐化潮土，耕层为中壤土或沙壤土，pH 为 7~8.5。这种独特的盐化土壤为青县羊角脆生长提供了独有的土壤环境，抑制了土壤有害微生物的繁殖，使病虫害发生较轻。土壤深厚，透气性好，土壤肥沃，肥力高，结构优良，土壤中营养元素全面、丰富、比例协调，使青县羊角脆中氨基酸的含量丰富，风味格外鲜嫩爽口。三水文优势，青县地下水资源丰富，大部分地区开发利用浅层、中层和深层水，井深在 30m~380m，单井出水量 $80m^3/h$，便于青县羊角脆的吸收利用。水型为碳酸氢钠，水质 pH 为 6.5~8.5。水质好，无色、无味、pH 适中，且各种重金属含量低，正因为青县如此优良的水质，才使青县羊角脆符合国家绿色食品标准。

（二）产业发展现状

1. 销售市场辐射范围广阔

青县羊角脆的销售市场辐射范围涉及北京、天津、东北三省、山西、内蒙古、河南、山东、广东、湖南、湖北等 15 个省、市（区），主要销售渠道为北京新发地、黑龙江哈达、佳木斯、天津王顶堤、山东济南、内蒙古包头、山西大同等大型农贸市场以及北京物美、家乐福超市、天津万利盛配餐有限公司、天津米澜等大型超市，旺季时，国内销售市场每天销售量达到 140 万千克。在销售过程中，为适应不同层次的市场需求，对青县羊角脆进行分等定级，在销售过程中采用单瓜套网、纸箱垫层加以保护。随着市场的不断开发，广东、海南、浙江等地市场销售量增加，新品种的研发，高端市场初见端倪，市场潜力巨大，形成南运北输的局面。另外，青县远销韩国、俄罗斯等国外市场，每年出口 1 000 吨，创汇 300 万美元。

2. 产业科技发展取得成效

青县设施蔬菜种植已有 30 年的历史，期间得到各大科研院校专家指导，一些关键技术和成果得以推广应用。中国农业大学在青县建立了教授工作站，中国农业科学院与青县签订了成果转化合作协议，河北农业大学与青县签订了科技合作协议，将青县作为科研教学基地，河北省农林科学院将青县确定为科技成果转化基地。引进中国农业科学院蔬菜所、北京蔬菜研究中心、天津蔬菜研究所等甜瓜新品种进行试验示范，同时青县是国家大宗蔬菜产业技术体系示范县、河北省现代农业产业技术体系蔬菜创新团队一期、二期蔬菜综合试验推广站。基地对科研专家提供的新品种、新技术进行试验示范，加快科技成果转化速度。青县蔬菜技术服务中心与河北农科院联合研发的设施西瓜甜瓜新品种筛选及配套高效技术集成与推广、与运河湖研究所研发的青县羊角脆绿色高效技术集成与推广在青县大面积推广应用。另外，青县制定了 34 个绿色生产技术操作规程，作为地方标准予以推广。制定青县羊角脆甜瓜方面标准 3 个，其中省级地方标准 1 个。

近3年青县承担了现代园区、特色优势产业、有机肥替代化肥项目，争取财政资金2 690万元，社会资本投入3 000万元。

3. 质量控制不断完善

为保证蔬菜产品质量安全，一是大力推广标准化生产技术，实施了“塑封牌入棚工程”，将主要蔬菜品种生产技术规程、推荐使用农药及禁用农药等关键技术印制成塑封牌5万多张，分发给种植户，悬挂于棚室中。二是加强产品质量安全监管，制定质量监管制度，建立应急处置机制。三是建立了县、合作社两级检测网络，县蔬菜检测中心进行农产品质量定量检测，合作社及市场建立蔬菜质量检测点，配备速测设备，进行定性检测，确保产品上市前的质量控制。四是源头控制。县农林局、工商局、质量技术监督局等部门加强对农资市场的监督检查力度，堵住源头，净化农资市场。五是加大了“三品一标”的认证力度。六是逐步实行质量可追溯制度。合作社对农户社员进行统一编码，信息入档。产品进行标识销售，包装上标明产地、合作社、品种、日期、重量及编码等，出现质量问题可直接追溯到户。

4. 品牌培育成果显著

青县羊角脆是青县一千多年以来留存下来的地方品种，其品种本性被保存至今，是青县菜农自己繁育，没有经过外埠品种入侵杂交的地方品种。这是青县所特有的，已成为青县地理标志产品。青县全县共注册农产品商标60个，其中中国驰名商标3个（小洋人、妙恋、大司马），河北省著名商标9个（大司马、青青、利财、耿官屯、福鑫家园、小放牛、绩丰、思盼、锦芳）。2016年，在首届京津冀产销大会上，“青县羊角脆”入选河北省十大地方特色蔬菜，“青县黄瓜”入选河北省十大类单品蔬菜基地。通过地标产品以及品质蔬菜产品建设，使其特色更加突出，提高产品影响力，对扩大销售市场，提高经济效益发挥着重大作用。

目前“青县羊角脆”已申请国家地理标志产品，具有独特的商品品质特性，并形成了区域品牌与企业品牌共生的品牌体系，在国内享有很高的声誉。青县应充分利用北靠天津，南接沧州，东邻渤海，距离北京160千米左右的优越的地理区位优势加之青县特有的盘古历史、运河文化等，按照特色优势产业与多种经营相结合、科学试验与推广示范相结合，经济效益、生态效益和社会效益同步发展相结合的原则，积极打造集生产加工、休闲采摘、观光旅游于一体的现代农业示范区。不断发展除直营以外的农超对接、农餐对接、电子商务等多种销售模式。中央电视台7套及省、市电视台、《河北科技报》《沧州日报》等宣传报道青县羊角脆，使更多的人知道青县羊角脆的好味道。

5. 绿色发展初见成效

青县羊角脆种植面积逐年增大，效益基本保持稳定。在灌溉方面，青县大力实施节水灌溉，实施水肥一体化，这样既能节约水资源又能减少成本投入。在标准化生产方面，青县大力号召羊角脆种植农户减少农药、肥料使用量，鼓励农户进行绿色生产。在农艺上，实行轮作倒茬及土壤改良措施，培肥地力，减少病虫害。另外，一些羊角脆种植合作社正在进行羊角脆套袋实验，套袋不仅能提高羊角脆的颜色和口感程度，更能对羊角脆进行绿色管理，防治虫害侵袭，阻隔药剂、防尘，保证羊角脆的品质。司马庄绿豪农业专业合作社的 21 个蔬菜产品获得了绿色食品认证；11 家合作社的 38 个蔬菜产品获得了无公害产品认证。

在瓜秧处理方面，青县以菜田废弃物高效循环利用为核心，重点研发菜田尾菜、藤蔓类秧秸等废弃物与腐熟剂配伍的无害化处理工艺，开发生物有机肥系列产品及其配套施用技术，开展田间试验示范，推动菜田减施化肥农药增效与土壤培肥，推进菜田环境洁净化，另一方面，通过青贮、微贮、揉搓丝化、压块等处理方式，将蔬菜瓜秧等尾菜转变成优质饲料，饲喂牛、羊等食草牲畜，并将其粪便加工成有机肥还田，实现资源循环利用，大力提升环境改善能力。

6. 政府重视产业发展

在羊角脆的种植和育种方面，政府在积极配合科研院校进行新品种、新技术转化的同时，组建科技服务队伍，并积极聘请蔬菜专家来青进行大型知识讲座和培训，让菜农掌握最先进的标准化蔬菜种植技术，提高新品种、新技术的普及率，提升蔬菜产品科技含量。青县农林局联合河北农业大学在司马庄青县运河湖蔬菜研究所进行青县羊角脆的提纯选育，2017 年选育的青脆 1 号已通过专家田间检测，开始在青县推广应用。在生产销售方面，县政府出台了相关扶持政策，对严格标准化生产，产品符合地标要求，质量合格的产品，经过审查备案后，允许其使用标志。此外，政府还对年销售 100 万千克的合作社企业给予一定的资金支持。涉农项目打包向核心区倾斜，倾力打造优势产品标准化生产基地。在完善基础设施方面，几年来，县政府整合各部门资金 7.05 亿元，完善了甜瓜示范区内的基础设施，基本形成了“路相连、渠相通、旱能浇、涝能排”的格局，搭建起了现代园区的发展框架。

（三）产业发展存在问题

尽管青县甜瓜产业的发展具有良好的产业发展基础，近年来取得产业扩张速度较快，但在产业科技水平、加工存贮等仍是其主要制约因素。

1. 产业标准化体系不完善

青县甜瓜已申请地理标志产品，对产品生产技术、品种、区域等已做出相应规程。但在产品生产过程中，仍存在生产技术规程、加工处理规程、产品质量标准和质量检验规程不全面、不完整，存在标准不适用和有标未执行等问题，甚至还存在无标生产现象。总体上还处于生产粗放、产品粗糙、市场低端状态，尤其符合高端市场的高端产品质量标准缺乏，挖掘内生潜力很不充分。

2. 加工仓储能力弱

不耐存贮是制约羊角脆甜瓜流通的重要瓶颈。为此大多甜瓜在未成熟时进行采摘以延长保鲜期限，影响产品的口感与市场认可度。另外，产品市场细分不够，大部分产品多以统货方式在地头完成交易，简单分级包装的产品也以批发市场销售为主，缺乏有特色、有创意、高附加值的个性化包装设计，高端产品生产能力不足，商品附加值普遍较低。产品产地预冷和冷链运输能力不足，精深加工及综合利用技术欠缺。

3. 营销新业态发展滞后

在产品营销与品牌创建方面，虽然青县甜瓜已建立地域与企业品牌，并积极开拓京津冀与其他省份市场，但仍存在市场开发不够，市场营销、品牌宣传的力度小，在国内外市场知名度不高等问题。尤其在产品营销领域，销售渠道狭窄，基本囿于传统销售渠道，网上拍卖、网上销售、住宅配送等服务业态发育不充分，“互联网+”农业的新型营销方式发展滞后。品牌培育迟缓，区域品牌滥用现象严重，没有形成区域品牌、企业品牌和产品品牌体系。

4. 甜瓜品种繁育不规范

青县特色优势产品羊角脆的品种选育、提纯复壮和良种繁育基本处于无序状态，存在着同种异名、同名异种现象。产区内多品种种植，产品趋于同质化，拳头产品特色不明显、不突出，规模效益、品牌效应发挥的不够充分。五是肥水利用率低。片面追求高产，存在过量施用化肥，不仅造成土壤次生盐渍化、肥料流失等问题，还导致甜瓜产品口感不佳，一定程度上增加了病害发生的风险，进而对保证产品质量安全和生态安全带来隐患。

（四）青县甜瓜产业发展建议

1. 建设标准化生产体系

以产品质量标准为导向，与省蔬菜产业技术体系专家团队协作，集成推广不同设施、不同茬口甜瓜优质生产技术集成蜜蜂授粉、膜下滴灌水肥一体化、防虫网、黄板、生物菌肥、病虫害绿色防控、物联网、废弃物无害化处理及资源化利用等的绿色标准化技术，推行良好生产规范，以标准化生产带动产品质量的整体提升。研究优势产区甜瓜的采后商品化处理技术，把产前、产中、产后各环节纳入标准化管理轨道。另外，县级农业部门和生产经营主体要树立强烈的标准化生产观念。与省蔬菜产业技术体系专家团队对接，充分吸收传统技术优秀成分，加强实验研究和技术集成，梳理现有标准，加快修订完善，建立完善特色产品的观感品质、营养风味品质、卫生安全品质标准，提出特色高端羊角脆甜瓜产品质量标准。科学编制生产技术规程、产品分级标准和产品质量检验规程等地方标准和企业标准。生产经营者要建立具有丰富品牌文化的包装标准，建立健全服务规范，加强宣传贯彻，强化质量标准、各项规程和服务规范的约束性。

2. 加快一二三产业融合发展

加强产后清洗、分级、包装等商品化处理，在产地配备相应的预冷设施，完善冷链贮运体系，形成以优势产品为主，季节性均衡供应，完善储藏、保鲜、烘干、清选分级、包装和冷链物流等设施装备，提高商品化处理率。支持有发展潜力的加工企业（合作社、家庭农场）研发创新加工工艺，开发功能食品、方便食品、化妆品、保健品、食用色素、食品添加剂和药用成分等高附加值产品，实现等外品的全部转化处理和增值增效，延伸产业链。

3. 加强市场开发和品牌建设

积极抢占京津高端市场，做好充分的市场调研和市场细分，打造个性化的私人订制营销方案；举办多种形式的“瓜王”评比，并通过现场拍卖、网上拍卖、大造声势、扩大影响；稳定巩固现有京津市场，开拓周边市场，探索建立品牌外销渠道；进行区域公用品牌打造，开展品牌形象设计，把特色产品的个性化特征放大，打造区域公用品牌；强化区域品牌授权使用和管理，指导优势产区内各类生产经营主体注册商品商标，通过区域公用品牌与企业商品商标并行使用，在域内形成既相互合作又正当竞争的发展氛围；建立品牌危机预警、风险规避、紧急事件应对机制；构建完善的品牌保护体系，严厉打击冒用、滥用公用品牌行为，健全失信“黑名单”制度，切实保护品牌形象；鼓励企业开发高端产品，开展“绿色食品”“有机食品”认证。另外，要充分利用广播、电视、网络等媒体宣传平台，加大对青县优势特色主导产业的宣传报道力度，赢取各级领导和社会各界的对青县特色主导产业的认识。通过蔬菜产销大会、农产品交易会等、推进产销衔接；充分发挥紧邻京津的区域优势，努力实现三产良性融合。发挥项目示范带动作用，实现农民节支增收。

4. 产学研协作，开展科技公关

加强校企合作，提高创新能力。青县要继续以河北农业大学为技术依托单位，以提高羊角脆品质为目标，开展科技攻关，进行羊角脆品种、新技术的研发、试验、示范，加强基地建设，达到资源节约、技术集成，形成技术规程。配合科研院所开展地方品种“青县羊角脆”品种提纯复壮，保持和改良其优良品质特性。加大“羊角脆甜瓜”地标产品的品牌保护及开发力度。系统开展品质改良和开发利用，培育一批优质、多抗、抗逆、商品性好的甜瓜优良品种。与省蔬菜产业技术体系专家团队合作，围绕青县羊角脆甜瓜全产业链薄弱环节，进行科学攻关和技术集成。对种业、育苗、生产、质量控制、商品化处理及加工、贮运物流、品牌建设和市场营销等关键环节进行标准化技术组装与集成，推动产业由规模产量型向质量效益型转变。破解甜瓜冷链运输、贮藏的瓶颈，实现甜瓜的季节性均衡供应。

5. 大力开展有机肥替代化肥试点

农业部印发《开展果菜茶有机肥替代化肥行动方案》，2018 年选择 100 个果菜茶重点县并拿出 10 亿元作为补贴，开展有机肥替代化肥示范，青县是河北省 7 个试点县之一。青县在有机肥替代化肥试点工作中，重点推广“有机肥+配方肥”“有机肥+水肥一体化”等替代模式。在增施有机肥的同时，示范推广物联网滴渗灌、微喷等水肥一体化技术，实现由浇水向浇营养液转变，提高水肥利用效率。推广内置式秸秆生物反应堆，释放二氧化碳、增强光合作用，提高地温，增加土壤有机质含量，抑制土壤次生盐渍化。

设施蔬菜方面，通过“有机肥+配方肥”“菜—沼—畜”“有机肥+水肥一体化”“秸秆生物反应堆”4 种技术模式，通过减少化肥使用，实现资源循环利用和农产品提质增效。为促进优势蔬菜产业发展，青县农业局安排黄瓜和甜瓜有机肥替代化肥肥效实验两个，摸清不同数量有机肥替代化肥的用量以及增施有机肥对蔬菜产量和质量的影响，制定青县主栽蔬菜品种有机肥替代化肥技术方案。

三、安次区甜瓜产业发展

（一）产业发展概况

按照特色主导产业发展要求，安次区根据产业实际状况，将基础好、规模大、效益高的甜瓜产业作为重点打造对象。

安次区甜瓜种植历史悠久，最早可追溯到明朝中期。在 1997 年，安次区即被中国特产研究会命名为“蜜瓜特产之乡”，在 2017 年京津冀蔬菜产业大会上被省农业厅认定为厚皮甜瓜基地。安次甜瓜有薄皮、厚皮两大系列，品种有几十个，主栽品种就有十多个，主要包括天蜜脆梨、久红瑞、瑞红、九青蜜、绿宝石、羊角脆等。全区现有甜瓜生产专业村 30 个，种植区域集中在杨税务乡、落垡镇、仇庄乡三个乡镇；全区注册甜瓜专业合作社 30 多家，入社农户 6 000 余户，辐射带动 1 万人参与甜瓜标准化生产与品牌化销售，全区从事甜瓜产业相关的经纪人达 600 余人。

目前，全区甜瓜面积已达 3. 27 千公顷，年产甜瓜 19. 38 万吨，产品销往全国 20 多个省市，产值可达 4 亿元，甜瓜产业已成为全区一条优势农产品产业带以及全区农民增收致富的重要渠道。

安次区于 1996 年注册了“金都”蜜瓜品牌，于 1997 年在北京第三届中国农业博览会上被评为名牌产品，在 1999 年被列为河北省 22 种名牌农产品之一，并在 1999 年昆明世界园艺博览会上获得铜牌，在 2006—2009 年第十、第十一、第十二届、第十三届中国（廊坊）农产品交易会上连续四年被评为河北省名优农产品。安次区甜瓜先后获得了无公害产品认证、绿色产品认证，2011 年年底，“安次甜瓜”获得了农业部地理标志认证，产品在国内市场享有很高的声誉。

（二）产业发展优势与产业现状

1. 资源禀赋优势

安次区位于河北省中北部，地处东经 116°35′25″~116°53′08″，北纬 39°32′52″~39°08′31″，安次区地表系永定河冲积物堆积而成，属于河北平原中的低平原部分，属于褐土地带，但由于地势低下，地下水源较高，地下水充分参与了成土过程，所以潮土是安次区主要土壤类型，占总面积的 95%以上，土层深厚，表层土壤质地以沙壤土为主。全区有机质平均值为 18. 5 克/千克，瓜菜种植区有机质含量在 22 克/千克以上。

从气候条件上看，安次区属于暖热带半干旱半湿润大陆性季风气候，四季分明、寒暑交错、干湿界限明显。年平均气温为 11. 9℃，1 月最冷，月平均气温为-4. 5℃；7 月最热，月平均气温为 26. 1℃。年均日照时数为 2 659. 9 小时，无霜期 198 天。多年平均降水量为 555. 3 毫米，降水主要集中在夏季，6—8 月降水量占全年的 70%~80%。地区光热资源充足，雨热同季，有利于甜瓜的生长。

2. 产业基础较好

（1）基础设施完善。全区甜瓜种植主要集中在安次区四大板块之一的“北部绿色生态板块”，通过近十年的打造，该区域水、电、路、网等基础设施条件完备，下大力度解决了阴雨天气道路泥泞，甜瓜运送困难的问题，近几年硬化棚区道路20多千米，方便了甜瓜运输。

（2）生产水平领先。在新品种引进推广方面，安次区有两家甜瓜育种企业，每年平均推出3~4个甜瓜新品种；区财政每年安排一定的资金，专门用于新品种的试验、示范和推广。在更新品种的同时，也加大了新技术的推广，将大水漫灌改为微滴灌，并且应用了测土配方施肥、微生物菌肥改良土壤、病虫害综合防治、熊蜂授粉等集成技术，使全区甜瓜标准化生产率达到95%以上；区农业局大力推广甜瓜多层覆盖技术，可以使冷棚甜瓜提早上市10~15天，从而提高了经济效益。

（3）市场稳定。安次区目前有3个瓜菜产地批发市场，方便瓜农菜农销售瓜菜。建有大型综合农产品交易市场1座，即北方农贸市场，该市场拥有大型冷库30余个，可储存瓜菜产品超过10 000吨。

（4）销售方式创新。甜瓜销售过程中，安次区积极推进特色主导产业与“互联网+”融合发展，通过电商平台开展线上销售。依托廊坊市臻味农品农业科技有限公司在北京开设直营连锁店（廊坊安次臻味浓生鲜直营店）、与北京社区对接及自营网络平台销售，销量逐步扩大呈上升趋势。

3. 具有扎实的科技支撑

从2012年开始，安次区被确定为国家西甜瓜技术产业体系石家庄试验站示范县，2015年安次区政府和河北农业大学签署了科技支撑框架协议，由此安次区甜瓜产业发展得到了各级专家的技术支持，享受到了最新最前沿的甜瓜产业科研成果。区域内一大批育种育苗企业崛地而起，其中廊坊市瑞海农业技术有限公司成立于2010年，是一家集科研、生产于一体的农业高新技术龙头企业，该公司有种子繁育基地8万平方米，2016年被认定为河北省和廊坊市“职业农民培训基地”，基地负责人被河北省现代农业产业技术体系认定为蔬菜创新团队试验站站长。

另外，通过农民培训、科技下乡赶大集、新型职业农民培育、建立科技示范基地等形式，向农民传授甜瓜种植新技术、推广新品种，邀请市农科院、市农业局、河北农大等专家进行专题讲座，使全区在甜瓜品种应用、种植技术上始终保持领先地位。平均每年培训农民2 000余人次，为甜瓜产业发展作出巨大贡献。

4. 质量监督体系日益健全

安次区在产前阶段开展质量监管工作。区农业局执法大队，与区技术监督局、工商局等部门加强对种子、农药、化肥等投入品的监管，定期对甜瓜生产和存在安全隐患的农资生产经营企业进行重点检查。督促农资经营者落实“两账一卡”管理规定，实现农资经营来源可查询、去向可追踪；大力推行限用农药定点经营、实名购买，从源头上杜绝高毒农药的销售和应用。在产前阶段，安次区通过以上措施对甜瓜的生产质量进行控制。目前，全区建有检测机构10家。全区有20个基地加入质量安全追溯管理体系，已做到主要产区与主要品种可追溯，产品从播种到流通进入市场，扫码即可获知全部生产信息。

安次区在产中阶段全面落实标准化生产。重点推广无公害集成技术，做到重点种植园区、合作社、村街等按照无公害、绿色蔬菜生产技术规程生产，建立田间档案，做好生产记录；建立完善的质量追溯体系，做到源头可追踪，质量可查询，产品可召回。安次区在产后阶段开展质量监测工作。区农业局督促乡镇、重点企业、合作社及基地开展自检，农业局农产品质量安全监管科室加大抽检力度，积极开展速测，并定期送抽检样品至廊坊市农业局和省农业厅，以保证甜瓜产品质量安全。

5. 品牌影响力初步形成

安次区现已建成金都蜜瓜、精品蔬菜、茂雄特菜、落垡芹菜4大瓜菜基地，重点打造“金都蜜瓜”“昊宇蔬菜”“茂雄特菜”三大品牌。“安次甜瓜”获农业部地理标志认证。安次区昊宇集团蔬菜直销公司以蔬菜标准园为依托，在北京开设昊宇蔬菜直营店3家，利用实体直营店模式打开北京市场，提升了品牌知名度；安次区臻味农品农业科技有限公司通过发展高端会员、集团采购、开设直营店等方式在北京销售瓜菜，并在与淘宝、京东、轻松筹、顺风等网络平台合作的基础上借助微信客户端自建微商城，每年在京销售瓜菜400余吨。此外，通过“9.26农产品交易会”、京冀蔬菜产销大会、举办甜瓜节等方式对安次区甜瓜进行宣传和推介，提高了安次区甜瓜的知名度和美誉度。

6. 绿色生产技术进一步加强

在甜瓜示范基地推广防虫网、粘虫板、膜下灌溉节水、测土配方施肥、集约化育苗等十项关键技术，技术普及率达到80%以上，标准化生产水平明显提升；瓜菜基地实现了生产操作规程入棚、生产记录完整；推广了植物生长灯、熊蜂授粉技术、微生物菌剂等。通过应用高效生物有机肥、高效低毒农药等无公害蔬菜集成技术和测土配方施肥技术，实现节药、节水、节肥、高效目的，农药、化肥用量分别降低35%、30%，瓜菜品质得到提高；通过开展农业清洁生产，进一步净化农田生态环境，培肥土壤，使土壤有机质含量年递增0.1%，促进了生态环境的良性循环。

（三）安次区甜瓜产业发展建议

1. 落实标准化生产，夯实质量基础

现代农业的发展离不开农业标准化生产，只有标准化生产才能保证农产品的质量安全。安次区首先要全面落实标准化生产，在重点乡镇推广无公害集成技术，推广应用水肥一体化技术，做到重点种植园区、合作社、村街等按照无公害、绿色蔬菜生产技术规程生产，建立田间档案，做好生产记录；其次，要广泛应用科技成果。结合全区特色农产品生产特点，建立高标准的示范区，起到示范引领试点作用。最后，要建立完善的质量追溯体系，做到源头可追踪、质量可查询、产品可召回，对已建立体系的生产单位进行监督，严格按规范使用。

2. 推进产业化经营，培育生产大主体

龙头企业是推进产业化经营的排头兵，是农业产业化经营的关键。要按照规模大、技术含量高的原则，集中资源和财力，加强甜瓜龙头企业建设，做到一个龙头企业，带动一批相关产业。要加快臻味浓、瑞海等农业龙头企业和农民专业合作社的发展，围绕甜瓜特色主导产业，着力打造5~10个实力强大的甜瓜品种研发与生产基地，以点带面，带动全区甜瓜产业上档升级。另外，要完善市场体系建设，建设好农产品市场、专业合作经济组织、生产基地三者的关系，为安次区推进甜瓜产业化经营提供良好环境。

3. 促进品牌包装上市，提高品牌影响力

以“金都蜜瓜”为重点，开展品牌形象设计，打造安次区甜瓜区域公用品牌，形成在京津市场具有一定影响力的甜瓜品牌，做到统一包装，统一销售。另外，要按照“统一规范、简便快捷”的原则，把开展无公害、绿色、有机和地理标志农产品认证作为农产品品牌培育的基础性工作。鼓励全区农业生产企业、合作社开展“三品一标”认证，对通过认证的单位给与一定的补助。

四、新乐市邯邰镇甜瓜产业发展

（一）产业发展概况

邯邰镇位于新乐市区东 5 千米，面积 82.34 平方千米，人口 7.8 万人，耕地面积 5.2 千公顷，沙荒地面积 1.4 千公顷，下辖 19 个行政村，是河北省大棚西瓜之乡、高效农业示范基地，是第五批全国农业标准化示范区项目、国家地理标志保护产品“新乐西瓜”的主产区，是新乐市十三五规划的市东部经济中心、河北省特色小镇。

（二）产业发展优势

1. 定位高端市场，特色西甜瓜占比明显

邯邰镇大力发展特色西甜瓜的培育和种植，着眼高端市场，逐步打造特色产业优势。2017 年，全镇特色西甜瓜种植面积达 2 千公顷，且集中连片，总产值达 10 亿元，人均每公顷纯收入可达 22.5 万元左右。其中，西瓜拥有京欣、4K、2K、彩虹、黑宝等品种，种植面积 330 公顷；甜瓜有中华绿宝、清香脆宝、红城系列、永甜系列等品种，种植面积达 1.67 千公顷。带动周边杜固镇、承安镇、东王镇等乡镇西瓜、甜瓜种植约 0.67 千公顷，形成了以邯邰镇为中心的 2.67 千公顷西甜瓜种植基地。目前注册了以新沙蜜”“天灌”“新益沙”“大流”“田郁”“神道滩”“圣皇原野”等为代表的优质商标，国锋合作社的“新益沙”品牌成为河北省著名品牌。

2. 规范种植模式，西甜瓜产业链条逐步完善

近年来，新乐西甜瓜以邯邰镇为主产区，辐射带动马头铺、木村乡、大岳镇等乡镇的 25 个专业村，形成了区域化布局、规模化种植、产业化经营的生产格局，基本建成了以西瓜、甜瓜、蔬菜三大产业为主的特色农业基地，形成了“上茬瓜、下茬菜”“瓜菜套种”的特色种植模式。一是以上瓜下菜为主要生产模式，实现了温室、大中小棚、地膜、露地瓜菜合理搭配、协调发展，周年正常生产、季节均衡供应；二是大力推广大棚种植，进一步缩短西甜瓜成熟时间，确保第一时间上市，在市场上占得先机；三是紧跟产品、技术更新，加大技术培训推广力度；四是发展电子商务，进一步拓宽销售渠道。五是围绕西甜瓜产业，带动蔬菜种植、瓜菜销售、运输、技术输出、瓜苗育销及餐饮服务等各业全面发展，涌现出了一批专门从事育苗、种植、运输的专业户和专业村，初步形成了一业带多业的产业化经营格局。

3. “龙头企业+农业组织+基地+农户”的产业经营模式适应当前发展形势

邯邰镇积极争取京津冀三地有实力的龙头企业入驻，发展主导产业，带动新型农业经营主体和农户，逐步形成了“龙头企业+农业组织（农业企业、专业合作社、家庭农场和专业大户等）+基地+农户”的产业化经营模式，示范带动周边区域。这种模式推动了当地县域、市域乃至省域的农业经济结构调整，土地产出率、资源利用率、劳动生产率显著提高，对农业增效、农民增收发挥了极大的促进作用。

4. 着力打造农业产业化项目，龙头企业带动效果明显

邯邰镇紧紧抓住毗邻石家庄正定机场和新乐市经济开发区的机遇，流转土地 2.33 千公顷，整合零散土地资源，扶持种植大户、合作社，形成标准化规模化种植，并由专业技术人员进行统一管理，保证西甜瓜品质，培育了以庄稼主生态科技园、国峰合作社、田雨农场、天灌无公害种植等为首的一批农业产业化龙头项目。以河北庄稼主生态农业科技示范园为例。该园区于 2013 年投资建立，其中现代化温室大棚占地 20 万平方米，露天种植区 33 万平方米，休闲区占地 13 万平方米，初步形成了以生态种植、养殖、现代农业科技开发、农业技术推广、旅游采摘、休闲娱乐、农耕文化、餐饮住宿、农事体验循环经济于一体的新型农业园区。目前园区已汇集了各类专业人才 15 名，依靠园区的技术优势直接与农民对接，培训农民，指导农民，提高农民科学种田的技术水平，提高产品的质量，实现西瓜的标准化生产。2013—2017 年组织技术推广、培训 33 次，培训达 3 000 人次；引进新品种 24 个、新技术 18 项。2017 年依托园区的有利条件，牵头成立了瓜菜产业化联合体，目前联合体内有各种新型主体 9 个，取得了明显效果，由原来的年均每公顷收益 18 万元左右，现已增加到 25.2 万元。

5. 种植历史悠久，文旅资源优势明显

新乐是个古老的县郡，据出土文物考证，新石器时代即有先民生息于此。据传，伏羲、女娲曾寓此创八卦、教民渔猎耕织，繁衍后代，点水得泉，以粒烝民。新乐西瓜种植历史悠久，素有“碧蔓凌霜卧软沙，新乐西瓜名华夏”的美称。新乐旧志云：“契丹破回纥得此种，以牛粪覆棚而种，大如中国冬瓜而味甘”。明清时期，西瓜在新乐少有种植，全部作为贡品送往大内，普通百姓无缘品尝。

同时，邯邰镇依托河北庄稼主生态农业科技示范园等农业产业园区，进一步提高休闲旅游观光功能，并逐步形成“种植养殖加工—循环农业—休闲观光旅游”完整的“产业线”。一是联结新乐市十三五规划的“一核两星，两轴两带，两园区”旅游观光资源，形成园区采摘、农事劳作、田野采风欢乐游。依托农业主题公园、农耕博物馆、伏羲台、玉皇庙、文庙文化游五个模块，打造“上午休闲娱乐，下午畅游古城，吃农家饭菜，住农家庄园，过农家生活”的旅游生活模式，丰富旅游品质，将园区休闲游与区域旅游发展融为一体；二是积极开展教学科研活动，通过“农事体验馆”“儿童户外拓展中心”建设，增强园区的科技含量、现代农业的文化内涵、科普教育功能及示范辐射作用。

6. 自然禀赋资源优越，产业发展前景良好

（1）土壤方面。新乐市地处太行山东麓，属山前倾斜平原，地势西高东低，基本平坦。境内有沙河、木刀沟两条季节河流和高于地面的古河道“神道滩”穿过，土壤系河水冲积淤滞而成，形成了新乐独特的土壤特征，新乐市 70%耕地土壤表层为沙壤质和轻壤质，土质疏松，通透性好，新乐西瓜种植范围内有机质含量大于等于 14. 1g/kg，形成了新乐西瓜瓤沙的品质特征。

（2）气候方面。新乐市属暖温带半湿润季风型大陆性气候，四季分明，昼夜温差较大。年平均降水量 428. 9 毫米，常年平均气温 12. 2℃，平均日照时数 2 716. 1 小时，日照率 61%，年辐射总量 132. 1 千卡/厘米^2（1 卡=4. 186 焦耳），有利于西甜瓜高品质生长。

（3）水质方面。新乐水资源丰富，地下水资源可采储量约为 8. 93 亿立方米，埋深 23 米，水质甘甜清冽，是石家庄市城市供水的备用水源地，因此新乐西甜瓜甘甜、汁多，口感较好。

7. 体制机制充满活力，政策保障相对完善

新乐市坚持从振兴地方经济和富民强市的高度出发，大力培植西甜瓜产业，早在“十一五”初始之年就组织成立由主管农业副市长为组长的新乐市瓜菜产业生产领导小组，专门负责西甜瓜产业的规划和发展。

（1）政策优势。为进一步推进新乐西甜瓜产业的发展，做大做强新乐西甜瓜产业，市政府制定了《新乐市“十二五”瓜菜产业规划》，按照规划要求，从资金、技术、服务等多方面入手，配合测土配方施肥和增施有机肥等多项关键技术，加大普及无公害农药、有机肥料的推广力度，协调水利、电力、农机、供销等部门加大新乐西甜瓜产业的扶持力度。

（2）标准化生产。新乐市政府成立了由质监、农业部门骨干组成的标准化推广队伍，起草了石家庄市地方标准《新乐西瓜》和《新乐西瓜栽培技术规程》，通过专家讲座、下田指导等多种方式，帮助瓜农掌握西瓜标准化种植的技能，有效解决了嫁接、重茬等问题。

（3）建立合作组织。目前，全市已成立各类瓜菜协会合作组织 12 个，会员 1 500 余人，带动农户 6 000 多户。这些组织在促进西甜瓜种植专业化，促进科技推广技术应用，实现西甜瓜产业健康、快速、持续发展等方面起了重要的作用。

（4）实施科学管理。为了保持新乐西瓜的优异品质，从育苗、定植、病虫害防治、采收等 25 个关键生产环节，都规定了严格的质量标准和操作要求，确保从西瓜种落地到瓜熟蒂落每一环节都要按科学的管理措施进行管理，以保证西瓜的品质。

（三）产业发展存在问题

1. 农业现代化水平仍需进一步提高

新乐市西甜瓜产业虽然具有一定的基础，但仍属于传统农业，大部分西甜瓜种植仍以农户一家一户分散经营为主，由于农户力量弱小，知识相对落后，资金也相对薄弱，使得分散经营的西甜瓜种植技术水平相对落后，分散经营的劳动力相对短缺，从事西甜瓜种植的劳动力有限，很难进行大规模种植，产业规模较小。此外，新乐市西甜瓜产业还存在产业布局分散问题，这些问题严重制约着西甜瓜产业的发展，使得新乐市西甜瓜产业发展缓慢，缺少大规模的龙头企业，产品提质增效道路任重道远。

2. 龙头企业规模仍需进一步壮大

新乐西甜瓜产业虽涌现了以庄稼主生态科技园、国峰合作社、田雨农场、天灌无公害种植等为首的一批农业产业化龙头项目，但大部分企业经营规模有限、装备落后，经济实力弱、竞争力不强、科技水平低，经济效益低，在专业化、特色化、品牌化方面基本上都属于探索阶段，种植及生产技术相对落后，老旧大棚科技化含量较低，产品附加值较低，缺乏深加工，缺少长远规划意识和发展前瞻目光。仍需继续深化龙头项目培树工作，力争打造越来越多的龙头项目，形成遍地开花的良好局面。

3. 销售渠道仍需进一步拓宽

目前，邯邰镇农产品的主要销售模式为“经济人、瓜农跑市场，瓜商到田间地头采购”的模式，这种模式不仅会增加中间成本，减少农户的种植利润，还会使得农户与市场相脱轨，农户不能及时的了解市场行情，根据市场动态来组织生产。新乐市的销售渠道狭窄，尚未建立系统的电子商务平台销售渠道，不能紧跟时代潮流，缺乏市场竞争力。新乐市西甜瓜产业在产品宣传等方面相对不足，对传统媒体及新媒体利用率低，不能增加新乐市西甜瓜产业的知名度，使得新乐市西甜瓜销售处于不利位置。

4. 品牌宣传保护仍需进一步加强

虽然生产了一些高端的西甜瓜产品，且有着不错的市场反馈，但对“三品一标”等权威认证重视程度不够，农产品缺少权威部门认证，导致价格难以提升。市场策划重视不够，营销手段不活，虽然也注册了“田郁”“神道滩”“大流”等一些品牌，开展了“西瓜选美”等活动，起到了很好的宣传作用，但对于提高市场占有量和拉动经济效益并不是特别明显。西甜瓜产品的宣传力度不够，广告等媒体宣传工作相对缺乏，不能起到很好的宣传效果。

（四）邯邰镇甜瓜产业发展建议

1. 加达农业示范园区建设规模，提高龙头企业带动作用

着力打造无繁路（203 省道无极界—大流段）两侧长 12 千米、宽 2 千米的特色农、林带，形成高效农业、林业生态观光长廊。依托西甜瓜种植聚集优势，谋划打造高效农业示范园区，紧紧依附 203 省道周边坚固、大流、小流、曲都、五里铺、渔砥等种植村，打造集种植采摘、休闲旅游于一体的农业园区综合体。通过大户经营、龙头带动，采用合作社入股、土地入股、资金入股等方式提高农民的积极性，壮大一批龙头企业，改变小户种植、竞争力不强的落后局面。

2. 加快农产品流通市场建设，拓宽新乐甜瓜销售渠道

鼓励和支持企业提高市场开拓能力，积极推行“龙头+合作社+基地+农户”的生产经营模式。由市政府牵头，责成相关部门，加快建设农产品交易市场，改变田间地头落后的交易模式，加大市场监管力度，改善新乐农产品市场的混乱秩序。促进甜瓜物流运输系统的建设，建立冷链物流市场，使新乐西甜瓜形成种植、加工、储藏、运输一条龙发展模式，延伸新乐市甜瓜产业链。加快建设互联网销售市场，为农产品销售寻找新出路，创造新的经济增长点。

3. 加强品牌农业建设，打造新乐甜瓜产业新名片

新乐市应强化农业品牌意识，打造更多的自身独特品牌。依托龙头企业、专业合作社等组织开展农产品地理标志认证、绿色食品认证、质量管理体系认证，提高龙头企业、专业合作社培育和创建产品品牌的意识，鼓励龙头企业、专业合作社积极培育和创建品牌，提高品牌的附加价值。其次，要积极与高等院校、科研院所对接，打造“产学研”科研基地，促进新乐市甜瓜的品种、种植技术、管理技术的进步，实现科研成果的落地、开花、结果，争占西甜瓜等特色农产品科研技术高地。

4. 扶持农产品深加工行业，提高农产品附加值

加大对农产品加工企业的招商力度，加大对企业政策、技术、资金等方面的扶持力度，采用招商引资和激活民间资本相结合的办法，投资建设一批产业关联度大、产品附加值高、带动能力强的精深加工型龙头企业。引进果蔬速冻企业，激活现有闲置冷库资源，提高新乐市瓜果储藏能力。寻找差异化卖点，新乐市的甜瓜产业要找到与其他地区西甜瓜的差异点，打造属于自身的独特卖点。另外，发展西甜瓜深加工行业，为农产品寻找新出路，创造新的经济增长点。

下　篇

相关新闻报道及产业信息平台

第十二章　河北省黄瓜主产区新闻报道

一、永清县黄瓜产业

河北永清：打造供京现代蔬菜产业基地

温室大棚鳞次栉比，反季蔬菜长势喜人；棚间路上，一辆辆满载蔬菜的车辆渐渐远去；示范园区内红润润的番茄、青翠欲滴的黄瓜挂满枝藤，引得许多游人纷纷前来消夏观光……

面对京津巨大的消费市场，如何向有限的耕地要效益，让农民的钱袋子撑起来？河北永清县瞄准京津大市场，永清县抓住建设环北京蔬菜示范县这一有利机遇，确定了“龙头+品牌、基地+示范、农户+规模”的发展思路，做大做强蔬菜产业，让永清蔬菜迅速在京津市场热起来、火起来。

科技推广，精耕京津“菜园子”。从农业结构调整初期的“求新求特”，到如今的重品牌、重标准，永清县通过政策引导、技术服务、资金扶持，让农民明白了一个理儿——要想赚钱，光靠产量不行，必须做到人无我有，人有我新，人新我特。

“有技术就是好！以前种菜全凭感觉，现在有农业科技人员上门来做指导，我们的好日子都是打这温室大棚里‘长’出来的。”这是瓦屋辛庄村农民倾吐的心声。如今，只要提起永清的蔬菜，人们就会说起瓦屋辛庄村。村党支部书记贾福学指着秧上顶花带刺的黄瓜高兴地说：“全村温室大棚有 1 400 多个，户均蔬菜种植温室 2. 9 个，被誉为‘京南瓜菜第一村’，种植错季节蔬菜，比传统蔬菜效益高四倍多，去年人均纯收入突破万元大关。”在蔬菜产业基地建设上，永清县以建设河北省环首都蔬菜示范县为重点，创建了 10 个千亩蔬菜产业发展示范村，并全部达到了有示范园区、有合作社、有市场、有育苗场、有检测站五有标准。永清县依托中国农业大学等科研院所，设立了高新技术引智示范园区等 4 个示范园区和 60 个无公害蔬菜生产示范点，先后引进适用技术 39 项，推广微灌、滴灌等先进设施；引进荷兰茄子、以色列彩椒等名优新品种 168 个，全县蔬菜良种覆盖率达到 98%以上。目前，全县蔬菜种植面积达到 32 万亩，年产量 140 万吨，实现了四季生产，全年上市。

合作经营，“菜园子”直通“菜篮子”。“适度规模经营是推动农业产业化的前提条件，这就要求打破单户种植、经营的模式，把农民专业合作社作为组织载体，整合资源，促进规模经营。”永清县蔬菜局局长葛春昇说。

什么是农民最担心的问题？一是种什么，二是怎么卖。5 月 12 日，记者在永清县民盛园果蔬合作社种植基地的大棚里看到菜农赵金凤正在自己的大棚里摘黄瓜，她乐滋滋告诉记者，“合作社从我这儿收的黄瓜都是签了合同的，今年春天这个大棚收入已经近万元了吧。”

菜农赵金凤参加的民盛园果蔬合作社是永清县最大的一个合作社，合作社采取品种、标准、品牌、销售、供应、质量“六统一”模式，一头连着北京物美等四家大型超市，一头连着 1 800 多户社员，高峰期每天配送量将近 70 吨。民盛园果蔬合作社理事长金克广一边指挥着社员装车运菜，一边对记者说：“我们跟北京一些超市有长期的订单，按照订单发展社员，从农资供应，田间管理到产品回收，我们都提供一条龙服务。”目前，全县仅从事蔬菜产业的专业合作社就发展到 25 家，吸纳社员 4 548 户。并通过农民专业合作社联合会，定期组织合作社与京津大型超市进行对接，不断开拓高端市场。目前，与北京京客隆、易初莲花、华润万家等 20 余家大型超市建立长期稳固的供销关系，开展农超对接的企业、合作社达到 38 家，年销售农产品 60 万吨。

质量赢市，让品牌叫响市场。以龙头企业为带动，着力发展品牌农业，是永清县发展蔬菜产业的重要举措之一。全县新注册了“海泽田”“中冀惠民”“双波”等一批新的蔬菜品牌。目前，永清县注册了 20 余个蔬菜商标，这些品牌在北京京客隆、物美、顺天府等各大超市都有很高的知名度，部分产品还出口到国外，真正实现了以品牌促发展。

新闻来源：中国经济网 2019-6-15

二、馆陶县黄瓜产业

小黄瓜做成大产业，小黄瓜做出大文章

2019 年 4 月 25 日，馆陶黄瓜区域公用品牌在第四届京津冀“蔬菜大会”上成功发布，这标志着馆陶黄瓜这一民族品牌走向了全国、迈向了高端。

第四届京津冀蔬菜食用菌产销对接大会暨河北省特色优势农产品推介活动，是由河北省农业农村厅、北京市农业农村局、天津市农业农村委员会、河北省商务厅、邯郸市人民政府共同举办。本次大会以“绿色、优质、共享、发展”为主题，重点展示展销河北绿色优质蔬菜、食用菌和特色农产品，共设蔬菜食用菌、特色优势区农产品、产业扶贫、深加工及中央厨房、物资装备和邯郸地方特色六大展区。其中，馆陶黄瓜亮相本届京津冀“蔬菜大会”，成功登上“冀菜盛宴”餐桌，博得了在场蔬菜专家、供应商的一致青睐和认可。

馆陶县是一个典型的农业县、蔬菜大县，是中国黄瓜之乡。发展黄瓜主导产业，打造“馆陶黄瓜”品牌，是馆陶县委、县政府深入与结合推动农业供给侧改革、发展绿色农业、助推脱贫攻坚等重大战略做出的科学决策。馆陶黄瓜有以下四个特点。

一是产业规模大。目前，馆陶黄瓜产业已成为农民增收致富、乡村振兴的主导产

业，种植面积发展到10万亩，其中设施黄瓜面积5.6万亩，拥有规模化黄瓜种植园区16个，其中万亩黄瓜示范区1个，500亩黄瓜示范园3个，全部实现了规模化种植、标准化生产、品牌化销售。

二是科技含量高。馆陶县依托国内最权威的黄瓜研究机构—天津科润黄瓜研究所技术支撑，带动黄瓜向高端发展，注册了“馆青”黄瓜商标，进行了“绿色食品”认证，馆陶黄瓜通过了国家工商总局地理标志证明商标认证，建立了农产品质量检测中心，确保了黄瓜质量安全。

三是产业品牌响。馆陶黄瓜果肉淡绿色、清脆爽口微甜、维生素含量高，刺溜明显，营养丰富，周年产出，馆陶黄瓜打入北京、天津、石家庄大型超市，连续五年获中国国际农交会、绿色食品博览会双“金奖”，蔬菜类全国唯一。2018年，馆陶县被评为河北省首批特色农产品（黄瓜）优势区。

四是产业链条广。“乡村振兴、产业先行”。馆陶县依托黄瓜产业，打造了全国知名的黄瓜小镇，建起了全国首个黄瓜博物馆，带动发展休闲农业和乡村旅游业，研发了黄瓜挂面、黄瓜酱菜、黄瓜护肤品系列产品，一二三产实现融合发展。

新闻来源：中国新闻网 2019-4-26

三、平泉市黄瓜产业

平泉小黄瓜拓宽山区百姓致富路

在平泉市榆树林子镇的山坡上，远远望去，一座座温室大棚星罗棋布，在青山绿水间格外显眼。无论春夏秋冬，这里都是一派繁忙景象，来自各地的客商纷纷前来采购黄瓜。

“我们这里空气质量好，光照充足，昼夜温差大，黄瓜品相好，口感鲜嫩。客商们一传十、十传百，最后各地的客商都主动来到这里，黄瓜供不应求。”48岁的榆树林子镇第一批农民经纪人陈万江说。

榆树林子镇地处冀辽蒙三省区交界处，早在2001年就已建成占地6.7万平方米的蔬菜果品交易市场。陈万江说，这里刚建立的时候，还没打开市场，他就和几个村民用小货车往周边市县送菜。目前，这里已吸引全国100多家客商，为周边乡镇生产的蔬菜搭建了销往全国、走向海外的平台。

“今年，平泉市益农科技育苗有限公司与天津科润黄瓜研究所合作，建成了中国北方设施黄瓜研发基地，为全面提升全市黄瓜科技含量提供了支撑。”平泉市农牧局蔬菜技术推广中心主任孙景明说。

近年来，平泉市还与河北农科院、中国农大等高校及科研院所建立了密切合作关系，组建成立了平泉市蔬菜产业研究院，先后引进推广黄瓜新品种、新技术等30多个。

目前，平泉市已建成6家大中型蔬菜批发市场。其中，榆树林子果蔬批发市场已成为全国重要的黄瓜交易市场，年交易量达80万吨，交易额25亿元。产品除销往全国29个省、区、市，还以乌鲁木齐为中转站，销往俄罗斯、塔吉克斯坦、哈萨克斯坦等

“一带一路”沿线国家。

新闻来源：河北新闻网 2018-7-9

四、昌黎县黄瓜产业

乡村振兴：一根黄瓜的供给侧改革

近年来，虽然农产品供应越来越充足，但农产品价格“周期性怪圈”时有发生，导致一些农产品产量多了价格下滑，甚至卖不出去，产量少了则价格疯涨。而昌黎县马芳营生产的旱黄瓜，却能十几年如一日，不仅能高价卖出，而且还畅销不衰，成为当地农业结构调整中农民增收、农业增效的支柱产业。那么，这其中有何秘诀？“抓住消费者的需求，把提高供给体系作为主攻方向。”昌黎县蔬菜管理中心高级农艺师崔继荣说。

第一，不断优化种子质量，马芳营旱黄瓜始终保持着“儿时的黄瓜味”。

2018 年元旦过后的第二天，昌黎县王各庄村村民曹庆意，以每千克 11 元的价格卖出了 400 千克马芳营旱黄瓜，他十分高兴。同一天，在石家庄桥西蔬菜批发市场，每千克黄瓜的价格是 5.2 元。二者差价为何如此之大？“现在正是黄瓜青黄不接的时候，昌黎县马芳营旱黄瓜的价格高，不仅因为是错季菜，更重要的是品质好。”正在田间收购马芳营旱黄瓜的北京新发地客商王先生介绍，口感爽脆，味道清香稍甜，瓜条匀称，是许多消费者购买马芳营旱黄瓜的重要原因。

马芳营旱黄瓜最初是马芳营村村民普遍种植的一个蔬菜品种，被当地农民称作“叶三儿”，上世纪 90 年代初只在庭院内小面积栽培。和一般黄瓜比，马芳营旱黄瓜皮薄，色泽浅绿，吃起来“黄瓜味足”，深受消费者喜爱。2000 年，马芳营旱黄瓜开始走出庭院，在大田里大面积种植，逐渐成为县域主要种植的蔬菜作物，并成为昌黎县第一个农产品品牌。

随着马芳营旱黄瓜种植面积不断扩大，一家一户长期种植后暴露出品种退化、抗病性差、品质下降等问题。县农林畜牧水产局发现问题后，2006 年与河北科技师范学院合作立项，开始对马芳营旱黄瓜品种进行种子的提纯扶壮研究。

功夫不负有心人。2007 年提纯种子“绿岛”1 号研发成功，之后，绿岛 3 号、绿岛 5 号提纯种子相继研发成功，2015 年，绿岛 7 号提纯种子问世。目前，马芳营旱黄瓜种植面积已发展到 3.3 万亩，100%都是用最新的优质提纯种子，从根本上保证了马芳营旱黄瓜特有的品质，始终保持着“儿时的黄瓜味”。

第二，推行规模化、标准化绿色生产，让马芳营旱黄瓜质量更好更安全。

虽然现在数九寒天，寒气逼人，但昌黎县恒丰果蔬种植专业合作社的大棚里却春意盎然。一根根黄瓜顶花带刺挂满秧条，合作社负责人王海峰正在指导社员放丽蚜小蜂蜂卡。“冬天大棚里湿度大、温度高，人防治病虫害十分辛苦，用丽蚜小蜂防治白粉虱不仅可以减轻劳动强度，还降低了农药使用量，生产的黄瓜质量更好。”王海峰介绍，合作社有 850 多户农民，种了 2 000 多亩黄瓜，这项新技术已在合作社广泛应用。

通过合作社组织引导农民进行规模化、标准化绿色生产，如今在昌黎县已得到了广泛推广。崔继荣介绍，马芳营旱黄瓜从庭院走向大田生产时，尽管很受市场欢迎，但一家一户都是凭借经验种植，生产出的黄瓜大小各异、质量不稳定。为保证旱黄瓜质量更好，县农林畜牧水产局和河北科技师范学院联合制定了马芳营旱黄瓜种植技术规程。在规程中，集约化育苗技术、物理防控技术、生物防治病虫害技术应有尽有。

改变传统种植技术，推行绿色发展方式并不是一件容易的事。为引导农民按标准生产，县里一方面聘请河北科技师范学院老师免费进行栽培技术培训，一方面扶持种植大户进行示范展示，还出台政策，鼓励农民通过合作社进行统一生产、统一病虫害防控、统一采摘销售，打消了农民的后顾之忧，提高了农户对新技术的接受能力。

经过不懈努力，目前，马芳营旱黄瓜已形成了规模化种植，主要以农户加入合作社的形式进行组织管理，形成了以非化学防治为核心的病虫害绿色防控技术体系。规模化、标准化绿色生产，不仅改变了传统的种植习惯，增加了收益，也让黄瓜质量更好更安全。

由于在生产过程中广泛使用绿色防控技术和物联网技术，严格按标准生产，3.3 万亩马芳营旱黄瓜种植基地均取得省级无公害认证，并成为国家级标准化栽培示范区。同时，马芳营旱黄瓜还获得河北省名牌产品、河北省优质农产品等称号，实现了全年生产、四季供应、品质如一，有效供给能力显著增强。

第三，从产地批发市场，到直销京津高端客户、电子商务网上配送，多种销售渠道扩大了品牌影响力。

近日，昌黎县恒丰果蔬种植专业合作社与北京京工服装集团有限公司签订了净菜进京战略合作框架协议。双方决定发挥各自优势，把马芳营旱黄瓜和其它农产品以净菜的形式引入北京社区，服务北京市民。

与恒丰果蔬种植专业合作社进社区直销不同，昌黎县民联信诚大棚蔬菜种植专业合作社则通过电子商务网上配送，以平均每千克高出市场价 2 元的价格，销售了近 500 千克以马芳营旱黄瓜为主的净菜。

昌黎县农林畜牧水产局负责人介绍，马芳营旱黄瓜种植涉及 3 个乡镇 1 万多农户，为方便销售，前些年已建立了 5 个产地批发市场。为进一步扩大马芳营旱黄瓜的品牌影响力，近两年昌黎县又引导种植户探索新销售渠道。

顺应京津冀协同发展的大趋势，昌黎县积极组织有一定产销基础的企业、合作社负责人参加与京津企业的对接洽谈活动，通过对接加强与销售方的联系，建立京津冀蔬菜产销合作对象资源信息库。目前，有 3 个合作社与北京新发地、首农集团、北京天安集团等多家企业签订了高出市场价的直销合同，昌黎县还建起了 3 个电子商务平台。多渠道销售网络，给菜农带来更大的经济效益。“扣除投入成本，一个大棚一个冬季纯收入 5 万多元。”王海峰告诉记者，昌黎县已有 1 万多农户靠种黄瓜走上了富裕路。

新闻来源：河北新闻网 2018-2-7

第十三章　河北省甜瓜主产区新闻报道

一、安次区甜瓜产业

特色农业助力乡村振兴

“‘绿宝石’甜瓜又脆又甜，在京津市场上很受欢迎，今年我家种植的甜瓜一个棚大约收获7 000多斤，可以卖2万多元……”在安次区落垡镇孙东庄村甜瓜大棚里，村民孙庆海正忙着收获“绿宝石”甜瓜。“我们村的甜瓜很有名，不用上批发市场，在地头儿就被瓜商收购走了，特色农业真是条致富路。”这是安次区大力发展特色农业助力农民增收的一个缩影。近年来，该区将实施乡村振兴战略与发展特色农业相结合，积极推进农业供给侧结构性改革，做强特色农业产业，去年共实现产值11.7亿元，真正鼓起了农民的“钱袋子”。

具体工作中，该区全面落实标准化生产，重点推广应用防虫网、诱杀虫板、耐老化防雾滴棚膜、水肥一体化、测土配方施肥、生物有机肥等一系列无公害关键技术，实现节本增效，促进了产量和品质大幅提升。加强与农业技术团队、科研机构、生产企业的合作与交流，积极引进新品种、新技术，不断提高农产品质量，促进农业增产。围绕甜瓜等特色主导产业，推进产业化经营，培育生产主体，扩大优势果蔬种植面积，形成了京都蜜瓜、新颖特菜等4大万亩种植基地，让农民“抱团”增收。

该区以市场为依托，引导特色农业重点村街注册商标，形成具有一定影响力的农业品牌，做到统一包装，统一销售。鼓励、支持农产品商标注册和地理标志认证的申报，对注册或申报成功的单位进行补贴，进一步提高农产品品牌溢价能力。积极开展各类农产品认证，按照“统一规范、简便快捷”原则，把开展无公害、绿色、有机和地理标志农产品认证作为农产品品牌培育的基础性工作，提升农业品牌影响力。不断加大营销推介力度，提高农产品市场影响力和市场占有率。

新闻来源：中国新闻网 2019-6-17

二、新乐市甜瓜产业

发展特色农业，实现品质竞争力提升

2019年5月26日，在新乐市坚固村一场特殊的“选美”比赛正在进行。来自全省

各地的35家西瓜甜瓜种植专业合作社推荐的瓜农，带着自家田里产出的最好的西瓜、甜瓜来角逐“最美西瓜”“最大西瓜”等称号。

在“选美”比赛的现场，记者看到参赛的西瓜、甜瓜早早就贴上了序号标签，在桌子上排好了队，等候评审团的审查。瓜农们也穿上了参赛服装，一脸自信满满的样子。田永会是大流村本地的资深瓜农，种植西瓜已经有十四五个年头了，今天一大早他就带着自己的参赛团队来到了比赛现场。

田永会一边抚摸着即将参赛的西瓜，一边向记者介绍，今年比赛是全省范围的，他带来了自家种的富硒白瓜、羲农15、雪梨、金童玉女等7个品种来参赛。“我家的西瓜曾获得过新乐‘最美西瓜’称号。”田永会笑着说，获奖后很多客户都指名要这个品种的西瓜。

西瓜“选美”比赛正式开始，首先进行的是最美西瓜的评选，主要考察西瓜的外形是否规整，花纹是否清晰漂亮，颜色是否纯正鲜亮。最大、最甜西瓜的评选则需要用测量仪器对重量、直径、甜度进行一一测量。经过激烈的角逐，新乐市邯邰镇国锋合作社张帅的19号西瓜获得最大西瓜，新乐市杜固镇宋村合作社赵宾的9号西瓜获得了最甜西瓜……活动现场还进行了“吃瓜大赛”“西瓜雕刻”等趣味环节，引来现场群众的热情参与。

“通过借助‘西瓜甜瓜选美大赛’，能够把更多的专家和农村的科普带头人联系起来，从而调优西瓜甜瓜品质、调顺西甜瓜的产业、调精西瓜甜瓜品种。”省农技协理事长李树宝介绍说，为搭建乡村振兴引智平台，提升科技成果转移转化能力选出来的优质品种，此次大赛上还将实现“河北科技110专家服务站”首次挂牌，以后瓜农有任何难题都可通过平台请教专家答疑。

据介绍，新乐西瓜种植历史悠久，独特的新乐沙地资源形成了昼夜大温差的独特小气候，极其有利于西瓜甜瓜糖分的积累，深受消费者的欢迎。大棚西瓜、甜瓜是新乐的特色农业产业之一，近年来，在当地政府的大力扶持下，当地的瓜农开始转型，尝试走高端西瓜的产业路线。为给西瓜增加附加值，部分合作社还申报了无公害、绿色等认证，并采用土壤基质改良、微滴灌、水肥一体化、熊蜂授粉等一系列技术手段，种植出了有特色、高品质的精品西瓜，赢得了市场认可。

新闻来源：光明网 2019-5-31

三、乐亭县甜瓜产业

乐亭海民果蔬合作社创新模式

每年的3月中旬—7月是乐亭甜瓜上市时间，乐亭甜瓜品种众多，以绿宝石、金典、八里香、花蕾、花姑娘、博洋九等。乐亭县海民果蔬专业合作社常年代办甜瓜，社长王海民拥有20多年的代办经验，全面掌握当地行情。乐亭甜瓜口感甜，品种多，耐运输，熟度好等特点，深受东北三省、京津冀等客商的青睐。乐亭县海民合作社将建一个蔬果检测站，保证甜瓜无农药残留，为绿色水果。

乐亭县海民果蔬专业合作社采用新型合作模式，“自主种植，统一销售，入社自愿，退社自由”的原则，协助合作社社员们以及非社员的农民朋友销售蔬果，采用互联网+农业的渠道把滞销的农产品通过海民合作社全部卖出去，让农民朋友们足不出镇就可以把农产品销往全国各地，使得当地农民致富。据了解乐亭县海民果蔬专业合作社已经成立5年了，响应国家号召今年转型深入农业技术咨询服务，聘请农业专家为社员讲解水果蔬菜种植技术。强化互联网+农业，打造智慧农业一体化。合作社模式保持不变，继续发展扩大社员和种植蔬菜水果的面积、自主种植，种植户喜欢种什么不强求，遇到销售困难刻不容缓的解决。统一销售模式给种植户社员吃上定心丸，背靠合作社，销售不发愁。

点评我国合作社现状：传统的合作社模式是合作社集中土地，集中种植。有的合作社是承包村民的土地给农民按年份分红，实际上大钱还是让合作社赚去了，农民的余额不多。

正因为如此，乐亭县海民果蔬专业合作社创新合作模式，采用社员自己的土地自己做主，什么赚钱就种植什么，自主种植，你种什么都可以，种植靠自主，销售靠合作社。合作社联系高校食堂、各大超市、各大批发市场的顾客前来收购农产品。拥有分拣包装场地，在乡间地头就把农产品卖出去了！

新闻来源：重庆晨报 2019-3-21

四、青县甜瓜产业

绿色种植 甜瓜卖价高一倍

“香甜酥脆的青县羊角脆。”寥寥数语下配了一张剖开的甜瓜正在用糖分检测仪测评的图片，这是河北省蔬菜产业体系沧衡试验站站长宋立彦朋友圈的晒“瓜”日常。

“现在人们对于口感的要求比从前高多了。”宋立彦说，过去青县的老百姓种植蔬菜一味追求高产，又施化肥又打膨大剂，种出来的蔬菜口感很差。比如番茄，外表看起来又大又圆，但皮糙肉厚、口感不好，消费者不感兴趣，市场很冷淡，价格也就上不去。

近年来，青县通过与河北农业大学、河北省农林科学院等高校科研院所合作，大力引进和培育蔬菜良种，不断追求蔬菜的品质和“好口感”来打开市场。

走进青县的甜瓜新品种试验大棚，数排瓜藤缠绕在木支架上，各色甜瓜在枝繁叶茂的藤蔓间若隐若现。据了解，本批试验定植时间为 2018 年 4 月 20 日，定植密度为 1 800 株/亩。大棚内太阳能杀虫灯和藤蔓上挂着用来杀虫的“丽蚜小蜂”互相配合，防止甜瓜感染病虫害。绿色防控技术的运用，加上增施有机肥，改双行种植为单行种植来增加通风、透光量等方式，青县羊角脆的品质一年好过一年，这样种出来的甜瓜既安全健康，又口感好。

如今，“青县羊角脆”已被认定是中国地理标志产品。“目前我们固定了 4 个合作社，可以贴‘青县羊角脆’的标签。”宋立彦说，这 4 家合作社从羊角脆品种的选择，到生产、采收、流通，都完全走标准化道路，以确保产品品质的稳定。青县羊角脆的售价比普通品种高约 1 倍，很受市场欢迎。

新闻来源：蔬菜网 2018-8-3

第十四章　黄瓜及甜瓜产业信息平台

一、河北省大型销售市场信息

根据相关资料，将河北省大型销售市场信息整理见表 14-1。

表 14-1　河北省内大型销售市场信息整理

所在区县	农产品批发市场名称	成立时间（年）	经营范围	市场等级	占地面积（亩）	年交易额（亿）
石家庄市桥西区	石家庄桥西蔬菜中心批发市场	1988	蔬菜、果品、粮油、调味品、水产、肉禽蛋等	农业部定点市场	240	95.23
石家庄市高邑县	石家庄高邑蔬菜批发市场	1995	蔬菜、瓜果、肉类、粮油、副食品等	农业部定点市场	400	
石家庄市无极县	石家庄无极蔬菜批发市场	1999	新鲜蔬菜批发零售，主要为黄瓜、韭菜	农业部定点市场	60	
唐山市乐亭县	乐亭冀东果菜批发市场	1998	水果、蔬菜	农业产业化全国重点龙头企业	1000	30
唐山市滦南县	滦南姚王庄青河沿果菜批发市场	1994	蔬菜 果品	农业部定点市场	150	8
唐山市路南区	唐山荷花坑蔬菜批发市场	2002	蔬菜、干鲜果品	农业部定点市场	156	
唐山市玉田县	唐山金玉农产品综合交易中心	2006	水果、蔬菜、畜禽、蛋产品、肉类、粮油等	农业部定点市场	390	23
秦皇岛市	秦皇岛海阳农副产品批发市场	1992	蔬菜、水果、粮油、水产、肉蛋、副食等	农业部定点市场	259	
邯郸市	邯郸市农科贸易城	2001	蔬菜、农药、种子和化肥等		150	
邯郸市丛台区	邯郸市意蓝德果菜批发市场	1992	蔬菜、果品		60	
邯郸市魏县	邯郸魏县天仙果菜批发市场	2001	干鲜果品、干菜调料、蔬菜交易等	农业部定点市场	238	40.15
邢台市宁晋县	宁晋县绿源蔬菜果品批发市场	2001	蔬菜、果品、肉食蛋奶、水产海鲜、食品糕点等	农业部定点市场	260	6

（续表）

所在区县	农产品批发市场名称	成立时间（年）	经营范围	市场等级	占地面积（亩）	年交易额（亿）
保定市	保定市工农路蔬菜果品批发市场	1988	蔬菜、调料	农业部定点市场	300	
保定市高碑店市	河北新发地农副产品物流园	2015	蔬菜、水果、干果、休闲饮品	河北省现代物流园区	2081	410
保定市定州市	定州市西城蔬菜批发市场	1986	蔬菜、粮油、调味品、水产、农副产品、瓜果、生熟肉食、种子等	农业部定点市场	99	
张家口市宣化区	宣化区蔬菜副食品综合交易市场	1989	蔬菜、副食、水产、粮油、干鲜果、肉禽蛋等	农业部定点市场	114	2.4
张家口市怀来县	张家口市怀来京西果菜批发市场	2001	蔬菜、果品、粮油、水产、肉类等	农业部定点市场	330	
沧州市河间市	河间市堤口农产品批发市场	2006	蔬菜、果品、肉食、水产品等		120	
沧州市黄骅市	黄骅市渤海贸易城批发市场	1993	蔬菜、水果、粮油、配料、肉类和水产等	农业部定点市场	210	
沧州青县	青县盘古蔬菜批发市场	1995	黄瓜、番茄、豆角等	农业部定点市场	200	
衡水市桃城区	衡水桃城区东明蔬菜市场	1994	蔬菜、果品、粮油、花卉等	农业部定点市场	400	
衡水市饶阳县	饶阳县瓜菜果品交易市场	1997	蔬菜和干鲜果品	农业部定点市场	300	2
廊坊市固安县	固安县刘园蔬菜果品批发市场	1996	蔬菜类、干鲜果品类和肉禽蛋类	农业部定点市场	88.7	2.2
廊坊市永清县	永清大辛阁蔬菜批发市场	1995	蔬菜	农业部定点市场	150	1.1
廊坊市	河北廊坊蔬源蔬菜批发市场	2011	蔬菜		230	

二、相关电商平台

根据相关资料，将电商平台信息整理见表 14-2。

表 14-2　电商平台信息整理

名称	简介
阿里-盒马鲜生	盒马鲜生是阿里巴巴对线下超市完全重构的新零售业态。盒马是超市，是餐饮店，也是菜市场。消费者可到店购买，也可以在盒马鲜生 App 下单。盒马鲜生最大的特点之一就是快速配送：门店附近 3 千米范围内，30 分钟送货上门
京东生鲜	京东生鲜是京东旗下生鲜品牌，业务范围覆盖海鲜水产、水果、蔬菜、肉禽蛋、速冻等品类，品类多达 10 万余种

（续表）

名称	简介
一亩田	一亩田采取 B2B 电商业态，主要为具备一定规模的农产品经营主体提供交易撮合服务，平台供应商主要有农村合作社、经纪人、种植大户、家庭农场等。一亩田采购商有农产品批发商、加工企业、超市、餐饮连锁企业、B2C 卖家、出口贸易企业。一亩田在售农产品近 1.2 万种，产品来源于 2 500 余个县，截至目前移动端 APP 用户数量最多的农业电商平台
天猫—喵鲜生	喵鲜生是目前中国较大的一个大型生鲜食材及服务平台，是天猫旗下的一个购物平台。主营新鲜食物和果蔬类商品
每日优鲜	每日优鲜是一个围绕着老百姓餐桌的生鲜 O2O 电商平台。覆盖了水果蔬菜、海鲜肉禽、牛奶零食等全品类，每日优鲜在主要城市建立起“城市分选中心+社区配送中心”的极速达冷链物流体系，为用户提供全球生鲜产品“2 小时送货上门”的极速达冷链配送服务
顺丰优选	顺丰优选是顺丰集团旗下，以“优选商品，服务到家”为宗旨，依托线上电商平台与线下社区门店，为用户提供日常所需的全球优质美食的一个平台。产地直采，专注原产地采购，国内外直采正品保障；全程冷链，专业冷链存储运输，生鲜美食品质无忧；顺丰直达，专属物流快速送达、原汁原味新鲜到家，为地方特产提供从品牌包装到流通、销售的全供应链管理服务
易果网—易果生鲜	易果生鲜成立于2005 年的上海易果电子商务有限公司，从一开始就致力于向注重生活品质的都市中高端家庭提供精品生鲜食材，8 年来，获得了 60 万个家庭会员的信任。旗下拥有水果、蔬菜、水产等 7 大品类共 3 200 多种产品，提供都市人群日常健康饮食所需，以“常温、冰鲜、冻鲜、活鲜”4 种形式，全程冷链运输，全年无休鲜活配送。包括常温产品在内的配送服务覆盖达 367 个城市
本来生活网	本来生活网提供蔬菜、水果、水产、小吃等优质生鲜，产品均从国内优质食品供应基地、国外优质食品供应商中精挑细选
沱沱工社	沱沱公社以有机农业为切入点，建立起从事“有机，天然，高品质”食品销售的垂直生鲜电商平台。凭借雄厚的资金实力，沱沱工社整合了新鲜食品生产、加工、网络销售及冷链日配等各相关环节，成为目前中国有名的生鲜电商企业之一，满足了北京、上海等一线城市的中高端消费者对安全食品的需求
一米鲜	一米鲜是国内领先的生鲜 O2O 品牌，提供优质鲜果、干果小食、果切果汁、进口食品等鲜食产品，以优质的产品和服务打造新鲜时尚的生活方式
永辉—超级物种	超级物种是永辉的第五种业态。永辉生活 App 的配送范围已延伸至周围三千米，线上订单约占比 20%，顾客年龄在 40 岁以下，引流，改变永辉客群结构，打造平台型电商，新零售链接线上消费与线下体验已在永辉拉开帷幕。永辉“工坊”系列与永辉超市共享供应链，对生鲜进行加工、出售，追求消费的独特体验
苏宁—苏鲜生	苏鲜生是苏宁超市线下门店的一个延伸品牌，是 2018 年由“苏宁易购”创建的新型线下生鲜体验超市，苏鲜生品牌经营产品丰富，包括蔬菜、水果、海鲜、禽蛋、肉类等各类食材

三、主要销售地区

河北省黄瓜主产区主要销售地信息整理见表 14-3。